U0004971

台灣原住民 69

賽德克族
文化誌

田哲益（達西烏拉彎・畢馬）

Watan Diro

余秀娥（Maruta Buyung）

——————著

晨星出版

作者序

　　台灣是一個族群多元的社會，族群文化的多樣性構築了台灣豐富的文化型態與內涵，原住民獨特的生活美學，已然成為台灣文化資產無法割裂的一部分。

　　整個台灣原住民族，在不同的年代常有不同的稱呼，如日本國內將台灣原住民族統稱為「高砂族」，現今的台灣學者將台灣原住民族泛稱為「南島民族」，期間尚有「高山族」、「山地同胞」、「平地山胞」等不同的稱呼，但不論以任何名稱來稱呼台灣原住民族，其各族固有的自稱用語是永遠不變的，以賽德克族群為例，自古即自稱為 Seejiq / Sediq / Seediq，且習以自稱 Seejiq Balay / Sediq Balay / Seediq Bale，今被音譯為「賽德克」。

　　東華大學姚瑜瑜教授說：「台灣原住民傳統工藝美術是基於原住民族祖先世代的生活經驗而不斷完善發展形成的，它呈現出每個族群所獨有的生活經驗、傳統信仰的歷史沿革和審美特質」。

　　2007 年 9 月 13 日，聯合國正式通過「國際 / 世界原住民族權利宣言」，其中第三條規定「原住民族享有自決權。根據此項權利，他們可自由決定自己的政治地位，自由謀求自身的經濟、社會和文化發展」。台灣原住民族基本法第四條也提到「政府應依原住民族意願，保障原住民族之平等地位及自主發展，實行原住民族自治……」，一再強調「民族自決」之重要性。

　　尊重民族自決的結果，是我們重思原住民族自主性發展，並面對社會轉型正義的重要課題，這是普世的價值。耆老對於文化流逝的擔憂，以及部落青年對文化全然不知的狀況，可顯示出文化傳承之急迫性。

　　部落社區發展觀光產業，但是文化也是重要的環節，若能以文化體驗為手法，文化一定能夠傳承下去。

　　南投縣仁愛鄉是賽德克族的大本營，有百分之九十以上為高山峻嶺，沿線風景美不勝收，也孕育了豐富的動植物生態和多樣性的人文資源，境內許多地方已成為著名的自然觀光勝地。許多部落也朝觀光導覽、文化生態旅遊等方向，做為部落發展經濟的方式之一，但觀光所帶來的衝擊也影響了部落居民原

有的步調，無疑地也間接破壞了當地自然環境。

透過觀光，在經濟方面確實得以生存，但文化是否得以永續流傳呢？要應付這個危機，唯一的方法只有原住民族群意識的覺醒及重振文化的決心。

傳統原民部落在面對社會變遷時，往往會帶來許多負面影響，如傳統文化流失、生態破壞等，因此需要眾多法令以規範不同行為。

1895 年以後，日本軍閥為了高山森林的資源，如紅豆杉、檜木、柳杉（qulic）、樟樹（cakus）、礦石等，開始「撫原」、「理原」（理原政策），先是安撫不成，進而以武力強壓。賽德克族人的傳統宗教信仰、祖靈崇拜、圖騰（文面）文化，經過殖民者的刻意破壞，幾乎已經蕩然無存。雖然傳統已經不復存在，也很難再尋回過去的光輝，但是，記取傳統文化的精神並發揚光大，卻是值得我們努力的方向。

文化的薪傳必須是身體力行，才能真正認識自己，並進而提昇與增進族群間相互尊重，分享彼此間的精神生活與文化內涵，建構新的人生價值觀與未來願景。

本書從賽德克族的始祖神話開始，深層敘述賽德克族傳統領域的生存觀、巫醫及徵兆、文面、獵首、夢占、鳥占、基督宗教信仰、婚喪禮俗、飲食建築、娛樂、工藝、植物、語文，到霧社事件等文化表徵、及其背後深刻的 Waya ╱ Gaya 文化意義。

本書之成書多經實際訪查，可以說把賽德克族的文化精華全都記載於本書中，惟賽德克族博大精深的文化，恐怕不是作者能夠完全體悟與理解，內容若有疏漏與不足之處，祈先進學者不吝指教，我們會非常感激您。

田哲益、Watan Diro、余秀娥 序
2021 年 8 月

目錄

第一章
Chapter 01

賽德克族始祖與
部落起源說

賽德克族的起源有石生說、樹生說或樹石生傳說。相傳,祖先是從樹根誕生,而此樹根生長於中央山脈的白石山上,因此白石山被認為是族群發祥地。

關於部落的圖騰精神,應導入賽德克族起源神話、神靈橋傳說故事等,從神話傳說故事中,分析出相關元素並應用於部落的空間設計,也提供部落深度旅遊的人,能夠深刻了解整體賽德克族的歷史與發展。

一、賽德克族石生說

　　天地開闢之初，有一男神和女神，自天而降，來到最高山上一塊大岩石上，忽然這個大岩石分裂為二：一變大自然，一變宮殿。二神便把此地叫做Bnuhur，定居於此，並從此繁衍其子孫。（廖守臣，1984）

　　本則故事流傳於賽德克族的德路固群（alang Sejiq Truku），屬「石生人」的起源傳說，傳述著賽德克族始祖的誕生與大岩石爆裂有關。註1

原住民原始生活 / 田哲益提供

二、賽德克族樹生說

　　昔日，中央山脈之中，有個叫做 Bnuhur 的地方，長有一棵大樹。其樹名已失傳，只知道其半邊為木質，另半邊則由岩石所形成，確是一棵珍奇而難得一見的樹。也許，是此樹之精終於靈化為神吧。有一天，樹幹裡走出男女二神來。二神同衾，生了很多子女，子女又生子女，不出幾代之後，就覺得地方太小了。（佐山融吉，1985）

本則故事流傳於賽德克族的德固達雅群（alang Seediq Tgdaya），由其記載內容可知，賽德克族的始祖是由半木半岩石的奇石異木中，「木」精化為神而誕生，屬「樹生人」抑或「石、樹生人」的起源傳說。註2

清流部落傅阿有（Tiwas Pawan）女耆老報導：註3

這是非常、非常古老的故事，不是近代才廣為流傳的，而是我們祖先代代口耳相傳的故事，我們的始祖是誕生於 Bnuhur 山區的 Pusu Qhuni；那 Pusu Qhuni 像一座小山那麼壯大，祂（Pusu qhuni）的胸膛呈斑白色，祂的右臂已被颱風所摧毀，如今僅剩其左臂；祂的雙臂是由大樹所形成，其根基部有天然的大岩洞，大岩洞後方有一潭池水，那潭池水的水流會流經大岩洞的前面；據說，有一個女孩和一個男孩在這裡誕生，他/她們就是我們賽德克人的始祖。

在德克達雅耆老們的口述裡，都非常一致指出 Bnuhur 山中的 Pusu Qhuni 是賽德克族始祖的誕生地。Bnuhur 是指較大範圍的白石山與牡丹山區，Pusu Qhuni 則指賽德克族始祖的誕生處所。註4

三、賽德克族石生、樹生、樹石生說議論

至於「石生人」、「樹生人」或「石樹生人」的糾葛及議論，郭明正老師有以下的佐証與看法：約 1940 至 50 年代，宗教陸續傳入台灣原住民部落，泰雅族和賽德克族傳統對靈（Utux）的崇信逐漸被基督宗教所取代，不論是天主教或基督教，其「上帝造人」之教義，與泰雅族和賽德克族口傳的「石生人」起源傳說是完全不同的。因此，當時外籍神父曾在教友（賽德克人）的帶領下，遠赴中央山脈探訪 Pusu Qhuni，並在 Pusu Qhuni 的基座處置放一個耶穌「十字苦像」，在台大登山社出版的《白石傳說：泰雅族發源聖地探勘手記》刊載的數張牡丹岩照片中，依然看得到那一付十字架。該十字架盛傳是當年在霧社地區傳教的明惠鐸神父所放置，但也有人說是當時在花蓮地區傳教的另一位神父所放置。不論如何，今居花蓮地區和南投地區的賽德克人，都曾引領當時在當地傳教的神父探訪過 Pusu Qhuni，祂是突出山稜鞍部的一座獨立巨岩，猶如從天而降屹

立在群峰山巒之間，今被稱作牡丹岩，祂並不是一顆千年的大神木；50 年代南投及花蓮地區尚居住著眾多熟悉 Pusu Qhuni 的賽德克先輩族人，因此被放置十字架的「牡丹岩」，即為賽德克族始祖起源傳說中的「Pusu Qhuni」，是無庸置疑的。註5

四、Bnuhur Rmdax Tasil / Bnuhur Pusu Qhuni 尋根之旅與紀錄

1997 年間，花蓮縣屬德路固群的楊盛涂長老（秀林國中校長退休），曾兩度試著登上 Bnuhur（牡丹山區）尋訪 Pusu Qhuni（牡丹岩），第二次在祖靈的庇祐下，終能踏上賽德克族人視為聖山的 Bnuhur（布奴乎兒）。

楊校長在實地勘查後對 Pusu Qhuni 的珍貴記錄：「為實地瞭解傳說中的發祥地……，於是在 1997 年，約數位志同道合者兩次探勘『神石 (Pusu Qhuni)』活動。第一次於 1997 年 10 月 24 日至 11 月 1 日，由東部花蓮縣萬榮鄉西林上山，因氣候不佳，二十餘年前的獵徑不明，登至第四天就折回不成功。第二次於 1997 年 11 月 11 日至 11 月 19 日，由西部霧社上山就順利完成。牡丹岩（神石）位於花蓮縣秀林鄉文蘭村最西南方，在木瓜溪的支流清水溪上源與萬榮鄉西林村的岸豐溪支流恰堪（知亞干）溪上源之間，由中央山脈主脊於能高山南峰約 7 公里處；屬光頭山脈（3,100公尺，舊稱知亞干山）往東延伸與牡丹山脈（3,005 公尺）往東南方的連綿脊線上，距光頭山約 3 公里，海拔 2,814 公尺。神石的南、北、西三面為灰白色之峭壁岩面，高約 90 公尺，東面有岩石高約 40 餘公尺相連著，地基直徑約 60 公尺的寬度，頂部及東面岩壁長滿草木、高山箭竹、冷杉（台灣鐵杉）、檜木等。……由西方觀看『神石』正好光面白色的部份完全看得很清楚。像一根長的圓形白色石柱矗立在山頂上，……。」註6

對於楊校長所描述的本族發源地：「像一根長的圓形白色石柱矗立在山頂上」，與本族都達群的族人（Sediq Toda）稱 Pusu Qhuni 為 Rmdax Tasil 可互為印證，因 Rmdax Tasil 有「光亮、白色的巨石」之意。另由楊校長稱 Bnuhur 為「聖山」、稱 Pusu Qhuni 為「神石」的用心，

可說充分表達了賽德克族人對其始祖起源地的崇敬與渴慕。註7

在本族語中，Pusu 是「源頭、根基、原由」之意，Qhuni 是樹的統稱，Pusu Qhuni 就是一般所謂的樹頭、樹的根基部，若直譯成漢語即為「樹根」的意思，但是指長出地面或最接近地面的一截根基部，而非指埋在地面以下的絮根（wamil／gamil）。但正如楊校長實地勘查後所描述，Pusu Qhuni 是一座矗立在中央山脈牡丹山鞍部的巨大岩石，而不是一棵巨大的神木，「祂」高約 90 公尺、根基部最大圍徑約 60 公尺，今被稱作「牡丹岩」，因此有關賽德克族始祖的誕生，應屬「石生人」的傳說是不言而喻了。德路固群與德固達雅群的族人都稱該始祖的誕生地為 Bnuhur Rmdax Tasil／Bnuhur Pusu Qhuni，都達群的族人則稱之為 Rmdax Tasil，雖然在稱謂上的用語略有差異，但事實上，他們所說的是同一件事物，所指的是同一個地方。（註：Pusu Qhuni 海拔 2,750 公尺，約位於東經 121°18'；北緯 23°57'）。註8

民國 91 年（2002）12 月間，南投縣仁愛鄉公所舉辦的「尋根」系列活動中，仁愛鄉境內的賽德克族裔，包括德路固、都達及德固達雅各語群的族人組成了一支尋根隊伍，當時由仁愛鄉公所民政課長孫登春（都達人）先生擔任領隊，前往中央山脈牡丹山區尋訪 Pusu Qhuni。於第四天的行程中，不幸有隊員發生高山失溫症狀，因狀況危急只得放棄尋根之旅而功敗垂成，當時他們已登至知亞干山（duiyaq Cnexan／dgiyaq Cneexan）的基點附近，雖未能親訪 Pusu Qhuni，卻拍得「祂」的近照而回。值得慶幸的是，發生意外的隊員獲仁愛分局空中救難隊的緊急救援，送醫急救後並未發生令人遺憾的事。註9

引述邱建堂（Takun Walis）〈Seediq 的發源地 Pusu Qhuni〉，《霧社·鄉情報》創刊號及第二期：「今 Seediq 族群的長輩們大都尚知悉本族發源地 Pusu Qhuni 的口傳歷史，Pusu Qhuni 意為樹根，事實上祂是一座高約 100 公尺，直徑約 60 公尺的巨岩；依據祖父輩們的口述，其頂部及左、右側均生長著高海拔冷鐵杉，由白石池方向遠望酷似人形，面向霧社方向，左側冷鐵杉因雷擊折斷，而 Pusu Qhuni 鄰近的山岳族人統稱為 Bnuhur。若與現今登山專用地圖相對照，Pusu Qhuni 標示為牡丹岩，標高 2,750 公尺，其左上方為標高 2,970 公尺的牡丹山，祂位於白石山（3,110 公尺）的東北方，能高山南峰（3,349 公尺）的西南方，在千百年原始冷

杉、鐵杉、檜木等巨林中巍巍聳立，儼然是附近山嶺的主宰，望之令人敬畏。……Bnuhur附近有能高山、白石山、安東軍山（3,068公尺）等高山，又有白石池（2,760公尺）、萬里池（2,780公尺）、屯鹿池（2,840公尺）等高山湖泊，高原上矮小的箭竹林相，加上周圍的高山冷鐵杉巨木林，頗有北國風情，美不勝收，唯該地區自然界的風、雨、雲、霧變化莫測，氣候一日數變且高處不勝寒……，但此地卻是台灣水鹿、山羌、山羊等野生動物的樂園。自古台灣各原住民族群為爭奪本地區獵場之主導權，留下了許多獵人一去不復返的傳說故事，也留下許多獵人行經本地區必須遵守的Waya / Gaya。行經本地區必心懷敬畏，不可用手指 Rmdax Tasil / Pusu Qhuni，不可對祂狂言，對當地的動植物及自然界有其特定的稱呼，如天空（karac）要稱鍋子（ribaw），星星（pngerah）要稱砂子（bnaqi / bnaquy），有些稱呼更須顛倒等，自古獵人對此 Waya / Gaya 均奉行不違，否則觸怒 Rmdax Tasil / Pusu Qhuni 會隨起狂風暴雨襲擊違犯者，事實上確有人因不遵守 Waya / Gaya 而永葬 Pusu Qhuni 的口傳故事。……Pusu Qhuni 的子民，千百年來恪守 Waya / Gaya 的規範與大自然共存共榮，以原始的方法去克服大自然以及人為的災禍與困境，堅強的繁衍子孫，間或有因各支系族人為耕地、獵場的需要，偶有爭戰對立之情事發生，事後支系之間會透過 Waya / Gaya 來化解爭端並朝有利於族群的方向發展，如饗應 / 賠補（Mddahur）、締結盟約（Pteetu btunux / Pteetu kari）、加盟（Tumal / Tuumal）等；而對各自所擁有的領域卻視如己命，對外族的入侵必全力反擊奮戰到底，如花蓮 Truku 族人的太魯閣抗日事件與南投 Tgdaya 族人的霧社抗日事件遙相輝映，都令入侵者付出慘重的代價，其為民族的生存與尊嚴所體現的『寧為玉碎不為瓦全』之堅韌民族性，源自於千百年來 Waya / Gaya 的薰陶。……近百年來，Sediq/ Sejiq / Seediq 族群相繼受到大和民族及大漢民族強勢文化的衝擊與洗禮後，傳統的 Gaya 已分崩離析，現實生活中的急迫性壓力，致使民族意識轉淡薄，傳統的社會倫理淪喪，面臨民族存亡之際，如何恢復民族自信心，讓傳統與現代化相容並蓄，是現今 Pusu Qhuni 的子孫們必須面對的嚴酷考驗。」

註10

〈賽德克族之歌〉（Sediq ta balay）

詞：牧德全神父　曲：法國民謠

　　自古我們的祖先降生在人間，自從烏雲在海面上籠罩，我們最早建立我們的部落，在這片土地上。

　　我們山嶺的家非常的美麗，我們團結在一起，一起歌唱，一同快樂。我們立在山崖的家，是我們安穩的部落。

　　La la la la la la la

　　都達語群、德路固語群、德固達雅語群，就是真正的賽德克族人！都達語群、德路固語群、德固達雅語群，就是真正的賽德克族人；我們所有的賽德克族人，我們就是真正的賽德克族人！

五、賽德克族再創生傳說

　　傳說的洪水神話：

　　相傳有一天，當時連續下了好幾天的滂沱大雨，部落的族人無法出去工作或狩獵，附近溪流暴漲，潮水竟逐漸往部落淹過來。經部落耆老及領導人緊急商議之後，決定帶領部落族人撤離，往高山避難；除揹著應急的食物之外，也有人捧雞趕豬地逃難，最後聚集在最高的 Dwiyaq Rqda / Dgiyaq Rqeda 山頂上。那時除此方寸之地以外，世間已成汪洋一片。後來雖然雨停了，洪水依舊不退，一群人在山頂上，有限的食物終有吃完的一天，於是耆老們與領導人共同商討退水的方法。首先他們將一對雞仔妝扮起來，雙雙投入已成汪洋般的大洪水中；然而過了一夜，卻不見洪水退去的跡象。接著，他們選了一對也是未曾交配過的豬，妝扮之後一樣投入大洪水中；隔日，洪水依然未退。沮喪之餘，他們認為沒得到 Utux 的寬宥，於是決議徵求在場青年男女的意願，詢問：「有誰願意奉獻自己，為族解厄，綿延族運？」後來，青年男女們自主地共同推薦在場最美麗、最強健的一對男女，這對男女青年也表達了他們真誠為族赴義的心願。族人們以結婚的規格為他們妝扮得亮麗奪目，在大家萬般的祈望之下，

目送這一對「壁人」乘上賽德克族的圓箕，緩緩地划入茫茫洪水中。留在山頂上的族人眼看他們幾乎變成一小點，即將消失於廣闊的洪水中之時，突然聽到傳來了「Wuq-Wuq-」之聲響，洪水開始退潮；此時，遠處悠悠傳來賽德克族口簧琴的彈奏聲……。洪水退盡後，山頂上的族人們興奮地攜幼扶老結伴下山，直往部落行進。走到部落遺址的近郊處，竟然有一對頭髮泛白的老夫婦好整以暇地在曬魚蝦。族人驚奇問道：「你們沒到山頂上避洪水嗎？」老公公回答說：「洪水氾濫時，我們夫妻倆就地以圓箕覆蓋，逃過這次災難。」註11

　　在人類歷史中，洪水傳說屬廣為流傳的故事之一，與《舊約聖經・創世記》中的「挪亞方舟」典故或有異曲同工之處。最初，學者認為賽德克人的洪水神話是受到基督教《聖經》故事的影響，事實上這是完全錯誤的認知。

　　挪亞方舟，是《希伯來聖經・創世紀》中的故事，一般根據上主的指示而建造的大船，其依原說記載為方形船隻，但也有許多的形象繪畫描繪為近似船形船隻，其建造的目的，是為了讓挪亞與他的家人，以及世界上的各種陸上生物，能夠躲避一場上主因故而造的大洪水災難，記載中挪亞方舟花了幾十年才建成（a，創 6：18，上主吩咐挪亞建造方舟時，提到挪亞的兒子和兒媳。b，創 7：6，洪水降下挪亞 600 歲。c，創 11：10，兩年後挪亞 602 歲，閃 100 歲，挪亞 502 歲生閃。d，因此，挪亞 480 歲，上主決定採取行動；挪亞 502 歲生閃；假設閃 30 歲結婚，然後上主吩咐挪亞開始建造方舟，方舟建造的時間是幾十年。建造時間最多是 100 年，減去三個兒子都結婚的年齡）。這段故事分別被紀錄在《希伯來聖經・創世記》（《舊約聖經・創世記》）以及伊斯蘭教的《古蘭經》。根據底本學說的推論，《創世紀》中的方舟故事，可能具有許多相似但分別獨立的來源；而一般的正統猶太教與基督教，則認為方舟的故事只有一位作者，聖經直譯主義者認為，方舟確實停留在土耳其東北方厄德爾省的亞拉臘山區。亞伯拉罕諸教對於故事中某些問題已經有了神學上的解釋，例如將方舟解釋為教會的預表。在美索不達米亞文明中，也有與《創世紀》記載平行的故事，例如蘇美爾神話中記載一位叫祖蘇德拉的人，受神明的警告而建造了一艘船艦，並因此逃過了一場將人類消滅的洪水，此外在其他地區，也有許多相似的故事，是世界上廣泛流傳的相似傳說故事之一。註12

《創世紀》第6章到第9章記載了挪亞方舟的歷史。創造世界萬物的上主耶和華見到地上充滿敗壞、強暴和不法的邪惡行為，於是計畫用洪水消滅惡人。同時他也發現，人類之中有一位叫做挪亞的好人。《創世紀》記載：「挪亞是個義人，在當時的世代是個完全人」。耶和華上主指示挪亞建造一艘方舟，並帶著他的妻子、兒子（閃、含與雅弗）與媳婦。同時神也指示挪亞將牲畜與鳥類等動物帶上方舟，且必須包括雌性與雄性。當方舟建造完成時，大洪水也開始了，這時挪亞與他的家人，以及動物們皆已進入了方舟。《創世紀》如此形容洪水剛開始的景況：「當挪亞六百歲，二月二十七日那一天，大淵的泉源都裂開了，天上的窗戶也敞開了。四十晝夜降大雨在地上。」洪水淹沒了最高的山，在陸地上的生物全部死亡，只有挪亞一家人與方舟中的生命得以存活。在220天之後，方舟在亞拉臘山附近停下，且洪水也開始消退。又經過了40天之後，亞拉臘山的山頂才露出。這時挪亞放出了一隻渡鴉到處飛卻不願意飛回來，後來放出一隻鴿子，但牠並沒有找到可以棲息的陸地就飛回來了。7天之後，挪亞又再次放出鴿子，這次牠立刻就帶回了橄欖樹的枝條，挪亞這時知道洪水已經散去。又等了7天之後，挪亞最後一次放出鴿子，這次牠便不再回方舟了。挪亞一家人與各種動物便走出方舟。離開方舟之後，挪亞將一隻祭品獻給神。耶和華上主聞見獻祭的香氣，決定不再用洪水毀滅世界，並在天空製造了一道彩虹，作為保證。在《創世紀》中，上主如此保證：「我使雲彩蓋地的時候，必有虹現在雲彩中，我便紀念我與你們和各樣有血肉的活物所立的約，水就再不氾濫、毀壞一切有血肉的物了。」註13

　　耆老Tanah Nawi也說到一則洪水故事：「太古時因海神發怒，曾發生大洪水，各地的人都逃到高山上去；此時，眾勢力者共商之後，決定以一個人做海神的犧牲品，以平息神怒。於是，先將一個品性惡劣的（女）人扔進水裏，但這個（女）人卻自怒濤之中游回了原地。眾頭目與人們見到之後，猜想是不能合海神之意，再把最純真實的男人與女人扔進小舟，兩人立刻沉入洶湧的波濤之間；海神的需求滿足了，洪水馬上就退去而顯出陸地來。眾人見到陸地，乃各自回到原居地，或分散尋找良地開墾、播種地瓜藤蔓、捕魚——豐收之餘，人口又逐漸增加。此時，遷到平地平原的人，遠比住在山上狩獵的人還多，為了減少他們的人口，就開始有了出草獵人頭之風，而我們把那些自洪水之後移到平地的人叫做『平埔民族』（Kaxabu）。」註14

六、賽德克族之部落起源

　　Sediq Toda（賽德克族都達人），在霧社事件之後，遷徙至現在的 alang Ungu（Snuwil，史努櫻部落）；才繼承了 Seediq Tgdaya（賽德克族德固達雅人）的 Truwan。

　　對 3ST（德固達雅、德路固、都達）而言，神話傳說共同生命之起源，就是「Bnuhur Rmdax Tasil（Sediq Toda）；Bnuhur Pusu Qhuni（Seediq Tgdaya、Sejiq Truku）」。「Pnlngebung（本樂呢布薯）」是 Sediq Toda 人，離開「Rmdax Tasil」之後的部落起源，「Truwan（德路灣／德鹿灣）」是 Seediq Tgdaya 人及 Sejiq Truku 人離開「Pusu Qhuni」之後的部落起源。Sediq Toda 指的 Pnlngebung，即當今的 Toda 部落真耶穌教會上方台地；Seediq Tgdaya 指的 Truwan，即位居於塔羅灣溪流域（Yayung Mtutu 濁水溪之上游）；Sejiq Truku 指的 Truwan，即現在位居 Truku（合作村）的德鹿灣部落。賽德克族的「Bnuhur Rmdax Tasil 與 Bnuhur Pusu Qhuni」皆詮釋為賽德克族生命之起源；賽德克族的「Pnlngebung 與 Truwan」皆詮釋為賽德克族部落之起源。註15

　　日治時期，霧社事件戰役結束後，參與抗日的部落，皆被迫遷離祖居地，僅存的德固達雅群和都達群遺族，霧社以東者被迫遷至北港溪中游之清流、中原地區（今仁愛鄉互助村），而原住眉溪東方深山者，遷居南山溪一帶之溪谷（今仁愛鄉南豐村境）。

　　1932 年起，Truku-Brayaw（德路固群波拉瑤社）則被迫遷至 Alang Buwarung（布瓦隆部落）及 Alang Pulan（松林部落）。註16

註釋

註1　郭明正〈認識賽德克族〉，國立仁愛高農《中投區輔導中心學校辦理 105 年度教師認識原住民文化研習手冊》，105 年 11 月 29-30 日。

註2　同註 1。

註3　同註 1。

註4　同註 1。

註 5　郭明正〈賽德克族的起始傳說〉,《賽德克族正名誓師大會大會手冊》,埔里鎮謝緯紀念青年營地,2007 年 1 月 12 日。

註 6　同註 5。

註 7　同註 1。

註 8　同註 1。

註 9　同註 1。

註 10　同註 5。

註 11　郭明正〈賽德克族的歷史與傳說〉,《又見真相:賽德克族與霧社事件》,台北,遠流出版社,2012。

註 12　https://zh.wikipedia.org/wiki/%E6%8C%AA%E4%BA%9A%E6%96%B9%E8%88%9F

註 13　同註 12。

註 14　沈明仁〈豐美的賽德克族文化〉,2006 年 1 月 11 日。

註 15　Watan Diro《賽德克族文化與福音轉化》,台南,財團法人台灣基督長老教會台灣教會公報社,2020 年 9 月。

註 16　吉娃思巴萬(Ciwas Pawan)〈賽德克族廬山部落歷史〉,2019 年 10 月 31 日。

第二章
Chapter 02

賽德克族正名運動

一、日治時賽德克族已被稱為紗績族

依據日治時期的文獻紀錄，使用賽德克語系的人為「紗績族」，已有別於當時稱作「大么族」的泰雅族，兩族的自稱用語、口傳的始祖起源、服飾色彩及文面皆不相同。

從日治時期稱為「泰雅族」的台灣原住民族，事實上是由自稱為 Sejiq / Sediq / Seediq，與自稱為 Atayal / Tayal / Tayan 的兩大族群所組成。唯在文獻記錄中，泰雅族被稱作「太么族」，賽德克族被稱作「紗績族」，已然是兩個民族的合併現象。

台灣戰後的研究者，繼承日治學者人類民族學的族群分類，仍將賽德克族歸屬於泰雅族一支，實則賽德克族與泰雅族自有其根本的相異點。在語言方面，根據語言學家費羅禮（Raleigh Ferrell）的比較研究，兩族方言的相關係數達 37 至 46%。雖然如此，在實際的訪查中，宜蘭南澳鄉有一位嫁到泰雅族的花蓮太魯閣族女老師，認為相似的單詞很多，但是用整句話彼此交談，是絕對無法溝通的；也曾訪問過台中市和平區泰雅族姑娘，是嫁到南投縣仁愛鄉合作村的賽德克德路固群人，也認為相似的單詞真的很多，但是要能夠溝通交談順暢，那也是不可能的，雖然已經嫁入很多年，彼此對談還是半猜半懂。屬於南島民族的台灣原住民族之間，彼此有許多相同或相似的單詞，這是不足為怪的。例如布農族與噶瑪蘭族，也有許多的相似甚至相同的詞彙，試問他們能溝通交談嗎？就像閩南和客家都是漢藏語系的漢族人，他們彼此交談，是不是也無法溝通？

　　賽德克族與泰雅族的自稱也不同，「賽德克」自稱 Sejiq / Sediq / Seediq，「泰雅」則自稱 Atayal / Tayal / Tayan。固有的口傳始祖起源故事也不同。「賽德克」是「Rmdax Tasil / Pusu Qhuni」的子孫，而「泰雅」則為「Pinsbkan / PinSbkan」的子孫。

　　早在清代文獻中，即可見到賽德克族的記載，日治時期的人類學家雖然發現賽德克族與泰雅族在語言上的差異，但兩者同樣有文面、出草等文化，故將其歸類於泰雅族；而賽德克族與太魯閣族則有共同的起源與文化，卻在居住地域的迥異下分道揚鑣。

　　依據日治時期的文獻記錄中，稱使用 seejiq 語系的人為「紗績族」，主要是參考該群體指涉「人」（seejiq）的發音。原本居住於現今南投地區，包含三個方言群體：德路固群（Seejiq Truku）、都達群（Toda）、德固達雅群（Tgdaya）。

南投縣仁愛鄉原住民民俗文化活動 / 田哲益提供

二、紗績族分成兩族

約三、四百年前，部分賽德克族人輾轉遷徙到現今花蓮地區，發展出自己的文化，也演進了自己的語言。在長期的相處互動下，形塑明確的族群認同意識，並且成為獨立的族群，向政府要求正名為太魯閣族。由於同祖群（賽德克族、太魯閣族）對於族名的主張有所不同，2004年1月14日，東部的族人以「太魯閣族」為族名正名成功，經行政院正式通過認定為台灣第十二個原住民族，正式從台灣原住民族群的泰雅族中獨立出來自成一族。

賽德克族原本包括太魯閣族，原先被列為泰雅族的一支，經過多年的正名運動，終於也在 2008 年 4 月 23 日，成為第十四個中華民國政府官方承認的台灣原住民族。原來的紗績族也至此分成獨立的兩族：賽德克族和太魯閣族。

台灣原住民族有族群分類名稱始於日治時期，台灣光復後逐定為「九大族」。近年來，隨著台灣政治環境的日益民主、開放，在尊重多元文化並朝本土化發展的潮流中，又有「邵族」（Thau）、「噶瑪蘭族」（Kavalan）及花蓮的「太魯閣族」（Truku）相繼獲得正名，並正式列為台灣原住民族中的第十族、第十一族及第十二族。註1

值得一提的是，他們終究獲得國人的尊重與認同之歷程，也為台灣原住民族的歷史發展寫下彌足珍貴的一頁。台灣原住民族為「九大族」的傳統分類法，即從此走入歷史。2008 年取得正名的賽德克族，自此由「泰雅賽德克亞族」的分類系統中分出，恢復賽德克族自古以來就自稱為 Seediq / Sediq / Sejiq 的族稱。

三、賽德克族成立正名促進會

2003 年 2 月 21 日，由「賽德克族文史傳承協會」理事長 Watan Diro（瓦旦吉洛牧師）、「賽德克族社區人文重建關懷協會」理事長徐月風牧師、「賽德克族正名促進會祖居地」召集人 Siyac Nabu（高德明牧師）、「賽德克族正名促進會移居地」召集人 Pusi Numaw（楊盛涂校長）等，發函

行政院原住民族委員會「申請 SEDIQ / SEEDIQ / SEJIQ 賽德克族正名為單一獨立之民族案」，主旨指出：賽德克族包括 Sediq Toda（都達群），Seediq Tgdaya（德固達雅群），Seejiq Truku（德路固群）等三個語群。分布在祖居地南投縣仁愛鄉，和移居地花蓮縣 Bsuring（秀林鄉）、Murisaka（萬榮鄉）、Tawsay（卓溪鄉）道賽部落等區域之原住民族。皆有意願正名為「賽德克族」。

2003 年 9 月 23 日，由於東、西部同族人對於「族名」的主張與認知上有所差異與不同，南投縣仁愛鄉 Seejiq Truku（德路固群）、Seediq Tgdaya（德固達雅群）、Sediq Toda（都達群）正名促進會在埔里阿波羅飯店成立。自此走向「賽德克族」獨立正名之路，宣布從泰雅族獨立出來。

四、劍潭族名正名座談會

2003 年 10 月 13 日下午 2 點，在劍潭青年活動中心，由原民會召開「南投縣、花蓮縣地區 Truku、Toda、Tgdaya 三群族名正名座談會」，「賽德克族正名運動促進會」與花蓮地區各推派二十五名代表與會，參與座談者則由雙方各派六名代表，會中由雙方指派的學者專家主持，共同討論族稱的問題。南投地區推出參與座談的人選是總召集人陳世光、副總召集人邱建堂（Takun）、副總幹事詹素娥（Lituk），花蓮地區代表則由立山國小校長柯真光（Umin，代表 Toda 群）、三棧國小校長陳清秀（Unang，代表 Truku 群）、萬榮國小主任楊正雄出席（代表 Tgdaya 群）。但最終結果沒有達到共識。

五、賽德克族正名連署書

賽德克族原本與阿泰雅爾群（Atayal）同列為泰雅族，經過多年的正名運動，在 2006 年 3 月 29 日，南投縣賽德克族文史傳承協會時任理事長 Watan Diro（亦為賽德克族正名促進會總幹事），發函給行政院原住民族委員會，請其轉陳行政院，准予核定公告「賽德克族」為台灣原住民族獨

立之族群，至 2008 年 4 月 23 日，才正式被中華民國承認為第十四個官方承認的台灣原住民族。

發函隨附的正名連署書，其主旨明白說明：為還原歷史真相與事實，避免台灣原住民族之民族識別分類混淆不清，懇請鈞會依據原住民的民族認定主客觀學理及台灣原住民族社會現況事實惠予審查，並請轉呈行政院賜准予核定公告「賽德克族」為台灣原住民族獨立之族群，以保障人民之基本人權，實感德便，請鑒核。

關於台灣原住民的民族學分類，始於日治時期，也止於日治時期。國民政府遷台後，仍大致沿用日本人類學家移川子之藏（1935 年）的九族分類法，迄今才掀起一波起一波又起的認定風潮。為還原歷史真相及避免台灣原住民族之民族認同歸位迷失，政府於核定原住民民族的分類時，懇請多方採集主客觀民族學調查研究，惠予審慎處理。註 2

Seediq / Sediq / Sejiq（賽德克）族發源於 Dwiyaq Tudu Bnuhur 中央山脈白石山區的 Pusu Qhuni / Rmdax Tasil，是該族群代代口耳相傳的起源地，今被稱之為牡丹岩（又有白石、賽德克石之稱）。在其長遠遷徙歷史的發展中，賽德克族的祖先來到今南投仁愛鄉境內（Tgdaya 及 Truku 稱為 Truwan、Toda 稱為 Plngebung）之地定居、繁衍，在人口自然增長與 Truwan 鄰近腹地不敷使用下，漸次遷出 Truwan 之地，逐漸形成該族群後來分別定居於 Tgdaya、Truku、Toda 等三個區域。他們以各語群所居住的地區，做為三語群族人相互之間的識別名稱，那就是沿用至今從未改變的該族內部之識別用語──「Sediq Toda 賽德克族都達人、Seediq Tgdaya 賽德克族德克達雅人、Sejiq Truku 賽德克族德路固人」。 其中，Toda、Tgdaya、Truku 是他們分別定居的地域名稱，是指一個大區域而不是指一個部落，更不是指一個族群的名稱，這也是該族請願正名初始，即堅持以「Sediq Balay、Sejiq Balay、Seediq Bale 賽德克族」為族名的主要原因。註 3

六、賽德克族正名之決心

據學者廖守臣在《泰雅族的文化：部落遷徙與拓展》一書中論及泰雅

族名稱的演變時提到，「公元1898年有德國的學者亞伯雷·維爾（Adrecht Wirth）謂：『在北緯24-25之間的台灣中央山脈中，住著泰雅（Atayal）人，分為許多支族，而語言大致相同。』此即為泰雅族名稱出現文獻中之開始」。該文提及日本人對台灣原住民的族群識別，最早為「公元1899年，日人學者伊能嘉矩與栗野傳之承合著出版的《台灣番人事情》一書談到台灣土著族的分類時，將泰雅族各族群命名為泰雅。」兩者的論述僅一年之隔，時間上極為接近，很可能前者對後者有直接的影響，無論如何，這族名最終為台灣總督府所承認。廖文提及，直至西元1911年，日本總督府正式用Atayal族為名稱。次年，知名的日人學者森丑之助，在三省堂出版的《日本百科大辭典》中亦用此族名稱呼。關於此名稱的認定，該文引述森丑之助在其所著的《台灣番族志》第一卷泰雅族部分的記載：泰雅族之另一部族稱賽德克（Seediq），亦併稱泰雅族，此系統在南投方面的有「Tgdaya 德固達雅／霧社群」、「Toda 都達群」、「Truku 德路固群」，在花蓮方面的有「太魯閣群」、「Tawsay 道賽群」、「Pribaw 木瓜群」等六個部族，不論賽德克這個族群，或者泰雅族多數的其他族群，僅在方言用語稍有不同外，其體質、風俗習慣無法劃分他們的差別，似乎視作同一個系統。即是他們之間的語言有部分變化，在根本語言結構方面仍大同小異，因此，這兩個系統被認為是同一個種族，其中泰雅亞族人口數居多，故用此名為通稱。

依據森丑之助之論述，泰雅族包含泰雅及賽德克兩個亞族，泰雅族的名稱則以其中人數較多的泰雅亞族取名的。而其中的泰雅亞族還可分為 Seqoleq（賽考列克）和 Tseole（澤敖列）兩個亞支，其下尚可再細分為若干系統，系統下再分成若干群，族群的分布相當複雜，主要分布在中北部山區。賽德克亞族在南投及花蓮地區各有三個部族，按文獻及部落老人的口述，賽德克亞族的源頭應在南投，花蓮的三部族應該是南投三部族向東遷移的結果，這個文獻資料與南投、花蓮兩地部落生命史的口述歷史資料相吻合。關於泰雅族名稱的認定，到此大概已經確定，並為後人所沿用，以迄於今。當代有部分花蓮賽德克族太魯閣群的後裔對此名稱提出不同論點，希望該族群能從泰雅族中分出成為獨立族群，並且自稱為太魯閣族，這種主張似乎得到了部分族人的認同，使得這種分離的意識更為堅定，並經政府於2004年核定公告太魯閣族為台灣原住民第十二族在案。一

個族群的自稱為何，只要內部能達成相當程度的共識，這或許是族群的自由，其他族群應當予以尊重。為避免族人在族群認同上迷失，並促使本族人保有固有傳統文化命脈，且能正本清源，來留住我們的 wamil / gamil「根」，因此，正名為「賽德克族」有其必要。註4

原住民部落壁畫，描繪耆老傳承文化給子孫／田哲益提供。

七、賽德克族正名聲名書

千古以來，賽德克族居住於山澗狹谷，依傍於大自然，應用自然之物獲取生命的延續。而且在傳統生活的每一環結，都緊扣著文化、傳統倫

理、祖先智慧，並以祖靈世界為依歸。因為賽德克族深信，每一個賽德克族人都會經過彩虹橋，最後在傳統倫理中接受審視，並在個人行為的得與失、貞與不貞、忠與誠之間，回到祖靈世界。由此，賽德克族相信一個民族之間，必有一個生命的鎖鏈將賽德克人緊緊的扣在一起，這就是一個民族在歷史、傳統倫理、延續生命的土地上，形成一股族群認同，乃至族群的權力與權益。賽德克族訴請正名之義，乃就民族於千古年來以來，祖先的智慧、族群歷史文化與傳統倫理（民族自決）、土地的保護（領土與主權），建構一個具賽德克族之族群認同。今日賽德克族正式向政府表達內心的期待，正式提出賽德克族正名，讓台灣這塊土地重現賽德克族祖先的腳蹤，讓賽德克族的歷史重新活躍在山林與平地之間。同時，賽德克族之舞與歌聲迴響在每一山澗溪水與平原。我們要正名，因為我們是賽德克族（Seediq、Sediq、Seejiq）；我們要正名，因為我們的祖先告訴我們是賽德克族（Seediq、Sediq、Seejiq）；我們要正名，因為我們知道，我們是真正的賽德克人（Seediq Bale、Sediq Balay、Seejiq Balay）。註5

八、賽德克族正名大會

「賽德克族正名大會」緣起，仁愛鄉公所邱建堂（Takun Walis）課長表示：有關賽德克族正名運動，是由 Watan Diro 牧師等人士推動，今年（2006）12 月時公所因應瓦旦等人的陳情，特於 15 日辦理有關促進正名運動之活動，同時此案亦經 18 日鄉民代表會提案通過，由鄉公所責承協助正名運動的推展。註6

2007 年 1 月 12 日，賽德克族正名運動促進會在南投縣埔里鎮謝緯紀念青年營地舉辦「賽德克族正名誓師大會」，結合各界支持「賽德克族」正名族人與友人，凝聚「賽德克族」正名共識，堅決回復「賽德克族」族稱。議程之一為賽德克族正名宣誓，宣誓代表有：德固達雅語代表：高德明牧師；都達語代表：Pixangcibi 徐清文長老；德路固語代表：Rasang Nawi 余信平牧師；花蓮德路固語代表：Pusi Nowmaw 楊盛涂校長；英語代表：Yosi Takun 孔文吉立委；日語代表：Yayuc Napay；中文代表：Pasang Lumu 陳世光鄉長等。

〈賽德克族正名誓師大會宣誓詞〉：

誓言延續身為 Sediq Toda／Sejiq Truku／Seediq Tgdaya 族人之血脈淵源，不容他者藉用學術、論說之名刻意扭曲與蔑視。堅守承自先祖囑咐 Sediq Balay／Seejiq Balay／Seediq Bale 之名分，亦正我族人自我「族」稱意象表彰。刻記我族起始源流，不因時代、社會及所處環境之變遷與轉移，而有所遺忘與分歧。鑑於聯合國原住民族權利宣言，及中華民國總統陳水扁先生與台灣原住民簽署「新夥伴關係協定」之精神，要求中華民國政府應尊重與支持我族族稱正名為「賽德克族」之決心與意志。宣誓人：Seediq Tgdaya Dakis Pawan 謹誓。公元 2007 年 1 月 12 日。註7

賽德克族德固達雅群 Dakis Pawan 代表宣誓文：

我來自 Alang Gluban 谷路邦部落（清流部落），屬 Seediq Tgdaya，名叫 Dakis Pawan。今天來到埔里謝緯青年營地，結合我們 Seediq Tgdaya 的親族 Sediq Truku 及 Sediq Toda，共同向國人宣誓，我們要恢復固有的族名「Seediq Bale 賽德克族」。建請政府相關單位將本族所提〈正名為賽德克族〉乙案，在尊重本族歷史文化的基礎上能儘速予以審核定案，以償本族人的共同族願。註8

賽德克族都達群 Watan Diro 也有致詞：

我是賽德克族都達人，名叫 Watan Diro。今天來到埔里這個地方，結合我們賽德克族都達的親族、賽德克族德路固人及賽德克族德固達雅人，共同向台灣全體國人宣誓，我們要恢復固有的族名「Sediq Balay 賽德克族」。建請台灣政府將本族於 2006 年 4 月 7 日所提〈正名為賽德克族〉乙案，在尊重本族歷史文化的基礎上能儘速予以審核定案，以償本族人的共同族願。註9

「賽德克族正名誓師大會」的目的：

日治時期經專家界定台灣原住民族的族稱分類，我族族稱便一直處在他稱「泰雅族」的陰霾之下，此稱不僅混淆我族人對於自我的認定，亦對 Sediq／

Sejiq / Seediq（賽德克族）在台灣政治、社會結構、文化、傳統、歷史、哲學乃至法律制度上的權益，遭受嚴重打壓與傷害。因此，經本會（賽德克族正名運動促進會）於 2006 年 12 月 29 日召開第三次賽德克族正名籌備會議決議，特於 2007 年 1 月 12 日上午 9 時 30 分，假埔里鎮謝緯紀念青年營地，辦理 Sediq / Sejiq / Seediq Balay「賽德克族正名運動誓師大會」活動，藉此以凝聚我族人意識，誓言要求政府應回復我「賽德克族」族稱之決心，同時廣邀支持「賽德克族」族稱正名的朋友們共襄盛舉，共同協助我族「賽德克族」族稱正式立足於台灣。註10

九、賽德克族獲得正名

賽德克族（Sediq / Sejiq / Seediq）原本被列為泰雅族的一支，經過多年的正名運動，終於在 2008 年 4 月 23 日，成為第十四個中華民國政府官方承認的台灣原住民族。

註釋

註 1　郭明正〈賽德克族的起始傳說〉，《賽德克族正名誓師大會大會手冊》，埔里鎮謝緯紀念青年營地，2007 年 1 月 12 日。

註 2　賽德克族文史傳承協會函行政院原住民族委員會，2006 年 3 月 29 日。

註 3　賽德克族簡介網站。

註 4　同註 2。

註 5　徐月風（Awi Tadaw）牧師〈賽德克（Seediq、Sediq、Seejiq）族正名聲名書〉，2006 年 4 月 7 日。

註 6　〈賽德克族復名運動促進會第三次籌備會議會議紀錄〉，2006 年 12 月 29 日，仁愛鄉公所三樓會議室。

註 7　賽德克族正名運動促進會《賽德克族正名誓師大會大會手冊》，埔里鎮謝緯紀念青年營地，2007 年 1 月 12 日。

註 8　同註 7。

註 9　同註 7。

註 10　同註 7。

第三章
Chapter 03

賽德克族分布地區與領域

一、賽德克族與泰雅族之分布領域

賽德克族與泰雅族的分布與領域，以南投縣北港溪與花蓮縣和平溪（大濁水溪）相連之一線為分界線，以北為泰雅族（Atayal-Proper）的居住區，以南為賽德克族（Sediq-Proper）的居住區，兩者之間的親族組織、生活習慣、生命禮俗、歲時祭儀與天生體質幾近相似，雖然兩族文化相近，但生活環境等差異，也造就日後泰雅族與賽德克族的分別。註1

二、賽德克族遷徙略史

在賽德克族的遷徙史中，因部落與耕作地相距越來越遠，平日往返費時費力且壓縮了耕作的時間，成為遷徙的主要因素之一。賽德克族人是以漸次遷移的方式遷入新居地，每間新的家屋，都是部落族人相互幫忙攜手築成，這就是部落集體意識的展現。註2

（一）賽德克族自起源地遷徙德鹿灣

賽德克族（Seediq / Sediq / Sejiq）發源於中央山脈（Bnuhur Pusu Qhuni / Bnuhur Rmdax Tasil），是世代口耳相傳的起源地，今被稱為牡丹岩。賽德克族的祖先從起源地歷經遷徙後，到達德鹿灣（Truwan；都

達群稱之為 Plngebung，南投縣仁愛鄉合作村內）定居、繁衍。賽德克族人在德鹿灣（Truku Truwan）生活一段時間後，因為人口增長與土地不敷使用，約在 18 世紀再漸次遷出德鹿灣，並且因為遷居地區而有不同的稱呼。註3

（二）賽德克族自德鹿灣遷徙各處形成三個社群

賽德克族多居住於高山谷地，分布在濁水溪源頭及其支流，因各個聚落群分散各處，又因交通不便，所以各個聚落群（社）封閉，造就在日治之前有完整的三大語群聚落地，分別為德路固語群（日治前主要分布於現今合作村一帶），都達語群（日治前主要分布於現今精英村都達部落一帶），德固達雅語群人（現今居住在互助村，有清流、中原二部落）。註4

賽德克族的祖先從起源地 Pusu Qhuni / Rmdax Tasil 歷經遷徙後，到達德鹿灣（Truwan；都達群稱之為 Pnlngebung）。再經遷徙後分成了三個社群。

遷至德鹿灣對面較低地區（今春陽對面山區）之霧社，稱為德克達雅群（Tgdaya）；越過奇萊山到達德布閣（Tpwqo）、古白楊（Kbayan）、布洛灣（Browan）等地的族人，稱為德路固（Truku，或寫為太魯閣）群；另部分族人則越過合歡山北峰，到達上梅園竹村等地，這些族人則稱為都達（Toda）群。賽德克族在遷居德固達雅（Tgdaya）、都達（Toda）、德路固（Truku）三地後，形成三個地區的群體認同，並使用賽德克族都達（Sediq Toda）、賽德克族固達雅（Seediq Tgdaya）、賽德克族德路固（Sejiq Truku）三語詞來做為群體間的識別。註5

（三）賽德克族自南投東遷花蓮

賽德克族原本位於北方泰雅族及南方布農族之間的南投縣，但是，約在 250 至 400 年前，賽德克族內部掀起東遷大風潮，在不同的時段分別翻越中央山脈遷入花蓮地區，導致今日賽德克族以南投縣北港溪與花蓮縣和平溪相連為分界線，且集中於祖居地中部南投縣仁愛鄉以及移居地東部花蓮山區。註6

日治之前，原居在南投山區的賽德克族人口數增，獵場與土地不敷使用，就有部分族人越過中央山脈開始東遷（主要以德路固語群人居多），形成最早的花蓮太魯閣族，而能高越嶺最前身也是東遷原住民往來東西的古道。在日治時期 1914 年間，日人與太魯閣族人爆發許多大小戰役，日本人為了方便管理山區原住民，越過中央山脈能高山，開闢從花蓮至南投山區的能高警備道，道上多警備駐在所。註7

部落的遷徙與建立，據研究報告指出：「從部落放眼望去，只要發現有竹林分布的區域，那裡過去一定有部落存在。」為何有竹子的地方一定會有部落？原來在過去，部落的拓展與男人的打獵活動有關，每次男性只要到達新獵區狩獵時，都會留意是否有適合建立新部落的地點，因為部落的發展主要取決於部落腹地的大小，受到山區土地利用的限制，要找到一塊適合建立部落的腹地相當困難，所以男子每次有機會到達新獵區狩獵時，尋覓新部落位置也成了重要的工作。若尋覓到一塊不錯的位置時，族人並不會立刻大舉遷移至新部落建設，而是由男性先過去進行整地工作，整地的目的不是蓋房舍，而是種竹子，整完地後，先種植從舊部落帶來的竹子，竹類的繁衍速度快，沒幾年的時間便可成林，竹林即變成建設部落所需建材的來源，所以在遷移過程中，竹子都會伴隨部落而四處繁衍，因此只要看到有大片竹林分布的區域，過去大多有舊部落分布其中。因此，竹林不僅標示出部落的地理位置，也具有宣告土地所有權的意義，竹林是部落的重要資源，也是部落財產，竹林土地的範圍也相當於部落領地。註8

以賽德克族形象設計的花燈／田哲益提供

（四）霧社事件後賽德克族三大語群被打散

　　1930 年霧社事件爆發，以賽德克德固達雅群為主導，發動抗日，Buwarung 布瓦隆社（舊稱波瓦倫）也參與抗戰。事件結束後，日人為了防範類似事件重演，藉各語群不易往來的特性，將三大語群打散，並把主導抗暴的德固達雅族人全數遷至川中島（Gluban 谷路邦，今清流部落），也打散德路固群和都達群，迫使族人遷離舊居地；原居 Buwarung 的都達族人也被迫遷村，取而代之的是德路固群族人。註9

三、南投、花蓮的交通要道能高越嶺步道

依林務局定義，國家步道應具備台灣地區自然資源、文化歷史或地質景觀的代表性，但在考量不對山林生態造成衝擊以及保障社會大眾使用安全的前提下，國家步道的規劃遴選，應有步道路廊的資源特色等潛力條件，與生態環境、遊客安全等限制條件的全面性綜合考量，而能高越領國家步道也具備此條件。能高越嶺古道西起霧社，沿著塔羅溪上行，越過南投縣與花蓮縣交界的中央山脈能高鞍部，而後下木瓜溪抵達花蓮，全長約83公里，是早期往來台灣東西部的捷徑。步道沿線可見標高 3,262 公尺的能高山，最早是為賽德克人巴雷巴奧群所開發。日治時期，日人為了控制原住民行動，於西元 1917 年，以能高越嶺古道為基礎，闢建了能高越嶺道。1950 年，台電公司拓建人行道，架設了 127 座巨型鐵塔，並在每隔 10 公里的地點建立保線所，當時被譽為「電力的萬里長城」。註10

四、賽德克族分布地區

賽德克族目前主要分布於台灣中部及東部地區：南投縣、花蓮縣、宜蘭縣等地。

（一）南投縣賽德克族之分布

南投縣仁愛鄉自有人類居住的年代，可由曲冰遺址出土的文物中追溯至 2,300 年前，人文歷史極為悠遠。原住此地的原住民以賽德克族、泰雅族及布農族三族為主。歷經清朝、日治、國民政府來台三個階段的開發變遷後，逐漸使本鄉住民的族群變得更加多元。

仁愛鄉舊稱霧社，境內今有合作村，都達村，精英村，春陽村，大同村、榮興村、翠華村、力行村、發祥村、新生村、互助村、南豐村、親愛村、萬豐村、法治村、中正村等十六村。

仁愛鄉的行政中心設於霧社，位居中央山脈之上，地勢高峻，觀光發達。境內居民以台灣原住民泰雅族、賽德克族、布農族為主，日治時期最

大規模的原住民抗日事件——霧社事件，即發生於此。

仁愛鄉於清朝時先後劃屬諸羅、彰化縣及埔里社廳，日治時期則隸屬台中州能高郡，但均未設置堡或街庄，而以「山地」稱之。1945 年，國民政府接收台灣後，公布台灣省政府組織章程，將日治時期的五州三廳改為八縣，十一州廳市改為九個省轄市及二個縣轄市，郡改為區、街庄改為鄉鎮下設村里，廢蕃界與理蕃區，而將霧社治區併入台中縣能高區埔里鎮。1946 年 4 月 1 日，由埔里鎮劃出改為仁愛鄉，但仍屬台中縣能高區署，至1950 年行政區重新劃分後併入南投縣，而改為現今的南投縣仁愛鄉。

（二）花蓮縣賽德克族之分布

花蓮的都達群人，分布於花蓮縣卓溪鄉立山村 Tawsay 道賽部落（山里部落）、崙山村的 Blheyngun 布樂黑努部落及玉里鎮高寮村 Alang Piting 坪頂部落。

花蓮的德固達雅群，分布於壽豐鄉溪口村與萬榮鄉明利村兩地。台灣光復前後，有部分遷移至秀林鄉的佳民、富世村，部分往南遷移至萬榮鄉的見晴、萬榮村。

（三）宜蘭縣賽德克族之分布

宜蘭賽德克族人分布的部落，例如：南澳鄉 Alang Ryayung（澳花部落）、Kingyang（金洋部落）；大同鄉 Pyanan（南山部落）、Lmuwan（留茂安部落）等。

宜蘭縣境內的賽德克族人，分布於南澳鄉澳花村、南澳村及大同鄉茂安村留茂安部落（原四季村）。澳花村位於和平溪左岸與支流楓溪合流處北方約 1 公里處，於飯包山東南，是一個自然資源蘊藏豐富、村民樸實、真誠、正直、樂觀、豁達的優質村落；與花蓮縣僅一水之隔，緊鄰花蓮縣秀林鄉和平水泥專業區，耆老稱澳花為「大濁水」，澳花村最與眾不同的，是三面環山，南面遙望著一望無際蔚藍浩瀚的太平洋；另一是日常生活的語言以「日語」為主，形成一個特殊的部落。澳花村由於地形、語言與鄉內的六個部落有截然不同的特殊景觀，值得到此一遊，探個究竟。澳

花村有三處主要聚落，一在和平溪左岸，族人稱為下村（Along-houna-tsi），海拔 49 公尺；一在楓溪左岸台地，族人稱為上村（Alang-daya），海拔約 60 餘公尺，沿蘇花公路出漢本隧道，依山邊直走即到達上村。二地皆由楓溪所造成的沖積平原，沿河岸有狹小的平坦地，日人併稱為海岸沖積扇。居民則以外來企業引進的漢人居多。註11

賽德克族勇士造型花燈 / 田哲益提供

五、賽德克族三群之分布

　　賽德克族是由 Seediq Tgdaya（德固達雅）、Sediq Toda（都達）、Seejiq Truku（德路固）等三語群的族人所組成，主要分布在台灣中部、東部及宜蘭山區，包括祖居地南投縣的仁愛鄉，移居地花蓮縣秀林鄉、卓溪鄉、萬榮鄉以及宜蘭縣大同鄉與南澳鄉。

　　約在 400 年前，賽德克族 Toda、Truku、Tgdaya 三語群的族人又分別翻越中央山脈遷往東部的花蓮，並向北部的宜蘭地區擴散。註12

　　目前賽德克族三群現今分布情形：

（一）Tgdaya 德固達雅群之分布

清領時代與日本殖民統治時期調查的文獻，將德固達雅的勢力領域範圍用地名記載為霧社群（南投）、木瓜群（花蓮）。

日治時，把將近四十個部落的德固達雅群，劃分為十二社，即日治文獻所謂的「霧社蕃十二社」。值得注意的是卜卡散（Bkasan）和布拉堵（Pradu）二部落原屬都達群，後併為一個布瓦隆部落，並加入德固達雅群的 Gaya 系統。所以一直到霧社事件以前，德固達雅群共有十一個部落。

日治時期，德固達雅群的十二部落：德鹿灣社、巴蘭社、塔卡南社、卡茲庫社、荷歌社、德羅度乎社、斯庫社、馬赫坡社、布瓦隆社（實為都達群）、霧卡山社、東眼社、西寶社。

Tgdaya 語系族人的原居地位於濁水溪上游，Mhebo 馬赫坡（今盧山溫泉）西南方之 Tgdaya Truwan。隨著其後代子裔繁衍向外擴展，與相鄰澤敖利亞族的 Prngawan（巴魯卡萬）勢力相抗衡，後來有部分據於濁水溪與眉溪上，延展到霧社台地；則有部分溯霧卡溪（Bkasan）越過中央山脈，遷徙到木瓜溪流域上。清末，由於受到遭遇到 Truku 語系的侵擾，再往上遷移於今壽豐鄉溪口村與萬榮鄉兩處。國民政府遷台初期，部分族人北移到秀林佳山，部分族人則遷居到萬榮鄉的見晴、萬榮。殘留在原居地的族人以十二個大小不等的聚落，盤據在巴蘭高地以及濁水溪沿岸許多支流地帶。註 13

從 Tgdaya 語系的歷史變遷，1930 年 10 月 27 日發生的霧社事件抗日行動，可以說扮演了一個關鍵性的年代，在巴蘭山區原勢力最強的部族，因為來自內在或外在的因素，集結六社發動抗日行動，經過討伐、鎮壓，以及被迫遷移眉溪、清流，以及中原部落，致使成為賽德克族人口最少的語系。註 14

南投的德固達雅群：分布於仁愛鄉霧社與盧山間的濁水、眉溪流域。居住於南豐村、互助村中原、清流及梅子林部落。霧社事件戰役結束後，僅存的德固達雅群遺族，霧社以東者被迫遷至北港溪中游之清流、中原地區（今仁愛鄉互助村）；原住眉溪東方深山者，遷居南山溪一帶之溪谷（今仁愛鄉南豐村境）。

同為德固達雅群的 Paran（巴蘭）社，雖因未直接參與武裝事件而暫

免遷移厄運，但仍於 1939 年興建萬大水庫之際被迫遷村至 Nakahala（今仁愛鄉互助村中原部落）。註 15

南投縣賽德克族德固達雅人部落：

1、Paran 大同村霧社、Tntana 大同村高峰部落。

Paran（巴蘭）是 Tgdaya 社最大的核心部落，霧社事件發生前人口數 545 人，占當時 Tgdaya 語系總人口數 2,178 人的四分之一。1903 年他們經歷姊妹原事件，總共被屠殺了約 130 人。據說當時在 Paran 社的婦女闖耗自殺者不計其數，巴蘭社的人死傷慘重！1936 年，日人為興建萬大電廠之工程，陸續將他們遷移到 Nakahara（中原部落），人口數是 661 人。註 16

Alang Paran（大巴蘭部落）的子部落有：Alang Hunac、Alang Ckceka、Alang Ruco、Alang Tntana、Alang Tkanan、Alang Qacoq 等六個部落。

2、Strengan 南豐村（眉溪）：（1）Alang Bhebe 下天主堂。（2）Alang Loyan 上天主堂。（3）Alang Tugebil。（4）Alang Iyu 南山溪。

眉溪（Bayke），又稱南山溪，得名於日人設置之眉溪駐在所，族人稱伊尤（Iyu），目前也稱為賜得磊安（Strengan，意為集合點）。位於天主堂以西約 5、600 公尺處，眉溪與支流南山溪會合處右岸，南東眼山南方山麓，為一溪邊台地，多平坦地，為東眼社與姆哇南社人的聚落。1924 年 2 月，為日警所迫，由部落領袖率東眼、姆哇南二社共 33 戶 145 人下山，遷居於眉溪對岸小台地，亦名東眼，其地為南向斜地，海拔 878 公尺之緩斜地，並至南山西一帶台地開闢水田。1954 年，再由領導比度·內勇（PituNiyun）率領集體遷來南山溪，居住迄今。註 17

Tongan 多安（眉溪，Strengan）部落鄰南山溪，夾在守城大山（2,420 公尺）、南東眼山（1,875 公尺）與關頭山（1,536 公尺）與關刀山（1,924 公尺）、埋石山（1,524 公尺）之間。

眉溪部落位於南投縣仁愛鄉南豐村，地理位置上處於東眼溪和眉溪的匯合處及眉溪與南山溪匯合處的平台上，部落內的聚落包含 Alang Tgelaq（眉溪聚落）、Alang Loyan（天主堂上部落）和 Alang Iyu（南山溪部落）、Alang Bhege（天主堂下部落），統稱 Alang Tongan。部落的主要族群是 Seediq（賽德克）族中的 Tgdaya（達固達雅）群。

Tongan（多安）、Sipo（西寶）是位於東眼山附近的 Tgdaya 聚落，當日本占領霧社後不久，驅迫兩社的人集中居住並遷移到淺山地帶。霧社事件之後，日本人為了便以管理，Mwanan 部落被強制併入 Tongan 部落。這些部落所幸仍留在原居地附近居住，其他十個 Tgdaya 社被迫離開原居地。Tongan、Sipo 兩社在十二社中是屬於邊陲的小社。日治時期，Tongan 部落約四十戶，人口近兩百人，Sipo 社僅十來戶，人口不到百人。註18

Tongan（多安）的子部落有：Alang Tongan Mudu、Alang Muwanan。

3、互助村：（1）Alang Gluban 谷路邦部落（清流部落）。（2）Alang Nakahara 中原部落。（3）Alang Baysuring 梅子林部落。

「德羅度乎」的子部落有：Alang Daya、Alang Hunac、Alang Breenux。1931年遷至清流部落。霧社事件後，原社廢址變成都達群耕地。

「谷努」的子部落有：Alang Kdsic、Alang Gungu、Alang Ayu、Alang Deriq。1931 年遷至清流部落。霧社事件後，原社廢址都達群人移住，改名為櫻社。

「德鹿灣」的子部落有：Alang Truwan、Alang Ruku、Alang Ruku Daya、Alang Knuguh、Alang Sipo、Alang Skikun、Alang Taso。1931 年遷至清流部落。霧社事件後，原社廢址變成都達群耕地。

Suku（斯庫）的子部落有：Alang Bquwan、Alang Suku、Alang Sipo、Alang Kriro。1931 年遷至 Gluban 谷路邦（清流部落）。霧社事件後，原社廢址變成都達群耕地。

Mhebu（馬赫坡）的子部落有：Alang Daya、Alang Hunac。1931 年遷至清流部落。霧社事件後，原社廢址變成德路固群的土地。

Buwarung（布瓦隆）原為 Toda 都達人部落。子部落有：Alang Tbuwan、Alang Ngahu、Alang Hunac、Alang Rbuqin、Alang Quduh。1931 年遷至清流部落。霧社事件後，原社廢址德路固群移住，改名為 Huji Sya（富士社）。

因為日本人要興建萬大發電廠，中原部落被迫離開巴蘭山區而遷移到北港溪上游的峭壁之間，腹地狹小，土地貧瘠，他們在不情願的情況下離開原居地，慓悍聞名的 Tgdaya 部落族人，很多人起初因為拒絕被監禁在

埔里，後來又不得不放棄祖先的土地，來到異鄉重建家園。以巴蘭部落為班底的中原部落，他們在日本人的規劃下分為五班，沿著斜坡一層一列的家屋，形成井然有序的村容。他們遷村從 1939 年至 1940 年結束，依住屋分布的統計五班分別為：第一班稱為 Alang Hunac（15 戶），第二班為 Alang Ckceka（31 戶），第三班為 Alang Rucaw（34 戶），第四班為 AlangQacoq，第五班為 Alang Tkanan（兩個部落合起來為 44 戶），總計 147 戶。註19

Tkanan（塔卡南）的子部落有：Alang Qeting、Alang Breenux。

中原部落是由 Qacoq、Tkanan，Paran 三社所匯聚的部落。是霧社事件之後該社所留下的餘民。

Alang Qacoq（卡茲庫）的子部落有：Alang Gakac、Alang Ruco、Alang Raus、Alang Blebun。1939 年遷至中原部落。

Tgdaya 屬賽德克亞族語系之一，因居住在霧社高地附近又被成為「霧社群」。他們自稱 Tgdaya，意思是說「住在高處的人」，或「住在深山裡的人」。按照部落老人對於這個名稱的說法，「可能是我們老人是住在最裡面，最深的地方」，這個名稱不禁令人延伸出很大的想像空間。Truwan Tgdaya 位於春陽溫泉一帶的聚落，據說是 Tgdaya 語系祖居地或根源地。因人口繁衍與耕地不足，一部分的人往東移居到花蓮境內，留在原居地的族人逐次形成部落，清朝末期已有十二個部落，分別座落在 Truwan、Mhebu、Buwarung、Gungu、Drodax、Suku、Paran、Takanan、Qacoq，其中 Tongan、Sipo、Mwanan 三社在眉溪上游，其餘九社散居在濁水溪上游兩側。日治初期，Bkasan 被併入 Mahebo 社而成為十一個聚落。Tgdaya 語系的核心部落 Paran 社，因為除了聚落與人口多於他社，還有歲時祭儀的主祭都定居在該區。註20

霧社抗暴事件時德固達雅群十一社部落的領袖：

Mahebo 社 Mona Rudo 部落領袖（莫那魯道）

Gungu 社 Tado Nukan 部落領袖（達都諾幹）

Suku 社 Pihu Mona 部落領袖（畢互莫那）

Truwan 社 Temu Mona 部落領袖（鐵目莫那）

Drodux 社 Bagah Pukuh 部落領袖（巴卡哈布果禾）

Buwarung 社 Tanah Robay 部落領袖（達那哈拉貝）

Tkanan 社 Cili Nawi 部落領袖（奇利納威）

Qacoq 社 Awi Lawa 部落領袖（阿威拉瓦）

Paran 社 Walis Buni 部落領袖（瓦歷斯布尼）

Tongan 社 Taba Kumu 部落領袖（不詳）

Sipo 社 Pering Masing 部落領袖（貝林馬欣）

前六社參加了霧社抗暴事件。後五社雖然沒有參與，但有少部分人參加了起義陣營。無論是抗日或中立，我們都沒有權利評論。該撻伐的是日本「理原政策」的失當。巴蘭社、塔卡南社、卡茲庫社，在 1931 年 10 月 16 日，清算行動時，日人藉「家長會」之名，在霧社分室逮捕了十五位族人。

花蓮的德固達雅群：分布於花蓮木瓜溪流域。清領時代末期，受太魯閣族人勢力擴大影響，遷居花蓮縣壽豐鄉溪口村與萬榮鄉明利村兩地。戰後 1945 年前後，又遷移至秀林鄉的佳民、富世村，部分往南遷居至萬榮鄉的見晴、萬榮村。

（二）Toda 都達群之分布

Toda 語群的原居地位於濁水溪上流霧卡山溪沿岸（Bkasan）沿岸，即今廬山溫泉東方。因為受 Tgdaya 語系勢力的侵擾，有部分族人往北移動，沿著中央山脈西側移動，或經由奇萊山，或經 Brayaw 越過南湖大山，進入今花蓮縣境內道賽溪中游。後來遭太魯閣語系的侵擾，部分族人朝北移動入和平溪上游，遂與南澳混居。殘留於今花蓮縣境者，分布於花蓮卓溪鄉立山、崙山諸地。註21

日治時都達群五部落：屯原社、七卡社、鹿沼社、布給望社、鹿谷達雅社。

祖居地南投的都達群（Sediq Toda）：主要分布於南投縣仁愛鄉都達村（平靜）、春陽村、大同村高豐及碧湖部落。

南投縣都達人部落：註22

1、Alang Ungu（吾努部落）、Alang Cnuwil / Snuwil 史努櫻（春

41

陽村）：（1）Alang Tnbarah。（2）Alang Ayu 第一班。（3）Alang Plngbung 第二班。（4）Alang Ruku Daya 第三班。（5）Alang Rucaw 第四班。

2、Alang Drodux（Ruku Daya）：大同村碧湖部落。

3、Alang Toda 都達村都達部落：（1）Alang Tnbarah。（2）Alang Ayu。（3）Alang Pnlngebung。（4）Alang Rucaw。

4、Alang Ruku Daya 鹿谷達雅部落。

花蓮的都達群人，早期居住南投時，領域範圍以德固達雅北面的平靜山區一帶。18 世紀族人越過合歡山北峰，到達花蓮山區陶賽溪上游、中游，稱為都達（Toda，或寫為道賽）。目前，主要分布於花蓮縣卓溪鄉立山村（山里部落）、崙山村及玉里鎮高寮村（原坪頂村）。

1953 年，政府鑑於尚留在宜蘭深山利有亨（Leyoxen）社的馬巴阿拉亞群，治理困難，乃勸導他們下山，他們遂遷居下山與都達群同住。

（三）Truku 德路固群之分布

Truku 語系分布在濁水溪上游的 Truwan Truku，以及周遭相鄰的 Sadu、Busi、Busi daya、Brayaw 等五個聚落。後來因為人口眾多，部分族人越過奇萊主峰，逐次遷移到花蓮境內，位於立霧溪中、上游者稱內太魯閣；居於立霧溪下游、三棧溪及和平鄉下游者稱外太魯閣。目前主要分布於花蓮秀林鄉、萬榮鄉、吉安鄉。註23

日治時德路固群五部落：莎都社、德鹿灣社、卜希西卡社、卜希達雅社、布拉瑤社。

南投的 Seejiq Truku（德路固群）：目前居住於合作村靜觀部落、精英村廬山部落及親愛村松林部落。

南投縣德路固人部落：

1、Alang Truku 合作村：（1）Alang Busi 卜希部落（目前的靜觀上部落。alang Busig Daya，則位於靜觀上部落上方。alang Brayaw 布拉瑤部落，舊部落已夷為耕地）。Busi 部落的耕種地在 Lungan（路安）。（2）Alang Sadu 莎都部落（今靜觀下部落），Dmuan（德牧安）在 Sadu 部落的上方。（3）Alang Truwan 德鹿灣部落（今平生部落），德鹿灣部落

族人在 Tmuhan（德牧罕）種植了許多桃子。

2、Alang Buwarung 精英村：精英村於 1967 年 6 月 1 日，由合作村劃出，西隔濁水溪與春陽村相接，轄內有布瓦隆（Buwarung）、盧山溫泉、都達（Toda）、平和（Ruku Daya）四個聚落。現有靜觀產業道路與 14 號省道相連接，交通已非常便利。布瓦隆部落位於今精英村，舊名為波瓦倫社，坐落於母安山稜線上。母安山高 1,474 公尺，俗稱瞭望台，可遠眺整個德克達雅語群在濁水溪流域所建立的遺址，本村西鄰春陽、霧社，東有盧山溫泉區與馬赫坡古戰場遺址，北沿台 14 線往合作村數個部落，可遠眺清境農場，合歡山稜線，向東可遠眺能高山及奇萊山連峰。註 24

布瓦隆部落在地歷史故事極其豐富，以抗日歷史為主。布瓦隆也是霧社事件庫魯卡夫（Qqahun）之戰主戰場，富歷史性，有許多遺跡、遺址及閒置空間。

布瓦隆部落在日治前曾是都達語群族人聚居地，德固達雅語群（日治前主要分布於現今盧山溫泉一帶）各語群地界不明顯，所以常有各社為了獵場而爭鬥，也就是賽德克特有的出草文化。註 25

從南豐村眉溪部落開始至盧山部落的台 14 沿線，多為賽德克族聚落，也是串聯霧社事件主要地點的幹道，除了山川風光明媚，風景名勝多，其歷史故事及賽德克文化極其豐富，進入盧山部落前，會經過春陽部落、雲龍橋、馬赫坡舊址（今盧山溫泉）等，都是當年抗戰爆發主要地點。註 26

布瓦隆部落曾是都達人的獵場、耕作區域，除了是霧社事件中庫魯卡夫之戰的戰場，也是通往能高越嶺登山步道的隘口，自古以來即是重要交通節點、戰略要塞，有豐富的歷史生活文化。註 27

布瓦隆部落的發展，係以布瓦隆時期的生活聚落向外擴散，成為現今布瓦隆部落之規模。

3、Alang Pulan 親愛村布蘭（松林）部落。

花蓮的德路固群，早期居住在南投縣仁愛鄉靜觀一帶，遷居到花蓮後，主要以立霧溪流域為範圍，花蓮縣以秀林、萬榮兩鄉為主，部分在卓溪鄉的立山與吉安鄉的慶豐、南華與福興等村。

註釋

註 1　林宸儀、徐尚靈〈重返波瓦倫廬山部落賽德克族生活文化場域規劃設計〉，朝陽科技大學景觀及都市設計系畢業專題，2015 年 6 月。

註 2　同註 1。

註 3　原住民族委員會網站。

註 4　同註 1。

註 5　同註 3。

註 6　陳芝庭、蔡淑雯、李悅萍〈織起一座彩虹橋——賽德克族的服飾文化〉。

註 7　同註 1。

註 8　張惠珠〈太魯閣國家公園大同大禮地區 民俗植物與文化生活關連性之調查研究〉。太魯閣國家公園管理處委託研究報告，2009 年 12 月。

註 9　同註 1。

註 10　同註 1。

註 11　同註 3。

註 12　郭明正〈認識賽德克族〉，國立仁愛高農《中投區輔導中心學校辦理 105 年度教師認識原住民文化研習手冊》，105 年 11 月 29-30 日。

註 13　姑目‧荅芭絲（Kumu Tapas）〈賽德克與基督教碰撞的信仰景觀——以 Tkdaya 部落為例〉，《玉神學報》12 期。

註 14　同註 13。

註 15　曾麗芬〈賽德克族傳統織藝：Puniri〉，《原住民族文獻》9 期，2013 年 6 月。

註 16　同註 13。

註 17　德米娜‧生活〈南投縣賽德克族眉溪部落環境規劃設計〉。

註 18　同註 13。

註 19　同註 13。

註 20　同註 13。

註 21　同註 13。

註 22　余秀娥，靜宜大學碩士班學期作業報告。

註 23　同註 13。

註 24　同註 1。

註 25　同註 1。

註 26　同註 1。

註 27　同註 1。

第四章
Chapter 04

賽德克族社會組織

一、賽德克族聚落之形成

在日治之前，賽德克族仍維持狩獵與遊耕式的生活形態。親族組織採父系制，以部落為一自治聚落單位，負有共同祭儀、共同狩獵及共同對抗外侮的社會功能，並形成若干地緣兼血緣關係的組織。註1

賽德克族的聚落特徵也與太魯閣族及泰雅族相當類似，部落為分散式的聚落型態，一個部落內族人生活的家屋分布在若干處，有的是單戶獨居，也有的是幾戶相鄰，成為一個部落內其中一個小聚落，住戶並呈現不規則分布，沒有經過規劃整合。在賽德克族部落內，各聚落大多數是同屬一血緣關係的居住者組成，每一個聚落內的住民，彼此間通常都有血緣關係，可能是同胞兄弟或是爸爸的兄弟所組成的家庭。由於居住在山地內狹小的平台，所以生活空間相當有限，如果同一聚落居住的人過多，有人就得尋覓其他居住的地點。賽德克族的聚落空間又可細分為兩種不同區域，包括部落住屋區及獵區。部落住屋區包括各族人私人的家屋及鄰近的零星農耕地，而獵區則為血族團共同擁有，但並非全部落的人共有。獵區會因時間的關係輪替，不會常年都在同一個獵區狩獵，因為賽德克族人認為，必須讓該獵區的動物有繁殖及生長的時間，才有源源不斷的獵物供族人食用。註2

二、賽德克族部落領導人

古代賽德克族部落會推舉有才能、有經驗，具有領導統御能力者為部落領袖，平時男子聽從部落領袖命令，進行防禦守衛工作（登望樓眺望）；當部落或聯盟遭到外族侵擾，將共同採取獵首行動。此時獵首並不是一種戰爭行為，而是經由此行動讓祖靈進行神判，若行為舉止符合祖靈嘉許，則可獵得外族首級；反之則自己的首級被獵。首級帶回部落，會當作朋友饗以酒宴，成為家族一份子守護部落。註3

賽德克族的部落各有其部落領導人，即俗稱的頭目，除部落領導人以外，部落長老、各傳統祭儀的主祭司、巫醫（傳統醫師）及文面師等各有其一定的社會地位，因賽德克族的部落領導人並非世襲制，部落長老常是部落領導人的舉薦者。其次是狩獵團及獵首團的解夢者、善獵的男子，及工於織布的女子等，亦頗受族人們敬重，過去年代裡，他／她們相當於現代所謂的上流社會群。註4

賽德克人的傳統社會型態，建構在以老人社會／政治為核心的系統，除了部落中的意見領袖（如領導人、祭司），在特殊事務中：譬如祭司負責農作的時間點，對於何時播種、收割；領袖負責部落外的領域維護與部落內的秩序整頓，具有領導、決策、約束部落集體居民的生活型態外，形塑單一賽德克個體之行為模式與舉止，便交由各個家族的老人所承擔。過去，老人必須事必躬親，在織布與狩獵行為中教導年輕一輩，並傳授行為的規範（Waya／Gaya）與其精神。註5

賽德克人稱部落為 Alang，有部落、家鄉、邦國之意，並非單指一個部落，通常一個部落又有數個子部落，子部落也各有其領袖，他們會推派出最有能力者擔任總領袖。

早期賽德克部落社會的領袖制度，是一種儀式群體的部落領導模式。儀式群體在年中各樣儀式活動中還有不同的領袖，他們有的採世襲制度，有的憑自己的能力習得而來。賽德克部落社會是尊長，傾向父系，但實際是採雙系的社會制度，因此，在這樣的社會制度裡，階級意識很難滋長，因為一個人的努力才是取得社會地位的不二法門。註6

三、賽德克族祭祀與狩獵團體

賽德克族部落社會組織最大的特色是有祭祀團體、狩獵團體等，形成一個共同體，各種團體都是共負罪責團體。每一位族人依循著祖訓 waya / gaya 的規範制度，共同維繫所組成的團體或集團，唯各集團之間的差異頗大，亦難一次仔細的述說清楚。

社會組織方面，Qbsuran 為意見領袖，受人尊敬的大哥之意；Msanay 則為姻親勢力的結合，並嚴格規定近親不得通婚。Ane 賽德克語意為舅子，是丈夫與妻子兄弟之互稱，維繫 Ane 間的關係在賽德克社會十分重要，不能私下議論 Ane，Ane 也不可於姐妹中胡亂講話，更不能隨便觸碰。註7

部落組織主要以血緣關係，也就是宗親的關係形成一個基本單位，在此社會組織內，內部以共享、共同祭祀、共同狩獵等功能，也必須要保護這一團體不被其他部落侵擾，必要時在相同地域環境內的團體會形成一個攻守聯盟，共同抵禦外圍的敵人，此時就是共推一個大頭目，代表這區所有部落，是權力的代表，也是發號施令的人。狩獵集團以及祭祀集團，同樣也是賽德克族重要的功能團體，狩獵團體主要是狩獵不是個人行動，而是集體行動，可以達到分工、共享、共食的功能，在戰事發生的時候，也是數個狩團連盟共同採取行動。祭祀團體主要是以共同祭祀對象為組合，以奉行組訓規範（Waya / Gaya）而立，執行祭祀活動，同時具有部落調解糾紛的角色，是部落中具有仲裁力的團體。註8

花蓮山里部落賽德克勇士／田哲益提供

四、賽德克族的部落意識

　　賽德克族的傳統部落是以 Waya／Gaya 為主、部落意識為輔所建構的傳統農獵社會，Waya／Gaya 是賽德克族的律法、是賽德克族的社會規範，該律法與規範是由祖先代代相傳而下，故亦稱為祖訓；部落意識則建立在 Waya／Gaya 的基礎上。註9

　　賽德克族語「Alang」有部落、區域及邦國之意，因此，賽德克族的部落並不一定是指單一部落群體，而常常是由二個以上的子部落所形成，例如，沿溪流兩旁的丘陵腹地或沿山稜兩邊的緩坡地，綿延1至3公里可能散布著數個部落，通常會以該地區最早開發之地名為區域名稱，但不一定是部落名稱；或以主部落名做為該地區的名稱，此時的部落名也代表著地區名稱。註10

　　強烈的「部落意識」是賽德克族傳統部落生活的核心，部落型態的組成基礎及部落族人的互動模式，都由部落意識的凝聚而形成。傳統部落的初始型態是建立在人與人的緊密關係之中，人與人的依存關係逐漸形成部落的集體意識，這樣的集體意識發展為強烈的部落意識。註11

花蓮賽德克族山里社區入口圖騰 / 田哲益提供

五、賽德克族的家庭

　　賽德克族雖屬父系社會，但很多現象卻顯示賽德克族女男平等的平權社會，例如：賽德克族人的傳統名字，在子女與父母連名的族規（Waya / Gaya）中，可「子父連名或子母連名」亦可「女父連名或女母連名」；又若家中無男嗣則可招贅為婿。賽德克族的家庭結構看似男性作主，但在為

新生子女命名時或在子女論婚嫁的場合，女性長者的意向往往凌駕於男性長者之上。註12

漢族「男主外女主內」的傳統家庭型態，並不完全適用於賽德克族的傳統家庭狀態，因在賽德克族的家庭乃至社會的互動模式中，除較粗重的工作及純男性（如狩獵）性質的庶務以外，幾乎已很難再細分一定屬男性或屬女性的生計工作。在婚姻制度上，賽德克族是堅持一夫一妻制的族律（Waya / Gaya），在族人恪守族律之下，賽德克族的社會幾乎杜絕了同居、婚外情、未婚生子等違犯祖訓的男女異常關係。尤其有血緣關係的男女，至少要經過五代後始可論及婚嫁，這與漢族「親上加親」的表兄妹聯姻觀是完全不同的。註13

六、台灣原住民族的領袖制度

關於原住民的頭目（領袖制度），並非每族都有頭目制，布農、賽夏、太魯閣、泰雅族、賽德克族沒有頭目制；就算後來有了頭目制，產生方式也不同，排灣、魯凱族是世襲制，阿美族頭目則由部落長老、甚至族人一起選舉產生。傳統上沒有頭目制的族群，是由族內能人當意見領袖，所謂能人在早期就是指擅長打獵者。有頭目制傳統的族群，產生方式也不同，排灣、魯凱族的頭目為世襲制，頭目都是同一家族；阿美族頭目是由部落長老及部落族人一起選出，非世襲制。阿美族雖是母系社會，但政治社會體系的主要基礎乃在於男性，部落裡最高領袖是大頭目，大頭目之下則有地域領袖、年齡階級領袖及司祭，選出來的頭目，權力呈現在對外交涉與對內安排公眾事務的面向上。根據歷史學家研究，頭目制度並非這些有頭目制原住民最原本的統治架構，事實上，台灣原住民原先並沒有頭目制度，17世紀荷蘭人占領台灣後，在各番社設置番頭目制度，漢語稱「甲必丹」，至清末劉銘傳時代改稱為頭目，日治時期也是這樣稱呼，當時，台灣總督府在各社群設立頭目、副頭目等職稱，每個月有津貼可領。註14

傳統的魯凱族部落為階級化的社會，分為頭目、貴族、勇士、平民四個階級，階級為世襲制度，可以因婚姻關係而提升或下降。

世襲的階級制度：排灣族人一出生就確定了他的階級，是擁有土地的

頭目／有土地使用權的貴族／佃民。但他們可以藉由個人的努力，在狩獵、雕刻等表現上提昇自己的地位，或藉著婚姻提昇子女的位階。

排灣族頭目為長嗣繼承制度，後來受到國家治理的影響，形成有官派頭目、立案頭目或選（推）舉之頭目，來源頗受爭議。

排灣族傳統體制受到國家權力影響，使頭目來源不明，破壞傳統繼承慣習，導致頭目制度式微；加上外來宗教進入部落，改變族人信仰及神靈觀，間接影響文化及取代頭目在儀式中的角色。然頭目礙於現實環境等因素變得不作為，更加速了頭目制度式微。頭目並非法人亦未納入國家體制，無法接受政府補助，必須自己出資辦理祭典活動，形成莫大負擔，也因此，傳統祭典儀式與活動淪為行政機關與宗教團體主導，扭曲文化內涵，亦造成頭目功能喪失。頭目須堅持傳統信仰與文化，頭目制度唯有納入國家體制或設為法人，方能發揮頭目文化傳承及照顧屬民的使命與功能。註15

基於上述理由，進一步提出四項建議：註16

（一） 調查頭目來源做為原住民自治的依據。

（二） 傳統祭典活動回歸由頭目主導，並修訂原住民傳統祭典文化休假日。

（三） 國家應協助積極培育部落巫師的傳承，使祭典儀式得以延續。

（四） 原住民傳統領袖納入國家體制或設為法人以傳承文化。

採領袖制度的阿美族，最高領袖是大頭目，透過選賢與能制度，由地方領袖、男子年齡階級與司祭家代表在會議中選出。近代阿美族的大頭目中，以古拉斯・馬亨亨最為有名。

泰雅族目前還維持「頭目」制度的區域，只有苗栗大安流域的泰安鄉各村落。「頭目（Tomok，日語）」一詞，是殖民政府來到台灣接觸原住民族社會的傳統制度所給予的名稱。mrhuw nbkis 則是部落領袖、耆老之稱呼，nbkis 就是領導人物。能夠成為 mrhuw nbkis，必須懂得傳統規範而且有傳承的機制，如果不傳遞 gaga，傳統文化必定消失，這是祖先一再交代的。所以身為 nbkis 者必須要守住傳統，如果守不住，後代子孫將無所適從，gaga 也將走入歷史。據大安溪流域 mrhuw nbkis 的認知，部落領袖的產生是世襲制。nbkis 是無法隨意取代的，若真有篡位者，也不會有好結果。從日本與後來的國民政府，他們對於原住民部落領袖的看法與對待，總有些差距。不論如何，隨著時代的演進，曾經是部落領導中心的

nbkis，如今在國家體制的選舉制度下，mrhuw nbkis 對於政治的影響力
已是過眼雲煙。註17

註釋

註 1　國立自然科學博物館網站，賽德克巴萊文化教育特展。

註 2　林宸儀、徐尚靈〈重返波瓦倫廬山部落賽德克族生活文化場域規劃設計〉，朝陽科技大學景觀及都市設計系畢業專題，2015 年 6 月。

註 3　同註 1。

註 4　郭明正〈認識賽德克族〉，國立仁愛高農《中投區輔導中心學校辦理 105 年度教師認識原住民文化研習手冊》，105 年 11 月 29-30 日。

註 5　同註 2。

註 6　姑目・荅芭絲（Kumu Tapas）〈賽德克與基督教碰撞的信仰景觀——以 Tkdaya 部落為例〉，《玉神學報》12 期。

註 7　吉娃思巴萬（Ciwas Pawan）〈賽德克族廬山部落歷史〉，2019 年 10 月 31 日。

註 8　國立台北藝術大學〈活出歷史——台灣原住民觀點〉網站。

註 9　同註 4。

註 10　同註 4。

註 11　同註 4。

註 12　同註 4。

註 13　同註 4。

註 14　參謝鳳秋〈原住民頭目制，不是每族都有〉。《自由時報》， 2012 年 9 月 17 日。

註 15　吳清生《原住民頭目制度淡化對文化保存的衝擊——以東排灣族 Tjaqau 部落為例》。

註 16　同註 15。

註 17　參 達少、歐嗨〈泰雅頭目——辭源自日本殖民時期〉。

第五章
Chapter 05

賽德克族傳統領域的
生存概念

一、賽德克族的傳統領域觀

　　sapac，是指土地、獵場、森林、原野、河溪、牧場等，為全體 waya / gaya 團體所共有。

　　賽德克三個社群皆有各自的傳統領域與獵場，獵場為整個部落共有，耕地為各家族所有，獵場一旦與其他社群或族群有衝突時，必有獵首出草的行動；之後經埋石和解，再劃分各自的獵場區域。註1

　　在日治時期皇名化運動中，日本人強迫原住民改變生活習慣，許多文化如語言、建築、祭典、傳統生活習慣等都因此消失。日本人退出台灣後，國民政府接手殖民台灣，也強制徵收了許多土地，傳統獵場消失了、森林砍伐等都間接的破壞了原住民的傳統生活，文化流失現象已超過百年，原民文化的傳承，出現非常嚴重的斷層，文化傳承是否得以延續變成部落的一大議題。

　　賽德克民族是台灣這塊土地最古老的原住民族之一，上主賜給賽德克族祖先，並傳承給後代子孫的傳統生活領域，包括部落住家、獵場、山林、河川、耕地、祖靈地。賽德克族人遵循祖先的遺訓，捍衛、守護管理著傳統領域，經歷萬年之後的今天，當代賽德克族人仍以此傳統領域的觀念與律例典章，生活在上主賞賜給族人的流奶與蜜應許之地——台灣。四百年來，由於外來民族移民以及外來殖民政權統治台灣這塊土地，家

國、政治、土地、語言、文化、歷史、經濟、產業皆蕩然無存，亟需以轉型正義來翻轉。教會應當協助族人守護傳統領域，以信仰精神看守上主賜給賽德克民族的應許之地。註2

對應於《聖經》教導指出：〈創世記〉2：8：耶和華上帝在東方的伊甸栽了一個園子，把所造的人安置在那裡。〈創世記〉2：15：耶和華上帝把那人安置在伊甸園，讓他耕耘看管。註3

1895年日本殖民台灣後，殖產興業，剝奪台灣資源供日本母國利用，成為日本殖民者主要的目標。鑑於台灣原住民居住的山地區域林產資源豐富，但因原住民族持續反抗而無法利用，日本殖民者在20世紀初期，決定進行全面的「理原計畫」，透過武力征討屈服原住民。一方面，日人加強對台灣原住民族的武力控制，另一面原住民則還以不斷的反抗襲擊，雙方衝突不斷，日人更成為原住民族主要的馘首對象。對日本殖民者而言，能否成功的禁止原住民馘首，也成為能否有效控制原住族的必要條件與象徵。原住民族的馘首必須被禁止，對於族人而言，與馘首緊密相關的文面習俗，也因此必須禁絕。註4

二、賽德克族土地與獵場之分配

部落族人在土地的分配上，打獵的區域通常是以共享的觀念視之；一旦與其他族群因區域衝突，必然有獵首攻堅的行動，之後經埋石和解，再重新劃分各族群的獵場區域。在傳統土地分配的觀念中，獵場也就是打獵的地方，與河流一樣，都是部落共有的，耕地則為各家族所有，再分配給子孫。傳統上通常以溪流或山凹為分界，以溪流為中線，在源頭及山頂附近插放石頭界標，溪流兩旁也會各自種植竹子或芋頭，大家就知道這塊地已經有人使用了。溪水則兩方都可飲用，是共有的。隨著獵場的區域固定，部落領袖會分配給勢力者及其親屬耕地（都達稱 qnpahan，德固達雅稱為 neepah）。此種土地的分配，按照 Waya / Gaya 的規定，女人是無法繼承的（除非此一家人沒有男丁），男孩通常由最小的分配最多。這是因為在賽德克族人的 Waya / Gaya 的規定中，最小的男孩必須與父母親一起生活，因此父母自留的土地應歸於最小的男孩所有；其次由大兒子、二

兒子……，以下依此類推。但是各地的情況不同，也有由最大的兒子開始分配的情形。當然以前這種由獵場區域所衍生平均分配的土地關係，在部落的 Gaya 規定逐漸式微之後，部落族人家中戶長一言九鼎的習慣，似乎也由不同統治者的規定與社會變遷下逐漸消失，賽德克族人此一優異的 Gaya 規範，也將走入神話的歷史深淵中。註5

賽德克族是非常強悍的民族 / 田哲益提供

三、基督宗教之土地觀

（一）土地妥善守護與管理

　　基督徒可以買賣土地嗎？從 waya / gaya 看土地，土地就是生命之根，土地的存在衍伸出許多的文化及習俗。在土地私有化之前，土地乃上主所賜與。需對土地存敬畏的心，世人只是過客；上主據有土地絕對主權。然而政治環境因素導致對土地的不尊敬。在土地被殖民後，導致人類與土地發生撕裂的關係。雖然對土地的管理是上主賦予人類的使命，當代族人對土地的敏感度不高。基督徒應對土地的情感要堅持，賽德克族的土地（傳統領域以及原住民族保留地）都是上主所賞賜的，族人不可隨意變賣或是破壞，族人當以信仰的態度與感恩的心懷意念，捍衛、珍惜、守護土地；妥善使用孕育賽德克族歷代子孫的土地；善盡土地管理之責任。註6

　　對應於《聖經》教導指出：〈創世記〉1：27-28：上帝就照着他的形像創造人，照着上帝的形像創造他們；祂創造了他們，有男有女。上帝賜福給他們，上帝對他們說：「要生養眾多，遍滿這地，治理它；要管理海裡的魚、天空的鳥和地上各樣活動的生物」。〈利未記〉25：23：「地不可以賣斷，因為地是我的；你們在我面前是客旅，是寄居的」。註7

（二）不可侵占土地

　　賽德克族人對 ayus（界線）的倫理為何？在族人的傳統上非常重視界線，界線等同於族人國家的疆域，猶如國界。對於族人而言，家族與部落家族的界線的界定也非常顯明，可以用石頭和樹木為標記。任何人若跨越了那界線，嚴重的話會引起刀劍相向。因為侵犯「界線」的意義上是「默視人權、不尊重」，不尊重的態度等同掠奪土地，以及霸占獵場。不當的國家政策和法令，是因為沒有傾聽民意，任意妄為。以致於讓人民受苦、遭害，即是不尊重人民、不尊重人權。在民主社會中，人類可以依循法律途徑提出抗議，甚至走上街頭表達意見來抗爭。賽德克族對於土地界線（地界）的倫理是非常嚴謹的，祖先遺訓中明確的警告，不可移動地界，也

不可侵占他人土地，否則必蒙咒詛。當代賽德克族部落土地，嚴重遭受國家政府以及異族不當侵占，甚至族人之間亦產生土地糾葛，實需嚴正反省與認罪悔改。註8

從《聖經》教導來看，上主一心要伸張正義，要使法律發揚光大。然而，他的子民受欺壓；他們被關在地牢裡，被囚禁在監獄中。他們被搶劫，遭蹂躪，沒有人來搭救他們。基督信仰並非只叫我們在信仰上扎根成長，也要在不公義的社會中伸張正義，執行上帝的教導，讓公義彰顯在世界上，因此，要對社會提出挑戰，對弱勢者仗義直言，討回公道。過去族人那種與生俱來彪悍的民族性，足以讓越界侵犯者葬送性命，令人聞之喪膽，如今即便是外人侵門踏戶了，我們卻無感、好像都事不關己。部落中的教會信徒，對於面對不公義的社會提出抗議的事件都持保守態度，也不敢表達。因此，族人失去了原有擁有的 DNA ——捍衛界線的精神和勇氣。如何重新拾回族人對界線的認知，我們可以透過《聖經》的教導，上主要我們重視公義，站出來表達訴求，讓基層人民的聲音被聽見，使公義得以彰顯。註9

對應於《聖經》教導指出：〈申命記〉19：14：「在耶和華——你上帝所賜你承受為業，所分得的地上，不可挪移你鄰舍的地界，因為這是前人所定的」。〈箴言書〉23：10：不可挪移古時的地界，也不可侵占孤兒的田地。註10

四、眉溪部落土地之依存與延伸模式

極端氣候趨勢下造成災難頻率增加，是當代台灣面臨的重要課題。尤其是以高山、溪流為主要居住場域的台灣原住民族，面對氣候災難往往受害最深。因而在國土規劃、流域治理的相關政策討論中，原住民族的角色理應位居中心位置。不過，原住民族並非只是等待救援的受災者，而是可以扮演積極解決問題的知識寶庫。以眉溪部落在眉溪河岸的生態棲地營造為例，千百年來累積的 Waya / Gaya，使得部落族人較能具備永續的眼光看待自然律動，也因此能夠將水保局原本的堤防工程轉化為生態棲地的方案。並且，賽德克的知識典範強調人與土地的依存關係，對於 Utux 的崇敬

所延伸出的在地生活模式及工藝方法，對於當代科學知識而言，具有很大的參考價值，兩者也可相輔相成。在這過程中，也是讓日漸凋零的傳統文化，在當代生活中能有再創新的機會。註11

五、賽德克族人與土地之間的知識體系

原住民族長期生活經驗所建構的知識體系，相對於西方文化為基底的現代主流科學，具有傳統性及在地性，所以也常被稱為在地知識、傳統知識、地方生態知識等。（沈淑敏，2017）官大偉也指出，原住民生態知識所具備的特質與存在的價值，是「人與土地之間互動的特殊方式所產生的知識」，同時具備人群／特定地理尺度／知識產生方式等三面向之特色。（官大偉，2014）原住民知識的在地特性，比如對於自然災害的應對方法、熟悉當地自然環境、傳統工法或是環境史的記憶等，可以提供更符合人地關係脈絡的土地利用制度及災害管理方法，原住民族的在地生活實踐經驗及文化故事，往往也是環境教育活動非常好的素材來源。註12

日治時期自 1910 年進行「理蕃」，強迫遷村、收繳武器，縮小蕃界，原住民傳統領域因此被變更壓縮。1950 年代，國民政府實施山胞山地管制，清丈山區土地，原住民的生存空間更嚴重受到壓縮，而行政區域的強制劃分，更使得社會制度受到極度的摧殘。以文明社會觀點為本位的政治、經濟、與教育系統，不斷地強制施於原住民族，反而讓部落經濟從 1970 年代開始就瀕臨破產，迫使多數青壯人口流落平地謀生。一直到 1980 年代，才開始逐漸有原住民運動團體針對漢人色情剝削、土地擁有權、族群歷史解釋權等問題發動抗議活動。隨著台灣民主化運動的漸趨成熟，原住民的自主要求也日益升高，終於讓陳水扁總統在 2003 年說明政府與原住民是準國與國的關係，如何讓原住民族有保障和尊嚴，應在原住民族基本法中呈現，或在台灣新憲法中，能定有原住民族專章。註13

賽德克族木雕 / 田哲益提供

六、原住民基本法

原住民基本法的設立，在使原住民文化得以流傳，使傳統得以被保護並促進族人重視環境災害議題。其中重要的條例有：

第1條：為保障原住民族基本權利，促進原住民族生存發展，建立共存共榮之族群關係，特制定本法。

第10條：政府應保存與維護原住民族文化，並輔導文化產業及培育專業人才。

第11條：政府於原住民族地區，應依原住民族意願，回復原住民族部落及山川傳統名稱。

第21條：政府或私人於原住民族土地內從事土地開發、資源利用、生態保育及學術研究，應諮詢並取得原住民族同意或參與，原住民得分享相關利

益。政府或法令限制原住民族利用原住民族之土地及自然資源時，應與原住民族或原住民諮商，並取得其同意。前二項營利所得，應提撥一定比例納入原住民族綜合發展基金，做為回饋或補償經費。

第22條：政府於原住民族地區劃設國家公園、國家級風景特定區、林業區、生態保育區、遊樂區及其他資源治理機關時，應徵得當地原住民族同意，並與原住民族建立共同管理機制；其辦法，由中央目的事業主管機關會同中央原住民族主管機關定之。

第23條：政府應尊重原住民族選擇生活方式、習俗、服飾、社會經濟組織型態、資源利用方式、土地擁有利用與管理模式之權利。

第25條：政府應建立原住民族地區天然災害防護及善後制度，並劃設天然災害防護優先區，保障原住民族生命財產安全。

註釋

註1　吉娃思巴萬（Ciwas Pawan）〈賽德克族廬山部落歷史〉，2019 年 10 月 31 日。

註2　Watan Diro《賽德克族文化與福音轉化》，台南，財團法人台灣基督長老教會台灣教會公報社，2020 年 9 月。

註3　同註2。

註4　林宸儀、徐尚靈〈重返波瓦倫廬山部落賽德克族生活文化場域規劃設計〉，朝陽科技大學景觀及都市設計系畢業專題，2015 年 6 月。

註5　沈明仁〈豐美的賽德克族文化〉，2006 年 1 月 11 日。

註6　同註2。

註7　同註2。

註8　同註2。

註9　同註2。

註10　同註2。

註11　陳嘉霖〈原住民傳統知識與流域治理——眉溪部落的嘗試〉，《水沙連人文創新與社會實踐研究中心電子報》31 期，國立暨南國際大學，2019 年 10 月。

註12　同註11。

註13　郭華仁、嚴新富、陳昭華、鴻義章〈台灣民族藥學知識及其保護〉，《生物科技法的保護與生命倫理國際研討會》，北海道大學，2005 年 2 月 22-23 日。

第六章
Chapter 06

賽德克族的律法 Waya / Gaya 信仰

賽德克族是個什麼樣的族群？為什麼賽德克族堅持遵從 Waya / Gaya 祖靈崇拜與信仰？

賽德克族人只有敬畏編織之神，還不至於祭祀天地、日月、星辰、風雨、雲雷、山川等，因此非泛靈信仰；也就是說賽德克族人宗教信仰的對象，僅有唯一的「編織之神」，而祖靈、鬼魂亦含涉其中。

在賽德克人的社會裡，舉凡族人的狩獵生活、農事耕作、家庭、倫理、宗教觀等，皆以 waya / gaya 為行為思想的中心，waya / gaya 代表著部落所有族人必須遵循的法律規範，因此，賽德克人形成了自己的傳統文化習俗。註1

賽德克族的生活慣習、人與土地的關係、祖訓及價值規範，稱為「gaya」。而 gaya 體現了人與自然和諧永續的本質，有著重要意義。

1853 年，天主教展開對仁愛鄉的宣教；1856 年，台灣基督長老教會及真耶穌教會亦開始對仁愛鄉宣教，自此賽德克族人的原始信仰生活就遭受劇烈的轉變。註2

賽德克部落的 waya 制度雖然是傾向父系的社會，不過從男女分工制度的倫理原則，壁壘分明各自有他們自我展現的領域，因此，賽德克部落可以說是一個兩性平權的社會。註3

姑目・荅芭絲（Kumu Tapas）教授說：「gaya 是賽德克部落凝聚的力量，儀式群體所表現的生活形態，是一種共產主義下的分享文化。」

一、賽德克族 waya / gaya 信仰

在賽德克族人的原始信仰生活，與他們所謂的 waya / gaya（生活的規範）之間，到底存在什麼樣依存的關係與意義？而祖靈信仰 utux，對於賽德克族人又有什麼重要性？與傳統文化的關係，又有何種力量存在？使得它存在於賽德克族人的生態世界裡，竟長達千年而不墜，其道理又為何？常有人說台灣原住民是沒文化、沒歷史、沒文字的族群。在觀念上，理所當然就會被外人認為是沒有所謂文明曙光可能的民族，甚至連生存的機會都非常渺茫。事實上，賽德克族是有文化的民族，因他們將存在於大自然環境區域裡的和諧秩序，融化在信仰的內涵中，並使之成為生活中的規則。因而常自稱是 Sediq Balay、Sejiq Balay、Seediq Bale（大地的子民）。由此一樂觀自在的心性，亦不難瞭解他們的價值觀是自然的、單純喜悅的。我們也應該體悟到一種道理，即：人類文化之中，沒有所謂「文明」、「野蠻」；「好」、「壞」之別。原住民族其存在的價值，與其維繫生命的思想與信仰，應該與其他的族群有相同的地位。才會能讓他們有生存的力量，來面對整個大自然環境的挑戰。註4

賽德克族非常遵守 waya / gaya 祖訓 / 田哲益提供

二、賽德克族 waya / gaya 與 Utux 信仰

賽德克族人的超自然信仰觀 Utux 信仰，以實踐 waya / gaya（祖訓、規範）最為重要。賽德克族人相信祖靈會影響族人生活中的災禍福報，必須遵守祖先訓示與行事規範。賽德克族重視祖訓 waya / gaya，這樣的文化反應在日常生活與歲時祭儀上面。

waya / gaya 一般的解釋為賽德克族的祖訓，如文面、狩獵、編織、音樂、語言、歌謠與舞蹈等皆有其規範（waya / gaya）。

waya 制度的衰微與新教的契機：以 Utux 為核心的 waya 制度是賽德克部落文化的核心概念，是賽德克部落一切倫理的總綱。透過儀式群體倫理禁忌的原則，呈現賽德克部落不同層面的倫理關係。是賽德克部落一切倫理的總綱。若以生命的共同體來說明 waya 群體的生活形態：「在生命的共同體之中有個人發揮的餘地。」換句話說，waya 是一個複數形的專有名詞，展現在賽德克部落生命禮俗的過程，他們在不同層面所建立的倫理關係。既然 waya 觀點呈現多義的面貌，因此，概念化的 waya 觀點無法完全明意，則必須在部落群體的儀式行為過程，才能了解 waya 在部落社會的功能。註 5

三、賽德克族 waya / gaya 之意義

歷年來，研究賽德克族的 waya，可以分成幾個階段：從日治時期到 1980 年以前，大部分的研究者都將 waya 當作是「組織」。從 1990 年代開始，學者延續 waya 多義性的概念，開啟新的研究路線，探討 waya 當作一種「概念」，結合賽德克族流動的社會性之間的關係。註 6

上述新的研究路線，把 waya 當作一種「概念」的看法，是否接近 waya 本身意義的解釋，也就是說，從「空間」的角度來思考，waya 是一種知識的「空間」，是各種知識上規範的「空間」，這樣的「概念」，是接近原始 waya 的意義，確實尚有疑義。然後，這樣的「概念」被實踐及遵守，創造出社會範疇及社會關係存在的空間，而這個社會規範範疇也會隨著物質生產與交換的空間範圍而變動，這種流動性展現在資源利用的

權利，建構在動態的人際關係。綜觀上述解釋，王梅霞教授（2003）借用 Dumont（1970）的階序對立的概念，將 waya / gaya 當是一個「範疇」，是基本「概念」，而「Utux」變成是「補充」的。但對於賽德克族人而言，「空間」就是「獵場」，waya / gaya 是實踐 Utux 中的祖靈信仰，包括所有的生命禮俗及生活規範。從 1915 年到 1980 年期間，研究者都主張以「組織」來解釋 waya。從 1980 年以後，研究者解釋 waya 指一種「制度」，並且 waya 具有「多意義」的性格。還有的研究者開始思考「空間」的要素，不過，在賽德克族語中，並沒有可以和「空間」產生對應翻譯的字彙。直到 1990 年以後，學者對於 waya 的研究，由「多義」性格的一種「觀念」，而非「社會組織」變成「靈力交換」及「不斷的變化」。從上述的演繹過程，waya 的研究，起初原存在於部落族人的記憶裡，而後能夠協助解釋 waya 的內涵，透過「獵首」與「文面」來呈現，但仍然無法解釋 waya 的原始意義，尤其 waya 與 Utux 的關係，仍是缺乏原始意義的論述。從「靈」到「祖靈」與「祖靈祭」的詮釋相異，而後發展「編織祖靈」，才有機會與「聖靈」結合，縱使祖靈信仰與今日任何宗教的教義無關，純屬賽德克族的傳統信仰。然而，長老教會初傳的成功，後期研究者認為是這種傳統 Utux 靈信仰與基督信仰「神」觀的相融的結果。註7

賽德克族人自孩提時就會被耳提面命，媽媽說：「不乖，waya / gaya 會生氣」，自小心靈潛意識裡就會規範自己，做個乖孩子。「要聽 rudan（長輩，就是爸爸媽媽）的話」，將來人生的道路就會順暢，如果不聽話，違反了 waya / gaya 的指導與訓示，就會有不幸的事情降臨在身上，甚至家人都會遭受牽連。賽德克族的祖先是一個非常強調遵守祖先 waya / gaya 遺訓的民族，道德的規範制約也相當的嚴謹，沒有人可以單獨生活在 waya / gaya 守護之外。

賽德克族是一個崇信祖靈的民族，遵守 waya / gaya。waya / gaya 一詞涵蓋非常廣泛，包含「祖先的遺訓」、「族人共同恪守的律法」、「社會規範與道德標準」、「族命得以綿綿不絕所繫者」、「風俗習慣、習俗」、「共祭、共獵、共勞、共牲、共食、共守禁忌、共服罪罰的團體」等。註8

整理賽德克族 waya / gaya 的意義如下：

（一）waya / gaya 是指祖先的遺訓、訓戒，也就是祖宗規定的制度。
　　　對於祖先遺留下來的祖意或祖統必須效法、仿效，並對祖訓闡述

之，發揚之。

（二）waya / gaya 是族人一體遵行的規範，明文規定或約定俗成的標準。

（三）waya / gaya 是族人的生活準則與準繩，即言行所依據的原則或標準，也就是衡量事物的準則。依道德之理所遵循的標準原則或是行為準則，順應道德的準則是善，違逆道德的準則是惡。

（四）waya / gaya 是族人的制度，要求成員共同遵守，也就是有一定的體制或法則以制約。

（五）waya / gaya 是族人的律例，就是律法、法律、法則、法度。

（六）waya / gaya 是族人的規律與紀律，規律是有節奏的，不是雜亂的；紀律是指為維護集體利益，進而要求族人必須遵守。紀律做為一種人們的行為規則，是伴隨著人類社會的產生而產生與發展，因此，具有歷史性的特點。那麼紀律既然是維持人們一定關係的規則，要求一定集體成員必須執行。

（七）waya / gaya 是規定，是一種權威性地指導與指示，是祖宗的遺跡或預先制定的規則。使族人的思維邏輯端正不歪斜，保持社會的平衡狀態。

（八）waya / gaya 是秩序與自律，秩序是有條理不混亂，符合社會規範化狀態。自律是遵循祖訓與律法，並以此為基礎進行自我約束。

（九）waya / gaya 也是禁忌，禁忌或忌諱是在生活起居中被禁止的行為和思想，所以會被禁止，就是因為不合乎傳統禮儀，具有污辱的涵義，違反道德倫理，觸犯祖律具有危險性。違反禁忌的行為可能會為社會帶來破壞和騷亂，也可能會造成人命的傷亡。在傳統律法上，打破禁忌的人會受到制裁。

（十）waya / gaya 是道德，為衡量行為正當的觀念標準，是調整人們之間以及個人和社會之間關係的行為規範的總和，它是一個族群生活形態下自然形成的。一個社會一般有社會公認的道德規範。道德和文化有密切關係，雖然人類的道德在某些方面有共通性，但是在不同文化中，所重視的道德元素及其優先性、所持的道德標準也常常有所差異；同樣一種道德，在不同文化社會背景中的外在表現形式、風俗習慣往往也相去甚遠。

waya / gaya 是賽德克族的傳統律法 / 田哲益提供

四、賽德克族實踐 waya / gaya 信念

　　waya / gaya 是賽德克族文化中重要的行為與社會規範準則，若是違反規則，祖先會降禍族人，所以族人小心謹慎的遵守這些規則，以免危及群體安全。賽德克族的 waya / gaya，與太魯閣族的 gaya、泰雅族的 gaga 相同，是指祖先制訂的制度與規則。若是 waya / gaya 的成員破壞規則與禁忌，將會影響整個 waya / gaya 團體中的成員，因此其他成員會要求贖罪。

waya / gaya 團體（祭祀團體）的組成以一個或兩個近親群為核心，加上其他較遠親族或姻親，甚至無親屬關係的朋友也可以加入。同一 waya / gaya 團體的人，必須共同農耕工作、祭祀，以及共守禁忌，具有宗教、地域與親屬層面的整合功能。註9

同一 waya / gaya 團體也是共負罪責團體，群體中若有一位違規，則祖靈降禍群體以懲罰之。

賽德克族是崇尚 waya / gaya 的民族。waya / gaya 可詮釋為：神律、律法、律例典章、祖先遺訓、生命禮俗、歲時禮儀、倫理道德、規範等，如同《聖經》當中的〈律法書〉之律例典章。

如果舊約是一棟建築，律法書就是它的根基；如果舊約是一扇門，《律法書》就是它的鑰匙。讀好了〈律法書〉，才能建立起你對舊約的認識；讀通了〈律法書〉，才能開啟蘊藏著神啟示的寶庫之門。〈律法書〉又稱為「摩西五經」，是《舊約聖經》的頭五卷：〈創世記〉、〈出埃及記〉、〈利未記〉、〈民數記〉、〈申命記〉。這五卷書以神的創造及人的墮落為引子，以亞伯拉罕的家族歷史為主軸，以神對以色列人的拯救及頒布律法為高峰，以進入神的安息地（迦南美地）為目的，並以彌賽亞的來臨為最終體現，闡釋了神對人類的救贖計畫。註10

賽德克族的部落是以 waya / gaya 為主、部落意識為輔的生活系統，所建構的傳統農獵社會型態，waya / gaya 是賽德克族的律法、是賽德克族的社會規範，該律法與規範是由祖先代代相傳而下，故亦稱之為祖訓，部落意識則建立在 waya / gaya 的基礎上。

大體而言，賽德克族的社會組織依循著祖訓 gaya 的規範制度，形成各種社會團體，如祭祀團體、狩獵團體等功能團體，必要時在地域環境內的團體會形成一個攻守聯盟。

賽德克族各種社會團體以奉行組訓 gaya 規範而立，也就是說賽德克族的一切生活，舉凡狩獵、漁撈、農作、家庭、倫理、道德、信仰、宗教觀、飲食、服飾、婚姻、喪葬等，皆以 waya / gaya 為行為舉止與思維的中心，waya / gaya 代表著部落所有族人必須遵循的法律規範，由此賽德克族人形成了自己的傳統文化與習俗。都達人稱為 waya，德路固、達固達雅人稱為 gaya。

五、賽德克族的 waya / gaya 以都達人為例

賽德克族的 waya / gaya，以都達人為例：

（一）狩獵的 waya / gaya：註 11

    1. 借接別人的 ngungu 尾巴：為了要捕獵豐碩的獵物，出獵者要向擁有 ngungu 的族人（不限親戚）借，並帶在身上，族人相信 utux 會保佑獵人安全及獵捕豐碩的獵物。

    2. 出獵者要上山的前幾日，家人要和樂相處，不能爭吵，否則會觸犯神明狩獵中獵不到動物。

    3. 家中有孕婦的男人，不能隨狩獵團同行，族人相信，會破壞 waya / gaya，而招致神明憤怒，並讓狩獵團遭遇颱風而發生意外。

（二）農事耕作的 waya / gaya：註 12

    1. 每到春季播種時，族人必須先等祭師做完 Smratuc 儀式後，待其先試撒的粟穀長出新芽後，並經許可，族人方可播撒粟穀種子。

    2. 族人新開墾土地，需要請族人幫忙，酬勞給付是換工或是殺豬分肉。

（三）養殖牲畜的 waya / gaya：豬是族人普遍養的牲畜，白天任其部落亂跑，但晚上必須趕至豬舍。如果母豬在外面生產，是不吉利的事，母豬、小豬必須全部殺死，才不會遭致災害。註 13

（四）離世的 waya / gaya：註 14

    1. 家人生病死亡，親人必須在亡者斷氣時握手，否則居住的家要離棄且遠離部落一個月，方可回到部落。

    2. 亡者埋葬時，其衣物與所有東西全部要陪葬，而挖墓洞的人，必須用水洗淨身子，方可回到部落。

（五）結婚（msturung）的 waya / gaya：族人的婚姻，都是一夫一妻制，並且禁止近親（三代）通婚。青年男女的婚姻，都是父母之命。雖然部落青年男女設有聚會所可以談情說愛，如果父母不答應，也不能違背父母。一般結婚是部落最熱鬧的時間，也是男女方暢飲通宵、歡樂跳舞之時，以前的聘禮簡單樸實，只需準備

飯鍋或農事器具。男方要送豬給女方，殺豬分肉時依親屬多寡，由長者輪流分肉，並用竹條串肉，各人帶回。男方家族較富裕者，還會做年糕分送給親戚家，類似現今的喜餅禮俗。而新娘的親戚，都會以布當贈禮送給新娘，布贈送的數量越多，新娘在婆家越有身價。註15

(六) 生育的 waya / gaya：註16

1. 不允許非親戚至產婦家。

2. 小孩臍帶未斷前，男人不能上山狩獵。

3. 男方要殺豬並分肉予岳家親屬，表示感謝之意。

(七) 命名的 waya / gaya：新生兒出生數天後，開始命名。命名大都是由家裡長者。小孩的名字依傳統命名法（waya / gaya），即取祖先之名，本名後面要附加父親之名，而父死則附加母親之名。例如：Temu（本名）basaw（父名）。名字取法的原則，長男用祖父之名，次男用曾祖父之名，三男用高祖父之名字。因為部落名字並不多，因此會有許多同名同姓的人，為使親族將來不會混淆，一般家裡的長者會口述傳遞其子孫。但沒有文字記載，一般宗親能口傳追溯到上四代就已經不容易。註17

(八) 獵首的 waya / gaya：註18

1. 獵首是賽德克族男人尊嚴的象徵。

2. 若是沒有獵首的成年男生，不得文面，會被辱為女人。

3. 必須要經過這一段成年試煉，才能受到部落族人的肯定，能夠保護自己部落不被侵犯。

4. 獵首也有為部落祈福，驅散傳染病以及治病作用。

5. 在獵首之前會進行鳥占，若是吉兆，要勇往直前，不要羞辱了祖靈；若是凶兆，則停止出草行動。

(九) 織布與文面的 waya / gaya：賽德克族以文面及精湛的織布技術聞名。文面的意義除了美觀以外，就女子而言，代表善於織布，一位賽德克族女子，在十三、四歲的時候，就跟著媽媽學習織布的技巧，也開始為自己準備出嫁時的衣裳，當少女的織藝精進，也就是准許在臉上刺青的時候了，這時也是尋覓如意郎君的好時機，一位不會織布與沒有文面的女孩子在部落裡是沒有人追的。就男子而言，是獵過首級，能夠勇敢獨當一面，保家衛社稷的標

誌，也是成年的象徵。但文面的風俗在日本人占領台灣期間被禁止。除了上述的意義以外，美觀、避邪也是文面的另一個目的，賽德克族人在山上工作，吃完晚飯後，要將炭灰塗於上額、下顎，以避免邪靈之侵，因此據推斷，兩者之間有其淵源。賽德克族人相信，當族人去世，回到祖靈的居所時，相傳祖先們會以臉上的刺青認定自己的子孫，因此，文面也是死後認祖歸宗的標誌。註 19

六、賽德克族土狗的 waya／gaya

原住民對土狗一向有很深厚的感情，會把狗當作自己家人一樣看待，所以也有很多規則在裡面。例如，絕對不能在狗不注意時隨便打牠，否則牠的魂會被鬼神帶走，以後就不叫做真土狗，完全沒有用了。所以知道土狗和人、獵場之間的重要性，就能瞭解 waya／gaya。因為打獵一定要依循 waya／gaya 去做；而且絕對是男人之間的事情，如果在女人面前談論獵場的事情，是會破壞 waya／gaya 祖訓，不是打不到獵物、就是自己會受傷，因為有 utux 在旁邊看著。現在看起來或許有人會覺得似乎有點不合理，其實這就是一種在自然界之中，人與土地、人與獵物、人與鬼神之間合作的概念。從另外一個角度來說，也是每個人都有他要盡的職責，當然不能隨便。註 20

七、復振賽德克族 waya／gaya 信仰

賽德克族人在世時追求個人成就以求得死後回到祖靈地的應許，因此男子積極尋求戰功、女子辛勤編織以取得文面資格，死後才能通過神靈橋（彩虹橋）回到祖靈地。日治時，日人禁止賽德克人文面，造成他們信仰的衝擊。可歌可泣的霧社事件影響了整個賽德克族的命運，抗暴六社超過一半的罹難族人選擇自裁奔向祖靈，餘生族人更遭受到報復性襲擊以致於隱忍度日。惟整個英勇事蹟，已然被國人所遺忘。即使民國政府以抗日的名義加以宣揚，對賽德克族人而言，仍無法彰顯他們最尊崇的賽德克傳統

waya / gaya 文化。

　　utux（尊敬祖靈）、waya / gaya 信仰、Tmninun Utux（編織之神）信仰，此三者為賽德克族人生活的理念，透過規範，形成部落文化中的攻守同盟集團、祭祀集團、血緣集團等互為依存的文化堡壘。文面是賽德克族文化圖騰的象徵意義，此一文化風格與習慣，使他們在台灣的中北部生存綿延幾千年。

　　然而，為何此一時彼一時的文化力量，竟能在短暫的百年文化劇變之中，呈現出一蹶不振，恐有走入黃昏滅絕之途？乃是因為他們的 waya / gaya 消失、圖騰文化沒落、土地（獵場區域）失去，使得他們對大自然的尊敬，蒙上一層無奈不歸的生命氣息。救亡圖存之道，似乎必須重新認識由 waya / gaya，重新賦予一種適合時代思潮的意義，才有力量重建部落文化的希望。因此，或許只有從瞭解 waya / gaya 的意義，部落文化的力量才能整合成一個攻不可破的生命體系，也唯有從深刻體認 waya / gaya 的各式各樣文化意義，才能重新認識其存在價值及其地位的重要性。註21

註釋

註 1　南投縣仁愛鄉公所部落格——賽德克族簡介（舊版）。

註 2　同註 1。

註 3　姑目・荅芭絲（Kumu Tapas）〈賽德克與基督教碰撞的信仰景觀——以 Tkdaya 部落為例〉，《玉神學報》12 期。

註 4　沈明仁〈豐美的賽德克族文化〉，2006 年 1 月 11 日。

註 5　同註 3。

註 6　陳雅丹〈賽德克族的 Utux 信仰〉，《KARI 賽德克豐盛的話語》，2019 年 3 月，頁 68。

註 7　同註 6。

註 8　國立自然科學博物館網站，賽德克巴萊文化教育特展。

註 9　原住民族委員會網站。

註 10　https：//shop.campus.org.tw/ProductDetails.aspx?ProductID=000549790。

註 11　蔡少聰〈賽德克族都達社社會規範〉。

註 12　同註 11。

註13 同註11。

註14 同註11。

註15 賽德克郡達社生命禮俗網站。

註16 同註15。

註17 同註15。

註18 台灣原住民族資訊資源網。

註19 同註18。

註20 同註4。

註21 同註4。

第七章

賽德克族傳統祭儀

一個民族的祭典儀式，可以展現出其民族的文化特質以及信仰的核心價值，從祭典與活動中，可以更清楚了解賽德克族的文化。

賽德克族主要的傳統祭儀有播種祭、收穫祭、祈雨祭、狩獵祭、捕魚祭順遂獵首祭等，其訴求的對象，即崇信的 Utux，各祭祀團體各自獨立，各司其職，祭祀團體的主祭司皆備受族人敬重，其社會地位不亞於部落領導人（俗稱頭目）。常言道：「民以食為天」，這是自古人類求生存的自然法則，因此播種祭與收穫祭，可說是賽德克族的重點祭儀，兩祭儀的主祭司都採世襲制，傳男不傳女，承繼者的順位依家中男子之排序而定。賽德克族的主要作物中，播種祭與收穫祭的祭祀活動僅及黍小米（macu）及黍米（Basaw／baso），其他作物不需透過播種祭與收穫祭的祭祀儀式，兩祭儀同屬賽德克族獵時代的重大祭典，是同一區域內賽德克全體族人都要參與的祭祀活動，因居住區域不同，賽德克族三語群的族人是各自樂行區域內的祭祀活動。 註1

農業勞動就是一種儀式，是我們在大地母親身體上所從事的活動，釋放出了植物神聖力量的作為，一方面也意謂著農人以其生命與四季文送共譜樂章。而唯有謙卑，一切才得以發生，所以原住民文化繁複的歲時祭儀與生命禮儀，是共宗教的象徵，敬天地，禮神明的謙卑樣貌，更是與生俱來。農作植物的栽種，是有時序的。因此，農人必須和有利或者有害者有害的時段相配合，其中包含某種危險性的。 註2

賽德克族、太魯閣族人，傳承祖先核心精神文化，為祖先遺訓的「gaya」。gaya 為了能綿延不墜，特別於每年農事季節與農閒期間，分別舉行播種祭、收穫祭、祈雨祭、狩獵祭、捕魚祭及獵首祭等祭儀活動，做為與大自然溝通的方式。 註3

一、賽德克族播種祭

賽德克族傳統祭典，以日常生活主食小米的祭典為主。

賽德克族在日治時期確實受當時殖民政策所影響，日人曾禁止賽德克人傳承自家文化，以致一些儀式（如 Smratuc，播種祭）文化漸被族世人淡忘。直到 2011 年 1 月，賽德克族恢復「年祭」與「播種祭」。

農獵時期，賽德克族以「燒墾游耕」的傳統耕作法種植作物，小米一年僅能播種一期。小米播種祭約於每年的 2 至 3 月間舉行，舉行播種祭儀之前，由部落領導人協同長老數人，齊赴主祭司的家中，諮商有關播種事宜，擇定時日後，同一區域所有的部落同時舉行，除病重及不良於行者之外，全體族人參與。但期間，若任一部落有人亡故，則取消該次祭祀活動，另擇日舉行。小米播種祭約進行三天兩夜，在族人遵循族規 waya / gaya 的情境下，莊嚴肅穆地進行。第一天，以家庭為單位，要召回所有的家庭成員，返回部落參加祭祀活動，當天傍晚要儲備食物，獵狗要栓在屋內，就寢之前大家要保持安靜，全區域進入宵禁狀態；第二天，全體族人只能待在自家屋裡，不得喧嘩、不得生火或煮食、不可縫衣織布、不可使用刀具利器等；第三天，各部落族人於拂曉前即起床，燃舉火把、扶老攜幼，前往指定的祭祀祭壇，在副祭司的帶領下，依序進行「cmucuc」的祈求豐收儀式。cmucuc 是每位族人以一根條狀棍棒，往類似穀倉的迷你石屋內來回抽刺，這是整個播種祭儀的重點所在，也將祭祀活動帶入最高潮，該迷你石屋，是祭祀團以數片石板堆疊而成。小米播種祭是賽德克族的兩大祭典之一，族人們都會盛裝以赴，懷著戒慎恐懼的心虔誠參與，因他們心中掛念的，就是祈求今年得以豐收，祈求儀式結束後，播種祭儀即告結束，族人返家準備播種事宜，但部落長老及副頭目，會聚集在部落領袖家宴請祭祀團體。註4

取一粒或半粒小米下鍋即可煮滿鍋的神話傳說：「《紗績族前篇》於『歷史傳說——霧社群』說道：……那是神的時代，所以無需現代人這麼麻煩，只要吞風便能果腹。有時，他們想要享受一下美味的時候，只要把一粒粟切成幾份，把其中一份放下去煮，就能煮成三尺直徑大鍋滿鍋子的粟飯。因為是這種情形，所以無需開闢耕種大片粟田，只要耕耘兩寸見方的地，得粟一穗，即能夠養活全社的人。」註5

小米變小鳥的神話傳說：「古時候，人們上山打獵或工作，只要拿一粒小米來煮，量自然的就會增加，並且足夠許多人吃。直到有一天，有一位貪心的人，用雙手盛滿了小米來煮，小米立刻滿出鍋外並溢出地面，而這些溢出地面的小米突然間都變成了小鳥飛走了。這些小鳥留下一句話：『從今以後，你們人類必須努力殷勤的工作才能夠有飯吃』。從此以後，人們必須努力工作才有得吃了！這則神話故事的啟示：是在教導我們不可傲慢，也不可貪心。」註6

過去，賽德克族在一年的農事季節與農閒期間，分別舉行播種祭、收穫祭、豐年祭、獵首祭等祭儀活動。但是近年來，這些儀式祭典已漸式微，主要是受外界強勢文明的入侵與宗教的洗禮，現今舉行的歲時祭儀，已不再為了衷心信仰祖靈gaya而舉行，反而成為一場「文化表演」。因此，現今賽德克族的祭儀活動，經常與國小運動會聯合舉行，展現原始生命力的精神。祈福儀式於凌晨天未亮時舉行，由祭司在部落外，選擇空地放置一個 Qapi（賽德克語，指石頭陷阱）捕捉老鼠，然後族人依續到 Qapi 前，手拿一根棒子來回搓動，一面發出聲音，並由家中長者祈福祝禱一年小米的豐收。儀式過後，由巫師先播種後，族人才開始播種小米（簡鴻模，2000）。在祈福儀式中，祭司置於野外或房舍旁的 Qapi，若被不小心的老鼠誤撞木棒，棒脫石垮，石板就會壓住老鼠。設置石頭陷阱的目的，是防止老鼠吃掉農作物，特色是就地取材，利用石頭的壓力來捕獵老鼠。石頭陷阱是原住民的生活智慧，族人過去常以捕獵為生，於是利用隨處可得的自然資源，製作石頭陷阱捕獲獵物，這種陷阱看起來好像很簡易，事實上，它的構造是完全依據科學的槓桿原理與重力作用來設計。註7

二、賽德克族收穫祭

收穫祭約於每年 9 至 10 月間舉行，其活動規模與播種祭相同，要遵守的族規也與播種祭雷同，即由部落領導人協同長老數人，同赴主祭司的家中諮商有關收穫事宜，決定祭祀活動的時日；舉行祭祀，活動的前一天，也要全面實施宵禁，整個區域將進入寂靜狀態，但部落族人不必到祭壇做相關的祭祀儀式，大家僅需居家靜候訊息，此時主祭司帶領二到三名副祭

司，至收穫祭祀祭壇附近臨時搭建的工寮過夜；若遇有部落族人不幸身亡，就得另擇時日舉行等。舉行收穫祭當天，收穫祭祀團於天亮前要完成採集小米穗約三把，但每一把小米穗中的小米穗串，須由不同的小米田摘取，並攜至收穫祭壇進行祭祀儀式。收穫祭祀團於天色初明之際，返回部落主祭司的家中，此時各部落的領導人已在那兒恭候收穫祭祀團的到來。各部落的領導人，會攜帶各式各樣的饋贈品送給收穫祭團，短暫歡聚後，各部落領導人即返回各自的部落，向部落族人宣布可以開始採收小米。不論是收穫祭或播種祭儀，幾乎都由主祭司所領導的祭團主導祭儀的進行，部落族人只管全力配合。從祭壇的設置到祭禮的進行，除祭團成員外，一般族人都不可接近，也無法在旁觀禮，尤其祭祀文的內容，是絕對不能外漏的，而且只能代代單傳。註8

　　播種祭與收穫祭可說是賽德克族的重點祭儀，兩祭儀的主祭司都採世襲制，傳男不傳女、承繼者的順位依家中男子排序而定。

　　有關感恩收穫節與編織之神：賽德克族自古敬拜的對象唯獨 Utux Tmninun（編織之神），賽德克族沒有 Muway Bari 的 waya 文化，太魯閣族才有 Mgay Bari 的 waya / gaya。但是，賽德克族有 Mqaras smsung mehu（感恩收穫節的祭典），是與編織之神有關。而在文化轉化為福音的過程上，需要循序漸進，並在傳統儀式之禱文中 Tmbriun（意思是，若沒有對上主存感恩，就會無法蒙上主賜福）。對應於《聖經》教導指出：〈使徒行傳〉17：16：保羅在雅典等候西拉和提摩太的時候，看見滿城都是偶像，心裡非常難過。〈使徒行傳〉17：22-23：保羅站立在亞略‧巴古議會上，說：「雅典的居民們！我知道你們在各方面都表現出濃厚的宗教熱情。我在城裡到處走動，觀看你們崇拜的場所，竟發現有一座祭壇，上面刻著「獻給不認識的神」。我現在要告訴你們的，就是這位，你們不認識、卻在敬拜著的神。註9

三、賽德克族祈雨祭

當遭逢久旱不雨的災情時，賽德克族人才會舉行祈雨祭，因此祈雨祭並非固定或經常性的祭儀，而是隨機舉行的祭祀活動。賽德克族人會選擇部落附近的溪流舉行祈雨祭，至於要在哪一區域的溪流段舉行，則由祈雨的主祭司選定。一般而言，每個部落的祈雨主祭司，都會選定 2 到 3 處的祈雨溪流段，究竟要在哪一溪流段舉行，端視 Utux 的啟示（有人稱之為夢占）而定。傳統上，祈雨祭是全部落族人參與的祭祀活動，後期才發展為祈雨祭團專屬的祭祀活動。祈雨祭團主要是由祈雨家系的家族成員所組成，再邀請部落領導人及部落耆老隨行。由部落領導人提供祭祀用的雞隻祭品，祭品用的雞隻，必須是已會鳴叫但未曾交配過的公雞。祭祀團員並會為該公雞妝扮，妝扮用的飾物、珠子及扮妝樣貌，皆有其一定的型式。通常祈雨祭儀大多選在午後舉行，由主祭司帶領祭祀團一行人等至選定的溪流段，先由主祭者抱著祭品（妝扮後的公雞）施行祭禮並口誦祭文，將祭品置於水面隨溪水流走。當祭品已脫離祭祀團員的視線後，身著羊皮衣的主祭司會步入溪水中倒臥，如同被溪流捲入而溺水掙扎貌，再任由溪水載浮載沉地隨波逐流，此時，有族人會亦步亦趨地隨護在側，以防主祭司溺水，流經一段溪流區間後，隨護者即將祭司由溪流中扶起，至此祈雨祭祀活動即告一段落。註10

四、賽德克族狩獵祭

賽德克族人是具有狩獵天性的子民。生活喜無羈無束、自由自在，天生就是大自然的化身。

賽德克族的狩獵祭，約於每年 10 至 11 月間舉行，就在舉行收穫祭之後的一個月內相繼舉辦，且常以單一部落或聯合數個鄰近部落的方式進行。狩獵祭當天，除老弱婦孺及重病在身者外，部落全體族人都參與該項狩獵盛事，其獵獲物由部落的每一位族人共同分享，以每戶的人口數做為均分的依據，包括因故無法來到現場的部落族人，若遇有身孕的婦女，則可分得兩份，這是賽德克族人敬重、呵護每一個生命體的實質作為。由是

觀之，狩獵祭似乎與一般的狩獵型態有所不同，因為賽德克族人不會攜老扶幼、廣招人眾一同出獵，尤其女性不可能出現在狩獵的行列中，就如族中男性是不可能從事織布的工作一樣。狩獵祭的狩獵方式是，將一座中小型的山林或部分山林由山腳下點火圍燒，讓棲息、覓食於該山林間的鳥獸，因火勢而向火圈外逃竄，獵者隱身在火圈外圍，以逸待勞進行圍獵。放火圍獵之前，族人們會預先開出一道較寬的防火線，並隱身在防火線的安全側邊，靜待獵物倉皇衝出火線時，逐一獵取，參與狩獵的部落族人，不分男女老少，悉數到場圍獵或助獵。因此，若依賽德克族人所進行的狩獵祭之狩獵方式而言，將狩獵祭稱之為「燒山圍獵」，可能更符合實際的狀況。註11

獵人石雕／田哲益提供

對賽德克族人而言，舉行狩獵祭具有以下兩種意涵：註12

（一）是族人們為了準備迎接新的一年所舉辦的部落活動。先祖們對「一年」的概念是，根據小米、黍米的收獲與播種來做為「一個年」的過去與到來。

（二）是為了慶祝豐收及感謝 Utux 的庇祐所舉辦的部落聯誼活動，若遇作物欠收時，更要祈求 Utux 的庇護。因此，狩獵祭沒有主祭司，也沒有所謂的祭祀團體，若屬單一部落所舉辦的狩獵祭，該活動就由部落領導人及部落長老決定和主導；若是結合鄰近數個部落舉辦，則由合辦舉行的部落領導人及其部落長老協同主辦。

賽德克族狩獵團體主要是狩獵，不是個人行動，而是集體行動，並可以達到分工、共享、共食的功能，在戰事發生的時候，也是數個狩獵團體連盟，共同採取行動。

而在基督宗教與傳統狩獵禮俗上，賽德克族的狩獵祭分做 waya / gaya phuling、waya / gaya gmaduk、waya / gaya paha tlenga、waya / gaya gmaduk（狗獵、陷阱、集體狩獵）等。其呈現出的主要意義為：註13

（一）是族人們為了迎接嶄新一年之盛會。

（二）是為了慶祝五穀豐收與感謝 Utux Tmninun（編織之神）眷顧、庇佑與賜福，在農作物貧瘠歉收時，更需要 Utux Tmninun 的賞賜與賜福！

其次，為了民生所需，與族人分享獵物，體現部落族人命運共同體。打獵也有該注意的 waya / gaya（知識、方法、習俗與禁忌）：註14

（一）上山狩獵前，需禁慾、勿行房、勿與家人吵架。

（二）狩獵前，做夢若夢見白色可以上山，混濁就不能上山。

（三）不能打熊，會受到咒詛。

（四）一人上山是看陷阱，二人上山是收拾獵物。

（五）如獵人的親屬結婚時，不能帶肉上山。

（六）如獵人親屬去世時，不能上山打獵。

（七）準備狩獵袋：山豬尾巴的毛放在袋子裡。

（八）狩獵前告知家人。

（九）夢到好夢。

（十一）部落如果有人去世，獵人不吃喪家預備的食物。

（十二）　獵人道德：不偷、不搶；行事為人足以做為族人之表率與典範。

（十三）　祈文的對象是 Utux Tmninun 編織的神。

（十四）　獵運 bhring，意思為傳承、狩獵的運氣。

對應於《聖經》教導指出：〈箴言〉12：27：懶惰的人不烤獵物；殷勤的人卻得寶貴的財物。〈以西結書〉43：11：他們若因自己所做的一切感到羞愧，你就要將殿的規模、樣式、出口、入口，以及有關整體規模的條例、禮儀、律法指示他們，在他們眼前寫下，使他們遵照殿整體的規模和條例去做。註15

有關打獵的由來：「從前我們祖先不必上山打獵，倘若想要吃肉，動物會自己來到跟前；只要單單從動物身上拔一根毛，就能變成獸肉。直到有一天，一位貪心的族人拿起刀子在動物的身上割下了一大塊肉，動物非常生氣，就對人們說：你們以後想吃肉，必須憑本事到山上打獵才能吃到山肉。從此以後，人必須到山上打獵才有山肉吃。」註16

拔一根獸毛下鍋即可煮成一鍋獸肉的神話傳說：《紗績族前篇》於「歷史傳說──霧社群」中說道：想吃肉的時候也很簡單，只要把野豬叫來，拔其一毛，切成幾段，將其一段投入鍋裡，便能煮成滿鍋子香噴噴的野豬肉。註17

田天助牧師〈台灣犬〉一文嘗言：「在賽德克族的起源神話裡，台灣犬是最忠心的朋友！台灣犬見證了原住民的歷史，我們要對台灣犬有崇敬的心。台灣犬總是牽引出無數原住民的往日情懷，無論是在田園裡的工作，或家裡的竹籬笆，台灣犬兇猛的短毛，總是點綴著原住民的風味。已經忘了曾幾何時，那隨時警戒著家園安全的守衛犬──台灣獵犬！談到台灣犬的歷史，其實是一段悲壯的故事，牠們必須經過物競天擇的考驗，適者生存，不適者淘汰。只有勇猛無懼的，才能被當作工作犬飼養。根據族人描述，台灣犬是位於中央山脈地區原住民所飼養的狩獵工作犬。古代原住民在母犬生了幼犬之後，到了四、五十天，獵人便會唆使小獵犬去咬綁在樹頭的山羊。只有凶狠勇猛的小獵犬才會被留下飼養，並於打獵時幫助族人狩獵。其他體型較嬌弱以及不夠凶狠的小獵犬，會被用藤草綁在後山裡，讓牠們自生自滅。某些小獵犬就此活活餓死，甚至被深山裡的野獸當作食物。而某些較機警以及野性較強的小獵犬，會咬斷藤草（wahar /

wahig），並循著軌跡回到部落。獵戶便會將自行回家的小獵犬，留下做為看門犬。台灣犬個性忠誠，擁有凶惡的外表，是大家對牠們的第一印象。身軀十分結實細長，是構造勻稱的中型犬。三角形的頭部，以及杏仁狀的眼睛，耳朵薄且機警的豎立著，嘴部略尖而下顎略縮。口吻雖較尖，但不至於像狐狸那般。顎部厚實而有力，有助於牠們咀咬獵物的兇猛力道。多數牙齒的基底根部為黑色，或具有黑色斑紋。多數有黑色舌斑，重要的是牠們的牙齒相當潔白、硬利，門牙呈現剪刀狀，光是看牠的外表，就會讓人不寒而慄，完全被牠們的氣勢給懾服了。而鐮刀狀的尾巴更是牠的重要特徵之一，披毛一般分為黃色、黑色、褐色、虎斑色。毛質相當粗硬，正好呼應牠的性格一樣，雖具有凶惡的野性，但牠十分順從主人。到現在也是許多台灣人家的好夥伴，在原住民的部落裡，總能看到牠的蹤跡——台灣犬。」註18

賽德克族文化研究者郭明正老師也指出，原住民的獵犬，常常就是指「台灣土狗」，德固達雅人稱台灣土狗為 huling bale（huling 是狗的統稱，bale 意思為「真正的」），直譯為「真正的狗」；但他認為 huling bale 比較恰當的意義是：「指德固達雅人最初豢養的狗，對德固達雅人最有貢獻的狗或德固達雅人的狗，台灣原住民的狗（huling seediq）。」郭明正歸納族人耆老的說法，也認為優良的獵犬除了飼主後天的培育訓練，一般善於犬獵（Phuling）的長者，也發展出挑選與育種獵犬的原則，例如不能讓善獵的公、母狗任意與其他狗雜交；在養育上的重點，則在於培養第一隻分娩出世的狗，因為在族老的經驗裡，第一隻出母胎的狗仔幾乎都是最強健的。族人也喜歡選擇尾巴捲向右邊的小狗，或者鼻孔較寬大者，因鼻孔寬大嗅覺就靈敏，且續跑耐力十足。此外，族人還喜歡頭頂較凸、舌葉有黑斑或腰身緊縮的狗，因為這些狗適合與獵人一起穿梭於山林之間，從事放狗式獵法「qmalup」，這種打獵法被認為是最原始、活動最激烈的狩獵運動，因為狩獵完全是依賴狗的追逐能力，被狗追到之後，等獵人趕到現場才將野獸制服。「真正的」狗，為原本屬於自然荒野的動物，經馴化（domestication）或孺化（enculturation）而成了類似人的物種。「真正的」含義中，又添加了孺化理論，或認為狗可以透過人的文化而與人接近的另一層意義。註19

狗是獵人在獵場上不可或缺的助手。1994 年 10 月 24 日，沈明仁校長

在霧社碧湖部落採集到耆老高誠吉先生，曾對狗的傳說，有一非常精緻的口述：「狗是獵人生命中不朽的戰友，在獵場文化之中，不論是觸聞大地之尖兵與搜尋四周的獵物、甚至於預先發覺危機四伏、生息存亡之訊號，皆有賴於牠敏銳之嗅覺與四處搜尋或追蹤的本能，否則獵人在獵場的生命將無以維生。」沈校長的外公 Pawan Rabay 也說：「祖先視狗如己出，因為主人出外打獵的時候，領袖犬豎立著耳朵傾聽四方，凝視八面的情況，通常是眼神殺氣凌人，再以吠叫聲常握先機，召集師父狗（大耳朵、大鼻子）用其寬大的鼻子搜尋獵物的腳印味道，直到找到獵物為止；平常懶散不堪的攫殺狗以其快捷的速度封守退路，並進行兇狠的截襲，之後由各族群組合的狗，以不及掩耳之掠影方式，攻擊獵物的致命傷，最後由山豬狗、銀灰豹、土黃羌犬、猴犬等協同領袖狗完成獵場的任務。」老獵人 Yakaw Robaw 則說：「狗是獵場生活中最忠實的朋友。」他說到有一次，在奇萊山與能高山之間打獵，突然碰撞大黑熊帶子覓食，而且黑熊也發覺到他的存在，Yakaw 心情感覺恐懼，黑熊護子心切，發怒吼攻擊。Yakaw 見狀趕緊往後逃竄，可惜已經來不及了，來不及了。就在千鈞一髮之際，最兇、最聰穎的黑狗，殺……殺入重重危機中，在怒吼聲的殺戮中，不絕的以各種聲音傳達訊息給其他的夥伴知曉。鬥狠的時刻隨即到來，Yakaw 的其他狗聞訊，皆自四面八方蜂擁而來，迂迴攻擊、時前時後，使熊精疲力竭，昏頭轉向。當熊氣息不佳時，Yakaw 的佩刀瞬間出鞘，刀光血影，刀刃處只見斑斑血跡，Yakaw 臉上也露出成功的喜悅。事後，Yakaw 隨意從囊袋中取煙草，哼聲：「真是令人喜悅。」獵人繼續談論為何養狗並要愛護牠們的傳說故事：「從前有人想把他的狗殺掉，可是狗說：『你殺了我之後要靠什麼打獵？雖然你們人類的智慧也許比我們優秀，但是登山涉水，叢林奔騰迴旋的時候就絕對不如我們了。』因為認為牠講的有理，人類就帶著狗一齊出去打獵，瞬間便獵到了山豬，接著又打到三隻山羊。那時人類想回家了，可是狗又說：『不！不！我們還要到〈溪澗鼻湍〉去捕鹿。』如此帶著人類東奔西走後，又獲得了二隻鹿，狗自己背了一隻，然後對人類說：『你們去把另一隻鹿拿來，我現在再到別處去抓五隻鹿來獻給你們。』說完之後便離開往森林去了。那時人類把網袋給了狗；狗入山做了陷阱，又抓到三隻瘦鹿，和二隻肥鹿，並且當場就先把肥鹿殺了，製成燻肉放在籠中，人類一來，就把醃肉交了出來，並且說他要留在原地

看守三隻鹿，人們就把醃肉帶回家給家人吃，家人很高興，問到是誰拿到這麼多的肉，獵人回答：『是真正的土狗。』從此以後，大家便都飼養真正的土狗。土狗繼續留在山上看守瘦鹿，狗因飢餓，於是把三隻鹿吃了。人們再度上山，見到這般情形都大為失望，而加以叱責。狗低聲下氣的道歉，並說：『以後你們只要留下骨頭給我，我就很滿足了。』這就是我們現在只給狗吃骨頭的原因。」註20

狗是台灣原住民的好朋友。圖為日治時期獵人與狗老照片／田哲益提供

　　有關靈界的山豬傳說：「有一個人名叫作彼迪，部落族人個個都非常鄙視他。因為他既不會狩獵也十分老實，因此，大家都嘲笑他並且欺負他。有一天，當彼迪跟大家一起在烤火的時候；突然間彼迪消失在他們眼前，在場的人都十分驚慌錯愕。原來彼迪是被鬼魅抓走了。他來到靈異世界之後，牠們帶他一起去狩獵，當鬼魅們正在埋伏山豬時，他在一旁觀望著。雖然鬼魅眾多且並耗盡所有力氣，而時間也一分一秒的過去，不過，牠們連一隻都沒有獵到。此時，只見彼迪一隻一隻的徒手獵捕山豬，很快地；他的背袋都裝滿了。為什麼他不怕呢？原來所謂的靈界山豬，是癩蛤蟆啊！從那時刻起，鬼魅們都非常敬畏彼迪，並且送他回自己的家鄉。部

落族人很高興迎接彼迪回家，從此以後，大家都很尊重他，並珍惜彼此的相處。」註21

　　動物取食植物的主要部位為嫩芽、嫩葉、花、果實、種子、樹皮、地下莖、根等，而被動物經常啃食利用的，則如殼斗科的堅果、榕屬的隱花果天南星科的漿果和地下莖等。正因此，獵人狩獵時，會特別留意植物的季節變化，觀察是否有動物前來取食的痕跡，而決定是否設陷阱及狩獵。過去農忙時，會在部落附近設陷阱，而多日以上的狩獵，通常集中在農作物收成之後的農閒時間，也就是在秋冬期間，此時高海拔的野生動物也會降遷到中、低海拔地區，因此獵物活動範圍較集中，再加上觀察動物取食植物的分布、季候變化、取食情形，獵人可以相當有把握，並決定狩獵的路線和陷阱設置地點。註22

五、賽德克族捕魚祭

　　賽德克族在完成小米及黍米的收割與儲藏工作後，於一個月內，會接連舉行各為期一日的狩獵祭及捕魚祭，但該兩項祭儀活動都沒有任何祭祀儀式，舉行的日期及方式由部落長老決議託付部落領導人執行，傳統上先舉行狩獵祭後舉辦捕魚祭，兩者約相隔一週。捕魚祭的舉行方式與狩獵祭相同，常以單一部落或聯合數個鄰近部落一同進行，部落的全體族人都要參與。捕魚祭的進行，是按部落人口之多寡，將部落附近的溪流劃分為數個區段進行捕撈，在同一區段捕撈的部落族人，其漁獲，也如同狩獵祭中所獵獲的獵物一樣，由部落的每一位族人共同分享，即以每戶的人口數做為均分依據，包括因故無法來到現場捕撈的部落族人，若遇有身孕的婦女，同樣可分得兩份共享的漁獲。賽德克族人選擇在年終分別舉行狩獵祭及捕魚祭，主要是為了趕辦「年貨」準備過年，因舉辦狩獵祭及捕魚祭後，就是賽德克族人歡度「新年」的節慶日，他們將狩獵祭與捕魚祭，視為全體族人一年一度的育樂活動，由他們「分享」的固有思想與文化出發，寓教於樂，以達到建立族人共生共榮的民族情操。註23

　　在狩獵祭及捕魚祭的活動中，至少提供了以下的育、樂效果：註24

　　（一）　有孩童們的參與，基於他們的童心及好奇心，必能帶給族人無限

的歡樂。

(二) 有青少年及青年男女們的加入，將增進男女青年佳偶天成的機會。

(三) 長者們可現場傳授狩獵的技巧與經驗。

(四) 讓族中晚輩們親身體驗、學習本族分享與狩獵文化。

賽德克族視苦花魚為珍貴與好吃的魚，苦花魚是溪流中占最大宗的魚，是屬於純淡水洄游魚類（potamodromous fish），因為水溫變化、覓食或產卵等原因，會在河流的上、下游之間遷移。

六、賽德克族獵首祭

獵首祭，是賽德克族在舉行「收穫祭」後的獵首行動，獵首祭在日治時期已經被嚴格禁止。

日治文獻及台灣光復初期，對原住民歷史文化的研究報告中，都列舉了賽德克族與泰雅族之所以獵首的種種原因，其中伊能嘉矩在他《台灣蕃人事情》的著作裡，列舉獵首的原因有七項，第一項為「新年祭祖之典需要人頭」，而「新年祭祖之典」指的是，賽德克族或泰雅族在舉行「收穫祭」後的獵首行動，於此即以收穫祭的獵首行動為例，略述賽德克族的獵首祭。在部落時代，賽德克族人除了對入侵的敵方獵首外，於舉行播種祭與收穫祭時會執行獵首行動，屬傳統的祭祀範疇，播種祭儀前的獵首，是祈求 Utux 賜予豐收，收穫祭儀後的獵首，則是感謝 Utux 的庇佑與賜福，因此有人稱收穫祭為「祖靈祭」。因應收穫祭所派出的獵首團，是代表部落或一個區域的威勢，大都由部落領導人帶頭出獵。出獵前，早已派出先遣隊探得該次獵首的地點與對象。獵首團所敬候的是祖靈的應允。當成功獵首凱歸之際，部落族人會聚集於部落廣場舉行盛大的迎接儀式，即俗稱的獵首祭。部落廣場通常就設在部落領導人住處附近，是部落的集會所。舉行迎接儀式最主要的意義在歡迎被獵首者的到來，其次才是感謝獵首團的辛勞，因賽德克族人獵首的首要目的是「增加部落的人口」，所以要大肆慶祝迎接「他」的加入，因為在那個年代裡，人口越多的部落就越壯大，部落越壯大族群就越強盛，可知部落時期賽德克族人對人丁旺盛的渴望。

　　因此，獵首祭實則為賽德克族人因部落增加了一個人力，以及為部落迎接一位新夥伴而慶祝的儀式。由於賽德克族人獵首的首要目的是「增加部落的人力」，因而對行獵的對象有其一定的規範：不獵孩童；不獵婦女，尤其懷有身孕者；不獵老者；不獵殘障者。只因在極短的獵首行動中，要立即辨識出男女之別或懷有身孕的女性，確實存在一定的困難度，故在這一點上就只能盡力而為。註25

　　有關德固達雅群出草：欲出草，各自留意夢兆，夢兆吉利者，數人組織成團，即往團中有勢力的人士家集合。到齊後，主人以瓢盛水，再用手捧著瓢，讓每個人將食指放入瓢中，宣誓患難與共之後，隨即出發。一路上須特別留意 sisin / sisil 鳥的啼聲，若是凶兆，立即返社；若是吉兆，則勇往前進。取得首級，馬上撤軍，迅速退回安全地點，同時，編茅為簾，並在其上放兩顆石頭，此稱 tmamus tunux，是獵獲人頭的標誌。進入社內，獲得首級者，即把首級掛在屋內 tkanan（臼）中的 tokanrahuc（男用獵首網袋）。一般人不能背此袋，必須是家中傳承較強超自然能力者（utux），否則會生病。第二天早晨，社眾到獵首者家前豎立 brqaya（類似招魂幡），並用竹子或木板造一棚架，鋪上茅葉之後，把首級安置於上，新首級放在中間，其左右各置一個皮肉未完成腐落的舊首級。布置完畢後，社中有男孩的家庭，皆帶著少許的栗前來供祭首級，希望他肚子餓時食用這些栗。他們相信祭拜之後，將來男孩長大出草時，便能順利砍取敵人首級。另外，全社共宰水牛一頭，將一半的肉做為祭品。砍得首級凱旋歸社後，各社開始釀酒。酒成，無論男女老少相聚歡樂，載歌載舞。獵獲首級者，盛裝出席，並且攜帶酒杯為眾人斟酒款待來客，直至夜深，眾人皆醉才淺酌幾口。婚禮限於夏季舉行，唯獨獵獲首級者隨時可結婚。獵獲首級者不僅可讓先前所犯的罪一筆勾銷，任何暴戾行為也不受制裁，甚至被視為理所當然，不會遭人責怪。社人獵獲首級後，不像其他部族把頭骨安置於集會所，或聚集在同一個人頭架上，而是吊掛在各自穀倉的周圍，以做為一種帶有示威作用的裝飾。一般來說，新首級是放置在屋前人頭架上，數月後，待皮肉脫落，則取下掛置穀倉周圍。出草不利而奔逃時，須在途中插立樹枝或在路旁樹幹上留下刻痕，用以表示遁逃者的人數。只要少一個人，就在社附近等候而不歸社，等兩三天仍不見蹤影時，方將其視為陣亡，才可回社。非定期祭祀人頭，只在取回首級時舉行祭祀。註26

有關都達群出草：一般是集結十名族人共同前往。出發前先以夢兆、鳥聲決定出發日。是日，爐中投入巨木塊，並留意別讓火熄滅。另外，再三告誡家人不可曬麻、紡麻或織麻。取下首級後，在頭上穿洞取出腦漿，放進 tokan / towkan（網袋）背負返家。行至部落附近即高聲大喊，社人聞之皆前來迎接，見到有男孩子跑來，便將裝著首級的 tokan / towkan 交給他們背負。若男子想於下巴刺紋，必須觸摸過首級。以前，僅獵獲首級者，有資格在下巴刺紋。但獵得首級並非易事，之後則修改規定，凡觸摸過首級的男孩即可文面。獵獲首級者返回家後，首級將人頭穿刺在矛尖端並插立於門口。翌日早晨，再將其放置 sduman 上，然後拿到屋外。其間，製作人頭架。次日，將人頭置放架上，其旁放著地瓜及肉類等祭品。獵獲首級者是盛裝參加祭儀，並蹲踞在人頭架旁。而來訪的人們，則給予讚揚。祭畢，即宰豬，除贈送一籠肉給主祭的年長者，還會把部分腿肉送給其他人。註27

　　有關德路固群出草：欲出草者須得吉夢且鳥聲亦吉，方可成行。通常由頭目或勢力人士領頭，獵得首級即退回安全處，用硬石敲碎其後腦並鑿洞，繼以佩刀刮整，再用叉木掏出腦漿。獵獲首級者割下首級的頭髮，將其結綁在隨身武器上。若武器是刀就繫在鞘端；矛則繫於尖端。接著，替首級洗臉、結髮，並用繩子貫起放進 tokan（網袋）背著走。快抵家時，出草者齊聲叫喊，社人聞聲，紛紛盛裝出迎。此時，病人乞求獵獲首級者為他治病，獵獲首級者馬上拔起刀，在病人頭上左右揮祓。另外，只要給予病人獵獲首級者攜帶的酒，任何疑難雜症皆可治癒，所以連別社的人也會聞聲前來請求協助。另外，獵獲首級者的火把也能治病，因此索取者眾。出草一行人抵達獵獲首級者家門前，即見其妻子或母親，早已手持繫結首級用的繩子站立在庭院等候，婦女們則圍繞著他們跳舞。此時，男人也會組團跳舞。豬尾巴、蹄、耳朵和鼻端切取之後，皆保存起來，以便巫師作法時使用。肉則串起，連同地瓜供祭首級。接著，將濾好的酒灌入首級口中，當酒和血從脖子切口流下，即以便當盒承接飲用。總之，任何物品皆須先祭祀首級，方可食用。一同出草者，各自拿出一隻雞供眾佐酒。豬肉則分給社內各家。首級是擺放在家入口的箱子上，翌日再搬到出草一行人中最有的勢力人士家中擺置。若頭目也參與出草，則擺置頭目家。接著，開始製作人頭架（pawa / paga），放上新舊首級三個，新首級置於中

央,舊首級則放其左右兩側。和他社一樣,翌日年輕人到山裡取蓪草製作 pwaya / hgaya,並將之結綁在高高的樹枝上。另用茅草綁竹做成梯子,稱之為「神梯」(sbslun tunux),靠立在人頭架旁邊。此日,與前日一樣快樂舞蹈。若於遠處取得首級大約跳舞三天;若於部落附近獵得首級則為四天。而此行為是為等待首級的腐臭味散發。之後,再經過數日,即前往狩獵,歸社後繼續飲酒跳舞。只要獵獲首級,就在同一季節裡出獵,獵獲有成,則跳舞三天:獵物若是眾多則是四天。再者,獵獲首級者須將此行使用的火把、敵髮、茅草,以及濾過兩次的酒滓等綑綁在一起保存下來。日後,若社人生病,可借給他當作道具。另外,獵獲首級者請兩人握住首級的頭髮和茅草的兩端,以刀從中割成兩段,如此切割二次後,再將其束好送給頭目。頭目再把它放入吊在 pwaya / hgaya 處的網袋中,以便日後查知社人砍得人頭的數量。上述是順利獵獲首級的情況,但若同伴遭敵人砍頭,則稱 psanan,必須棄屍歸社,入社前不吶喊,靜待日落後悄悄回社。然後向被殺者的穀倉和房子開槍,摧毀後置之不理。隔月,社中青年入侵敵地,毀其房舍,此稱 payux(復仇)。歸社後喝酒,翌月再出草。雖然取得了敵首,但己方也有人被砍頭時,雖然依照慣例搭建人頭架祭祀首級,但不保存酒滓與火把等物品。出草途中遇見欲出草的他社人,必須全員返社,待下個月再出草。註28

獵首團出發馘首前,先向祖靈禱告:註29

wis ！ wis ！ wis ！嗚噎嘶！嗚噎嘶！嗚噎嘶！

Utux mudus baraw ！ 天上的祖靈啊！

Lmawa muyas qbhni sisin 祈求 sisin 鳥的福壽

Musaku plalay bi pluqah mwalak 我們去獵首如受傷

ana su balay muyas ka 請讓 sisin 鳥的歌唱好聽

qbhni ka mtucing wah 唱時飛落下來

ini usa psbu payis 戰鬥時不受傷

ana su ini mpuyas ha bhni ！ sisin 鳥如果不唱歌！

ana su ini mpuyas ha qbhn ！ sisin 鳥如果不唱歌！

Musa nami mwalak iya psbu buji 我們如出去獵頭勿被箭射殺。

ana su ini puyas ka bhni 即使 sisin 鳥如果不唱歌

Ilgan sa utux plawa 也請牠唱吉祥的歌

祈求祖靈的 sisin 鳥之後，如果得到吉祥的徵兆，獵首集團就可於凌晨天未亮之前行動，獵首領袖就會召集隊員舉行出獵陣容儀式，然後說：註30

ana ta musa gaing ka　即使我們去遙遠的地方獵首

qita Sediq　看清自己的人

iya ssbu Sediq　不要打自己的人

Uxay namu ka ini kklay ka pais sediq　你們不是不認識敵人的樣子

ana mhuqil ka uka rngawan ita sediq　即使死傷男人的命也不值得一談

nasi mu ohqilan ka payis　如果射殺了敵人

iya plaxi ka sediq nanaq wah　不要拋棄自己的人

sayi ta tntama Utux ta Baraw　一切靠神靈的保護

　　據 Away Bicih（女）回憶：「族人於馘得首級之後，獵人會舉著人頭一直跑到安全地點，然後用 bhngin（茅草）編簾，以兩個石頭支撐，放在那裡稱為『Tmamas tunux』，做為馘首的標記，並將腦漿從咽喉中拔出，丟棄在 mosan 的溪流（今平生部落附近）中，將人的心思隨著河流漂向祖靈的源泉處。接近部落時，獵人就會在山頂上大聲 mdiras（喧鬧），我們這些聽到叫聲的男女老幼都非常高興，就會用『wis！wis！wis』！的歌舞迎接人頭兄弟的來臨，並帶著酒出來迎接；雙方互相碰面時，就停在這個地方，婦女等就圍著人頭開始跳舞，一直跳到身體非常疲倦，汗水流得像瀑布一樣也不停止。就這樣大聲唱歌跳舞，讓祖靈在族人瘋狂癲狂的舞韻中融合為一體。之後，鬼神的魂魄也會在大家跳到身體疲倦如綿之際，與人類的心靈契合。是以，部落族人等到傍晚，再一起點著松木火把，與祖靈、鬼、神、魂回到部落。」註31

七、賽德克族敬祖儀式

賽德克族並無專為祭祀祖先而設的祭典，唯其傳統祭典多含有祖靈的成分，祈保佑作物茁長，以及感謝神靈帶來豐收。

賽德克人祭祖儀式，與泰雅人幾乎沒有差異，都是在前一天晚上準備豬肉、糯糕、粟酒，並插在小竹竿上，等翌晨拂曉公雞第一次啼叫時，族人們抵達部落外圍預先選定的祭場，將祭品插在地上以饗祖靈，之後將一部分祭品快速吃完，以象徵和祖靈共用祭品，隨後族人們要立即返回部落，途中還須跨過火堆，以免被鬼靈纏住。註32

此段敘述賽德克族人雖有敬祖儀式，唯並未成為主要的宗教祭典或歲時祭儀，因此，賽德克族人有無祖靈祭典，曾長期被討論，或稱為「敬祖儀式」也許較為妥切。

八、賽德克族傳統祭儀之式微

因受到外來強勢文明侵略後，此傳統文化已喪失殆盡，甚至傳統信仰也在外來宗教洗禮下，不復展現原始生命的精髓。今日歲時祭儀不再是為了衷心舉行敬祖儀式，反而成為一場「文化表演」，在商業活動中，失去了純真原始意義。註33

九、賽德克族傳統祭儀與基督宗教信仰

古時候，傳統賽德克族，並無全體民族舉辦的祭典；較重要的播種祭與收穫祭，則結合鄰近賽德克族部落同時舉行，其餘皆以家族或氏族之規模進行。我們可以從認識 waya / gaya 找到「身分認同」；也可以從十誡與申命記為出發點來探究。waya 是規範：面對 waya 心中存著懼怕、恐懼、敬畏、尊敬。我們從處事待人、語言謹慎、個人本身儀態、男女交往的角度及語言與血緣中體認。傳統祭儀與基督信仰傳統儀式中的禱告，其意義在於敬奉 Utux Tmninu 編織之神，即上主。在傳統祭儀中提文與基督信仰禱告相同之處，乃祈禱對象同屬獨一真神 Utux Tmninun（編織之神）。

至於在賽德克族傳統儀式中，有 mlaq 的灑酒動作，其意義有三：註34

（一）對編織之神／創造主感恩與敬拜。

（二）對祖先或故人的尊敬與緬懷，表達慎終追遠的意念（是敬祖，而非祭祖）。

（三）對還存活之人，以真誠相待、愛與分享之意。

十、基督宗教與傳統生命禮俗與歲時禮儀

　　當代賽德克族人進行或參與「生命禮俗與歲時禮儀」的態度為何？當以虔誠恭敬的態度來進行與參與，如同基督徒在禮拜之態度一樣敬虔，因為所敬拜的對象為 Utux Tmninun（編織之神），全體與會者、會眾當肅靜。整個儀式並非表演，亦不僅止於紀錄與傳承，乃是敬拜與領受 Utux Tmninun（編織之神）的賜福。當代神職人員，應提升並著重於傳統文化的素養，藉著神學與信仰的體認，踴躍帶領會友參與之。然而，主禮「生命禮俗與歲時禮儀」，除了部落耆老外，牧師、傳道師、神父等神職人員會同主禮，更能將「生命禮俗與歲時禮儀」詮釋完全。基督信仰使人身心靈、靈魂體得以自由，並且從主耶穌基督所賜真實的平安中得到救贖。藉著上主聖靈，凡事只要奉耶穌基督之名祈禱，開始、進行與結束，皆能得著真實幫助。對應於《聖經》教導指出：〈約翰福音〉4：24：上帝是靈，敬拜他的人必須以心靈和真誠敬拜。〈申命記〉33：25b：你的日子如何，你的力量也必如何。或只要你有多少日子，你就有多少力量。註35

註釋

註1　郭明正〈認識賽德克族〉，國立仁愛高農《中投區輔導中心學校辦理 105 年度教師認識原住民文化研習手冊》，105 年 11 月 29-30 日。

註2　溫毓禎〈原住民文化與當代信仰之共生共存——以台東地區 Bunun 改宗一貫道為例〉。

註3　余錦福〈賽德克與太魯閣族群曲調與歌詞之研究〉，台東大學人文學報・4 卷 1 期，頁 99。

註4　同註1。

註 5　郭明正〈由日治文獻及當今部落耆老的口述歷史初構賽德克族的口傳歷史〉，《2008年水沙連區域研究學術研討會：劉枝萬先生與水沙連區域研究》，2008 年 10 月 18-19 日，頁 6。

註 6　Watan Diro《KAR 豐盛的話語：德克達雅教會宣教 70 週年紀念輯》，Watan Diro 出版，2019 年 3 月 31 日，頁 81。

註 7　〈賽德克族研究報告〉。

註 8　同註 1。

註 9　Watan Diro《賽德克族文化與福音轉化》，台南，財團法人台灣基督長老教會台灣教會公報社，2020 年 9 月。

註 10　同註 1。

註 11　同註 1。

註 12　同註 1。

註 13　同註 9。

註 14　同註 9。

註 15　同註 9。

註 16　同註 6，頁 80。

註 17　同註 5，頁 7。

註 18　同註 6，頁 91。

註 19　羅永清〈芭樂人、芭樂魚、芭樂狗〉，與世界分享南島台灣，2014 年 1 月 14 日。

註 20　沈明仁〈豐美的賽德克族文化〉，2006 年 1 月 11 日。

註 21　同註 6，頁 78。

註 22　張惠珠〈太魯閣國家公園大同大禮地區 民俗植物與文化生活關連性之調查研究〉。太魯閣國家公園管理處委託研究報告，2009 年 12 月。

註 23　同註 1。

註 24　同註 1。

註 25　同註 1。

註 26　《蕃族調查報告書第四冊・賽德克族與太魯閣族》。中研院民族所。2011 年 7 月。

註 27　同註 26。

註 28　同註 26。

註 29　同註 20。

註 30　同註 29。

註 31　同註 20。

註 32　台灣原住民電子報《原住民十六族簡介》。

註 33　沈明仁，《崇信祖靈的民族：賽德克人》，台北，海翁出版社，1998 年，頁 27-28。

註 34　同註 9。

註 35　同註 9。

第八章
Chapter 08

賽德克族巫醫（傳統醫師）及祭師與徵兆信仰

一、賽德克族巫醫（傳統醫師）及祭師

　　賽德克、太魯閣、泰雅族之巫醫文化流傳已久，巫醫有兩種人，一是善巫，另一是惡巫。善巫是心地善良的巫醫，專治久病不癒、心靈不正的病人，也專治疑難雜症。原住民最懼鬼魂纏身，要驅鬼須找善巫，善巫會念竹占咒與鬼魂對話，將鬼魂從病人身上驅惡鬼。竹占是巫醫的魔棒，代代相傳，此竹占能保留至今實屬傳奇。而惡巫則是害人的巫醫，其心靈嫉惡如仇，嫉妒別人，對人性尊嚴也毫不留情。看人不順眼，就會利用此人在不知不覺中，丟咒物在他身上，讓此人一病不起，只能等死。註1

　　巫師（祭師）在部落始終扮演醫療和祭祀的崇高角色。醫療不發達的年代，巫醫扮演救人治病的角色，代代相傳古老神祕的祛病求福儀式。然而，隨著時代變遷，祭師逐漸凋零，原住民傳統祭儀文化也出現失傳的危機。

　　巫醫一般多為婦女，古代在部落裡至少會有一、二位。要做傳統巫醫要懂得 waya / gaya，包括祈 Utux 的祈禱詞。傳統巫醫多半是母子或婆媳相傳。而巫醫職責是在族人生病或社民蒙受災害時，施以醫療儀式術法來除去病魔或災害。

　　傳統部落裡的巫醫，醫病的過程稱 Pbabaw Puniq。巫醫常使用的醫治卜器是荊棘、佩刀，和火炭放在一起，一面口念祈語，一面又在身上運

行。

　　賽德克族有占卜、徵兆、巫醫、祭司等傳統信仰，例如：賽德克族視 sisin（繡眼畫眉）為靈鳥，舉凡狩獵、提親、遠遊、訪親等行事，皆聽從 sisin 的鳴叫聲與行徑方向做為決擇。巫醫則負責醫療事宜，祭司則是負責祭儀之事。

　　賽德克族德路固群在狩獵前，族人會先進行占卜，如鳥占、夢占與火占等。以鳥占為例，當族人狩獵或上山工作前，會從 sisin 的叫聲或飛行方向判斷吉凶，預知是否將有災厄發生。狩獵也有許多規範與禁忌，不可隨意偷拿別人放於陷阱上的獸肉，以及 waya / gaya 規定狩獵後的山肉要與他人共享等。註2

　　過去的賽德克族傳統社會文化處境中，十分依賴巫醫與祭師，舉凡部落生活的消災解疑惑、醫病、趕鬼等，都必須請巫醫與祭師來協助處理，祭師則負責傳統祭儀的工作，有時非常靈驗。因此，賽德克族巫醫與祭師的地位主導了當時的社會。事實上，也維持了當時族群社會的和諧。賽德克族巫醫與祭師的分別，可以依其所執行的工作，而有善與惡之分。賽德克族善的巫醫與祭師的特質：有熟知天文、醫術、通靈、主禮祭儀，並有

古代傳統醫療巫醫壁畫 / 田哲益提供

消災、先知／預知、解厄的能力。其解厄的方法，以宰殺牲畜見血、施行祭儀為之。巫醫與祭師的身分雖然與眾不同，但是現今在部落中仍會發現，既使已經信仰基督的族人，仍然會私下尋求巫醫與祭師的協助，因而產生信徒靈命成長的迷失。現代族人試圖要拾回賽德克族巫醫與祭師的能力與地位，不過，當代科技昌明與醫學發達，社會已由醫學與科學取代傳統賽德克族巫醫與祭師所做的工作。自基督信仰傳入賽德克族部落，興起並使用上主所建立的教會，族人信主後，向上主／主耶穌／主聖靈「禱告」成為信徒；在面對疾病、惡夢、災難及心靈得平安的方式。重點在於獻祭感恩時，使用傳統祭儀所敬拜與禱告的對象，乃創始之 Utux Tmninun（編織之神），在神學與信仰上將是十分美好的詮釋與抉擇。對應於《聖經》教導指出：〈使徒行傳〉16：16：後來，我們往那禱告的地方去時，有一個被占卜的靈附身的使女迎面走來，她使用法術使她的主人們發了大財。〈使徒行傳〉19：13-15：那時，有幾個巡迴各處唸咒趕鬼的猶太人，擅自利用主耶穌的名，向那些被邪靈所附的人說：「我奉保羅所傳的耶穌命令你們出來！」做這事的是猶太祭司長士基瓦的七個兒子。但邪靈回答他們：「耶穌我知道，保羅我也認識，你們卻是誰呢？」註3

二、賽德克族靈鳥徵兆信仰

　　賽德克族無時無刻不與祖靈對話，並尊重所有萬物之靈。譬如狩獵前，需至森林中聽靈鳥 Sisin 的叫聲進行鳥占，以卜吉凶；歲時並舉行開墾祭、播種祭、除草祭、收割祭、新穀入倉祭，間有敵首祭等，向祖靈祈福。註4

　　「鳥占」和「夢占」，是賽德克族人出外耕作、狩獵、馘首、訪友、開墾、建築等，判斷吉凶的依據。族人必須依照「鳥占」和「夢占」行事。

　　賽德克族人進行鳥占的方法：有些部落有固定的地方行鳥占；也有的是在路途行進中聽察鳥聲及其動態。一般是叫聲流暢意味吉利，若是短促聒噪則視為凶兆，必須停止繼續前進或行事，否則會遭到不測，必須返回部落以策安全。途中遇占卜鳥繡眼畫眉自面前橫斷飛過，也為凶兆，這是暗示繼續前進會遇到凶事，必須折回部落，明日再行前往。

　　狩獵人頭之前，獵頭集團於出發前一日，領導人於凌晨天未亮之時，

上山聆聽 sisin 鳥的 uyas（啼聲）如何？要特別注意，若聽到鳴聲為吉兆，馬上回到部落，告訴獵頭集團已得 utux 吉兆的象徵訊息，大家一定要奮勇前進，不可退卻，否則觸怒祖靈，讓祖先蒙羞。sisin 鳥的 uyas（啼聲）或飛行方向，都是祖靈托以告知獵人集團應注意的徵兆。參加獵首之家必定守護火種不滅，至獵首者還回到部落為止，家裡的火種才能熄滅。之後族人開始釀酒，用來準備獵首集團食用。註5

（一）靈鳥神話傳說

資料來源：Watan Diro《KAR 豐盛的話語：德克達雅教會宣教 70 週年紀念輯》
編譯：Watan Diro 牧師

我們賽德克視 sisil 為山林之王，sisil 是神力鳥，並且仰賴 sisil 啟示所有一切事務。所以，稱之為神力鳥以及啟示一切事物的靈鳥，就是靠靈鳥來占卜。台灣原住民族各民族都是同樣以 sisil 鳥為山林之王，以及啟示一切事物。我們賽德克族彼達人、德固達雅人、德路固人，以及太魯閣人，都以 Sisil 或 Sisin 稱之與書寫符號，泰雅族則以 siliq 稱呼，中文稱之為繡眼畫眉鳥。這是有關靈鳥的神話傳說故事，古時候要選拔山林之王，要比賽推動巨石，誰將巨石推開，就可封立為山林之王。因此所有山林各種鳥類都共聚一堂，開始較勁。首當其衝的是烏鴉，qa qa qa……，這樣呼喊，使出所有的力氣推向巨石，不斷地推著，牠始終無法推開，只好放棄了。第二個挑戰推動巨石的是老鷹，老鷹登場後，開始飛向高空中，立刻以鷹爪與身軀俯衝撞擊巨石！接二連三如此動作，始終無法撼動巨石，因此也只好放棄了。第三個來挑戰推動大石頭的是紅嘴黑鵯，紅嘴黑鵯試圖以嘴部來推動巨石，牠無論如何使出所有氣力推向大石頭，巨石卻一丁點都沒有鬆動，甚至使得牠的嘴巴都流血了，真是可憐啊！接著，所有五色鳥、野鴿、黑頭翁、白頭翁、紫嘯鳥、白耳畫眉鳥、picaw 綠眼畫眉、啄木鳥、黑嘴黑鵯、野麻雀、鵪鶉、秧鳥、老鷹、綠斑鳩、灰鳩、鷲、貓頭鷹、夜鶯、竹雞、山椒鳥、畫眉鳥、藍雀、藍腹鷳，以及鬥雞等，許多不同種類的鳥類前來較勁挑戰推動大石頭，牠們紛紛都上氣不接下氣地吞下敗仗。這時 sisil 經過那裡，看到眾多群聚在那裡的鳥兒，就問牠們：「你們在這裡做什麼？」牠們全部回答：「我們在挑戰推動巨石，誰勝利，就可以被

封立為山林之王。」「喔！原來如此，那我來試看看吧！」sisil 如此說著，所有在場的鳥兒們聽到了，就冷嘲熱諷地嘲笑 sisil，sisil 卻不以為意，準備好推動巨石，開始行動，「didil didil didil didil didil didil didil didil……。」sisil 當時發出這般叫聲，立刻發現巨石開始鬆動的現象，不一會兒的功夫就將巨石推向懸崖了！全體鳥兒皆萬分地驚訝不已，從此刻起，sisil 即刻被封立為山林之王。不論是去山林狩獵、打獵物、播種儀式、祈雨儀式、獵首儀式、收穫感恩節、捕魚儀式、戰鬥、提親等，所有一切事物，都必須依循靈鳥所啟示而行。聆聽牠的叫聲，以及觀看牠飛行的行徑。假使在右前方與左前方，彷彿喜樂歌唱模樣，這是好兆頭，會有所斬獲。倘若牠的叫聲不尋常，飛行行徑急促；sisil 突然飛行經過面前而去，意指 sisil 在阻止我們，如果人們不聽從所啟示，上山則可能會遭遇不測；也許會在路上絆倒，或跌落山崖，或者被山豬追撞，或是受傷，或是災難臨頭。總之，賽德克族人十分敬重 sisil，視其為神力鳥，並且是啟示世界人類所有一切事物的靈鳥。註6

本則故事敘述要述如下：

1. 賽德克人視 sisil 鳥為山林之王，因為牠是眾鳥禽中最有神力的鳥。
2. 古代是靠 sisil 鳥來占卜，牠會啟示所有一切事務。
3. sisil 鳥中文稱為繡眼畫眉鳥。
4. sisil 鳥被選為占卜的對象，是因為牠擁有奇大無比的神力，所以被稱為神力鳥。
5. 傳說古代要選拔山林之王，比賽推動巨石，能夠推動者即封為王。
6. 眾鳥一一去推動巨石，都無法撼動巨石，就只好放棄了。
7. 最後身體小小的 Sisil 鳥經過那裡，也試著去推動，眾鳥都冷嘲熱諷的嘲笑牠。
8. sisil 鳥不在意眾鳥們的恥笑。
9. sisil 鳥發出 didil didil……的叫聲，開始推動巨石。
10. 果然 sisil 鳥把巨石推向懸崖了。
11. sisil 鳥被封立為山林之王。
12. 賽德克族人十分敬重 sisil 鳥，並選為占卜鳥。
13. 族人不論是去山林狩獵、打獵物、播種儀式、祈雨儀式、獵首儀式、收穫感恩節、捕魚儀式、戰鬥、提親等，所有一切事物，都必

須依循靈鳥（sisil 鳥）的啟示而行。

14.賽德克族人占卜的方法：「倘若牠的叫聲不尋常，飛行行徑急促；sisil 突然飛行經過面前而去，意指 sisil 在阻止我們，如果人們不聽從所啟示，上山則可能會遭遇不測；也許會在路上絆倒，或跌落山崖，或者被山豬追撞，或是受傷，或是災難臨頭。」

（二）靈鳥繡眼畫眉

賽德克族神話裡有一則傳說：

那時候所有的鳥禽都聚集起來，牠們要選一隻很有能力的鳥出來，所以牠們一致同意，誰要是搬得動旁邊的大石頭，誰就是最有能力的，也是所有鳥禽的領袖，大家都要聽牠的。這時老鷹出來，就說：「我來搬搬看！」老鷹奮力一拍牠的翅膀，牠的爪用力一抓石頭，結果石頭從牠的爪間滑了下來，老鷹並沒有成功的搬動石頭。後來，烏鴉說：「換我試試看！」烏鴉用力的舉起石頭，結果石頭太重，打到牠的腳，因此，直到現在烏鴉還是一拐一拐的走路。後來，有一隻好小的小鳥說：「我來試試看」！牠一舉就將大石頭給舉了起來，這隻小鳥就是 sisin，因此，所有的鳥禽都相信 sisin 的能力。當獵人要去狩獵、去山上工作，或是在一般的生活中，賽德克族人相信 sisil 會告訴他們一些訊息，因為牠是有能力的靈鳥。在現在的部落，也仍然可以很容易聽到部落老人們敘述他們去聽或看 sisin 的經驗。sisin 通報訊息的方式，會用唱歌、飛翔的方向，例如聚集或單飛、吵雜或寧靜來判斷吉凶。

部落耆老 Bakan Nomin 提到她曾有這樣的一段生活經驗：

有一回我和媽媽去山上抽生的苧麻線，準備要織蓋被的大布料。每天中午吃飯的時候，總是有一隻 sisin 鳥一直在旁邊唱歌，牠幾乎每天都來唱，用石頭丟牠，趕也趕不走。後來我媽媽才跟我說：「像這樣單隻的 sisin 跑來一直唱歌，這樣是很不好的，這個叫做 tmrabo，過去老人家會說這是凶，家人會遭難。」大約不到一年的時間，我的弟弟就過世了。」

又有一次，她說：

有一位叫 Ibuy Nawi 的老人，要蓋房子，我們都去山上幫他把削好的屋樑搬回部落，Ibuy Nawi 扛著做屋樑的木頭，然後停在路邊聽 sisin 的歌聲，他嘆了一口氣並說：「我不會有很長的時間住在這個家了」。註7

賽德克族人認為靈鳥繡眼畫眉（sisin）是一個會溝通靈界與世間訊息的靈鳥。從聽 sisin 唱歌的經驗來看，似乎都是與生命有關的訊息，不論是從狩獵、工作、蓋房子時聽或看見 sisin，部落的老人都能從 sisin 的歌聲或飛翔的方向斷得吉凶，而預知將來的事。雖然不能改變未來，但是賽德克族的老人，似乎也很能謹守而且接受自己的命運。去狩獵時，即使東西都已帶齊全，仍要聽 sisin 的報訊，如果是不好的，還是得放棄狩獵返回部落，因為他們知道這是 utux（祖靈）帶來的訊息。又或者，雖然知道自己不能在這個家住上很久的時間，也只能以嘆息來表達遺憾，這就是我們的 utux（指命運）。因此，賽德克族的老人相信 sisin 是用來溝通靈界與世間的媒介，並藉由 sisin 來判斷是否會有災厄發生。註8

（三）繡眼畫眉與烏鴉比賽搬運石頭

資料來源：沈明仁〈豐美的賽德克族文化〉，2006 年 1 月 11 日。

採錄者：沈明仁 | 口述者：Tiwas

有一天，caqung（烏鴉）與 sisin 鳥（繡眼畫眉）在 Alang Truku 之 Brayaw 的山坡上，進行搬移大石頭的競賽，caqung 說：「我的身體比較壯碩。」，於是先行要為人類去除阻礙部落的大石頭。結果用好大的力量搬動卻搬不動，石頭還打傷腳，只好一跛一跛、羞愧的飛走了。之後，換 sisin 鳥出馬來搬移石頭，其身雖小但力量驚人，不一會兒就搬走了。人類見此奇蹟異能的出現，皆認為一定有鬼神在其身上協助，否則這麼小的身體如何搬動大石頭呢？人類從此即遵從 sisin 鳥的話，做為其一切部落社會中生活與生命禮俗依據的準則。譬如人類在收穫（buwax / beras）黍粟祭祀之後，要到山中狩獵時，會做三次聽詢 sisin 鳥的行動。第一次未取得同意的聲音，放棄前次儀式重新再來；第

二次仍未取得同意的聲音，放棄前次儀式重新再來，詢問要去獵場區域的外邦異族，是否離開了，若離開了，sisin 鳥才會發出允諾的聲音。之後，獵人才能成行。是以，狩獵一定要依據 sisin 鳥的聲音有無唱歌，判斷是否可行狩獵。sisin 鳥如果沒有唱歌，獵人就不去打獵，否則就有與其他族群戰鬥（pais）、被殺頭（musa psipaq）事故之發生，這就是 sisin 鳥偉大的力量之一。又如要去提親（smrayi）之事，也要依據 sisin 鳥之聲音好壞，做為行事之依據，否則無法取得女方母親的首肯；一年未取得允許，第二年繼續徵詢……，否則這一親事將永遠得不到鬼神祖靈的祝福與保佑，鬼神的詛咒將永遠伴隨你的生命，不得翻身。是以，一個十六歲的女孩若有三個男人追求，sisin 鳥會透過其聲音選擇優秀的男人，否則女孩一旦不嫁，此門姻緣事亦沒完沒了。婚姻非常嚴肅，不能以唱歌方式表達，僅能以「人類的話」彰顯其真理，這就是以前的 waya / gaya 啊！去山中砍草（tmatak）耕作時，也要聽取 sisin 鳥之聲音善惡行事，否則步行之中，你將滿腳瘀傷不得走路。註9

賽德克族人透過 sisin 鳥占卜，以判斷生活中即將發生的事情，並以 sisin 鳥的啼聲、飛向等，與大自然界的神秘世界取得溝通。這是賽德克族人遵循的 waya / gaya，以及其對大自然世界規律的尊敬。

（四）繡眼畫眉靈力展現的傳說

資料來源：郭明正〈由日治文獻及當今部落耆老的口述歷史初構賽德克族的口傳歷史〉

這是一則非常非常古老的故事，
究竟有多久遠至今已不可知，
在那個年代裡所有的飛禽走獸都能夠以言語與人類相互溝通。

有一次，
我們的祖先遭逢久旱不雨的災難，
致使作物枯死而陷入飢荒狀態，
族人們也因而感染疾病，
先祖們乃舉社遷離吐魯灣古聚落；

沿著斯固溪向東北方尋找遷移地，
族人們逐集結於濁水溪上游稱 pttingan（布渡堤岸）的溪畔，
求助於他們的益友——飛禽走獸們，
當牠們得知我先祖們的遭遇後也非常難過，
除感同身受外更為我先祖們共同思索消災除厄的方法。

他們的益友——飛禽走獸們認為，
我先祖們因沒有 waya / gaya（祖訓，族律 / 族規、社會規範）之故，
動輒得咎於祖靈才會頻受天災人禍所困，
飛禽走獸們提出建議說，
牠們之中倘若有誰能搬動布拉尤（Brayaw）對岸山頂上的巨岩，
且將巨岩搬移到我們現在所聚集之處，
誰就成為你們族規、社會規範的根源，
並要你們世世代代的子孫們恪守遵循，
所有今日在此聚集的（人眾獸群）都是你們訂立族規的見証者。

就這樣，飛禽走獸們即展開搬移巨岩的競賽，
各類飛禽與走獸們輪番上陣競技 但都沒能搬動分毫，
最後尚有烏鴉、紅嘴黑鵯及繡眼畫眉等三組人馬尚待試舉，
烏鴉試著去搬移，
之後換紅嘴黑鵯試著去搬移，
但牠們都無法搬動，
最後僅存繡眼畫眉待試試，
在場的族人們噤聲不語，
臉上顯出絕望之色，
因繡眼畫眉屬體型很小的鳥類子呀，
族人們自忖繡眼畫眉怎麼有能力搬移巨岩呢？
但繡眼畫眉不以為意。

繡眼畫眉飛向布拉尤（Brayaw）對岸的山頂上，

沒過多久，

眾觀者（人及鳥獸）聽到 唏-唏-唏⋯⋯的繡眼畫眉鳴叫聲由山頂而下，

那是既吵雜又喧嚷的鳴叫聲，

誰料想得到，

牠們竟然抬起了那座巨大的岩石，

牠們抬著那座巨岩由布拉尤對岸的山頂凌空越過杜路固（Truku）溪面上，

並將那座巨岩搬移到人獸聚集的杜路固溪畔。

從眼看著繡眼畫眉抬著那座巨岩凌空渡溪飛向人獸聚集的溪岸，

到繡眼畫眉將那座巨岩安放在人獸聚集處，

聚集圍觀且等候結果的族人和飛禽走獸們一片的鴉雀無聲，

猶如驚嚇過度頓時著著魔似的目瞪口呆，

僅聽見繡眼畫眉不曾間斷地喧鬧鳴叫聲，

以及見到無數的繡眼畫眉合作無間地搬移著那座巨岩，

當牠們安放那座巨岩時地面都會震動，

眾觀者直至驚覺安放巨岩所產生的震波後才歡聲雷動，

並上前簇擁著凱歸的繡眼畫眉。

此時，當繡眼畫眉剛安放那座巨岩之際，

又有好幾波陸續趕抵現場的鳥獸，

牠們表示，實在是非常的遺憾，

我們沒能趕上搬移巨石的競賽，

而後來者又懇請繡眼畫眉是否能夠再搬移一座巨岩來，

繡眼畫眉不置可否的又飛上山頂，

同樣地再搬移另一座巨岩，

將它搬移到第一次所搬來的巨岩旁。

時至今日，繡眼畫眉搬移的那兩座巨岩，

依然並列在杜路固溪的溪畔，

自此繡眼畫眉成了我們賽德克族中規範的依歸。

我們的祖先親眼目睹繡眼畫眉能夠兩度搬移巨岩後，

咸信其神奇之能力是神靈所賦予的，

神靈是透過繡眼畫眉來傳遞祂對我們關愛的訊息，

因此我們的祖先再次向繡眼畫眉懇求，

說道：我們是否因生吃食物之故，

而容易受到各種疾病的侵襲與感染，

這該如何解困呢？

於是繡眼畫眉委託烏鴉和紅嘴黑鵯，

委託她們去尋覓火之源，

因牠們也驚服於神靈賦予繡眼畫眉的神力，

所以牠們二話不說就即刻起程去尋覓火之源。

聚集在那兒的眾觀者等了一段時間後，紅嘴黑鵯卻已先行飛返，

只見其頭部前端及腹部底下呈兩團鮮紅狀，

落地前將鮮紅之物先放下，

地面上乾枯的樹葉和雜草竟然燃燒了起來，

眾觀者無不為之震撼與驚奇。

待乾的樹葉及枯草燒盡熄滅之後，

那鮮紅之物卻成了晶瑩雪白的堅硬石塊，

族人們感到萬般婉惜，

大家為著何以會如此地議論紛紛，

這時候有一位族人，

或許是經繡眼畫眉之指點吧，

將晶瑩堅硬的石塊拾起並相互擦擊時，

竟能迸出火花，

族人們才恍然大悟地驚呼——「原來如此！」

族人們可以欣喜若狂來形容，

並向紅嘴黑鵯表達能為他們尋得火源的誠摯感佩，

我們的祖先從此就懂得利用燧石點燃火源。

當 Tiwas 耆老說完本族「觀悟繡眼畫眉啟示的祖訓」故事之後，
又教導我有關烏鴉與紅嘴黑鵯的故事，她是這麼說的：
在本族的傳說中紅嘴黑鵯原為黑嘴黑腳，
自從協助我們賽德克人尋得火源後，
牠的嘴腳才變為紅色狀，
因當時牠為我賽德克人所尋獲攜回的火源是赤熱的，
而且牠攜回火源的行程也很久，
當時牠是以嘴喙與腳爪抓握將火源攜回的，
牠的嘴腳就如遭受了長時間的高溫導熱，
因而逐漸由黑色變為紅色，
即使時至今日牠的嘴腳部位依舊鮮火不退。

至於烏鴉呢，也緊追在紅嘴黑鵯之後飛抵眾觀者的面前，
但烏鴉落地後卻左右搖擺地跛行著，在本族群的傳說中烏鴉行走原非如此，
原來烏鴉的跛行是慘遭紅嘴黑鵯所尋獲的火源所灼傷，
傳說中說，牠們去尋覓火源的當時，
紅嘴黑鵯先找到了火源，
烏鴉思量著又將輸給紅嘴黑鵯而心有不甘，
便一路欲搶奪紅嘴黑鵯所攜帶的火源，
怎奈，牠無法搶奪紅嘴黑鵯所攜帶的火源，
不但沒能如願，其雙腳反被火源所灼傷，
所以才造成今日烏鴉著陸行走時仍搖擺跛行的模樣。

本族群的另一則傳說是，
紅嘴黑鵯所尋獲的火種，
據說就在多岸巴洛（Tongan Baro）部落（今仁愛鄉北東眼山附近）：
本族人為何以 Tongan 做為多岸部落的部落名，
因那一帶就是紅嘴黑鵯所尋獲火源的位置之故，
本族語將那白色晶瑩的火源稱為 ptungan（意指以燧石點火），
當我們的族人在那兒建立部落時，
他們就以 Tongan（多岸）為部落名，

Tongan 一詞即本族語 ptungan 的音變（訛音），
即使是日治時期的「トガン」與今日漢語的「東眼」，
都取自本族 Tongan 一語的譯音。註10

傳說賽德克族的祖先是從岩石誕生出來的 / 田哲益提供

三、賽德克族夢卜徵兆信仰

　　賽德克族人「夢占」，是根據夢境來判斷次日行事之吉凶，又稱為夢卜。當出草或戰鬥時，必須在途中住宿做夢以占卜吉凶，若為凶夢則返回部落，不可繼續前進出發，或者繼續住宿該處等待吉夢再繼續行事。開墾或建築時，必須行夢占以卜吉凶，若為凶夢時就取消開墾或是建築。

　　德路固德鹿灣部落出草之前，會先注意到 sonopi（夢境）的內容，得 malu snepi（吉夢）時，就由數人組織一團，在 Mwalak 祭祀集團中的勢力者家中集合，qbsuran balay（主人）在 taku（瓢）中注水後，以手持之，各人將食指插入，誓言共同行動，一行人就向目的地前進。認為獵人頭是 alang（部落）或 kana alang（全部落）最重要的集團行動，其儀式通常比其他祭祀還要重要。因此，儀式主持人一定是部落的頭目或獵人頭時的領袖。註11

註釋

註1　古宏希盼〈搶救消失中的賽德克、太魯閣、泰雅族之巫醫文化〉，2010年7月27日。

註2　吉娃思巴萬（Ciwas Pawan）〈賽德克族廬山部落歷史〉，2019年10月31日。

註3　Watan Diro《賽德克族文化與福音轉化》，台南，財團法人台灣基督長老教會台灣教會公報社，2020年9月。

註4　國立自然科學博物館網站，賽德克巴萊文化教育特展。

註5　沈明仁〈豐美的賽德克族文化〉，2006年1月11日。

註6　Watan Diro《KAR豐盛的話語：德克達雅教會宣教70週年紀念輯》，Watan Diro出版，2019年3月31日，頁89。

註7　林宸儀、徐尚靈〈重返波瓦倫廬山部落賽德克族生活文化場域規劃設計〉，朝陽科技大學景觀及都市設計系畢業專題，2015年6月。

註8　同註8。

註9　同註5。

註10　郭明正〈由日治文獻及當今部落耆老的口述歷史初構賽德克族的口傳歷史〉，《2008年水沙連區域研究學術研討會：劉枝萬先生與水沙連區域研究》，2008年10月18-19日，頁7-11。本散文榮獲教育部「第一屆原住民族語文學創作獎」散文類優選。

註11　同註5。

第九章
Chapter 09

賽德克族文面文化與宗教信仰

文面或紋身，是很多台灣原住民族的習俗，如賽德克族、賽夏族、泰雅族與太魯閣族的文面、排灣族與魯凱族的紋身等；外國的原住民也有不少文面或紋身的習俗，如紐西蘭毛利人的紋身、美洲印第安人的赭面（面部塗抹紅色顏料）等。註1

賽德克族分布在台灣中部山區，以祖訓 waya / gaya 為生活準則，盛行織布與文面文化。紋身文化從古至今，也有許多地區都有此種文化，元‧周致中《異域志‧紋身國》即言：「其國極富，專用實貨，物至賤，行不齎糧。王居飾以金玉，市用珍寶交易，尚財利，好作商。凡人皆文其身，多者為貴。」

賽德克族文面文化（patasan）目前已經消失，文面是賽德克族文化中成年的標示，代表傳統文化價值，同時具有美觀、避邪等功能，鄰近的泰雅族、太魯閣族也有相同文化。賽德克族男子必須獵得敵首，或者通過狩獵考驗後，才可以文面；女子則是必須在織布技巧和耕作技術受到長老肯定後，才能在臉部刺上文面。賽德克族人相信，當族人離開人間到達祖靈居所時，祖先會按照文面判定是否為賽德克族人子孫，故具有宗教意義。文面的位置包含臉、胸、腹部、手、腳，其中以臉部最重要。男性通常在下巴紋刺直條紋路，女性通常在臉頰兩側紋刺左右對稱的斜線平行紋、交叉紋。額頭部位的紋刺男女都有，傳統上男性僅紋一條約一指寬的橫線條，女性則紋五條及七條者最常見。賽德克文面文化在日本殖民統治時期遭到禁止，因此中斷文面的風俗習慣。註2

一、賽德克族文面文化

賽德克族祖先的口述歷史中曾指出，文面民族即為 Sediq / Seediq / Sejiq（Toda / Tgdaya / Truku）；與 Truku（太魯閣族）以及 Tayal（泰雅爾族）。賽德克族和太魯閣族如同近親關係；賽德克族以及太魯閣族，和泰雅爾族如同遠親關係。因著時代的變遷，世界社會文化處境的轉變，賽德克族與太魯閣族，以及泰雅族，當代已經是各自實質存在的單一獨立民族。三族祖先皆有「文面」文化，因此可通稱為「文面民族」。註3

賽德克族的傳統文化中，最具強烈族群特質的就是「文面文化」，賽德克男子必須成功獵取敵首凱歸始可文面，女子則要身具純熟的織布能力才能獲得文面的資格，文面是賽德克族人成年與族群的標記，男者表示已具捍衛社稷的能力，女者已具有持家及維護家庭冷暖的織布技能，沒有文面的族人，將難立足於賽德克族的社會。註4

文面施術 / 田哲益提供

（一）賽德克族文面之時機

　　傳統賽德克族人，男性約 10 到 15 歲間，必須學會出外狩獵，即可文面，表示已成年，也展現他的英勇事蹟。女性 7 到 15 歲間，也必須學習織布技巧和耕作的技術，經部落耆老認可後，即可在臉頰文面。文面後，英勇善戰的男子和美麗溫婉的女子，就能結婚了。通常子女到了文面的年齡時，父母會以夢占決定施術的日期，再請部落文面師文面。註5

　　一般文面會分兩次進行，11 到 12 歲時，男女都文額紋；15 到 16 歲男子獵首後文頤紋，女子學織布後則文頰紋。文面完成後才算成年，始可結婚。未成年前男女或可吹奏口簧琴爭取好感，但嚴禁性行為，違反者家族將遭遇不幸（譬如被獵首）。註6

（二）賽德克族文面之方式與形式

　　Sediq / Sejiq / Seediq 賽德克族，與 Tayal 泰雅族、Truku 太魯閣族的習慣相似，在少年、少女之時，都要接受 Btasan / Ptasan 文面，這是部落的 waya / gaya / gaga（傳統規範）。男子在前額與下顎處刺縱帶文，有一條或數條。女子文面則在兩頰自根至兩唇中央，有的下唇顎亦文面。傳統文面師是部落族人耆老，工具是鉅平的木頭，用似鐵釘之釘器固定在木頭，有三排五列或二排四列，有斜形、十字形。文面時間大都選在冬季，天氣寒冷可避免傷口發炎，文面男子仰臥式，女子則側臥式。文面長者將木把輕放在臉上，再用小鐵鎚輕打在木把上，而釘針則刺入肌肉裡，當血液流出來，用竹片擦拭血，再用手抓木炭燒過的灰塗在臉上。一般人大約需 5 到 7 日傷口才會消腫。Btasan / Ptasan 文面為何成為族人 waya / gaya（神律、律例典章、律法、法律、傳統倫理道德規範、祖先遺訓等），當少年、少女到了結婚的年齡，有勇敢、榮譽、美容及美麗之意；此乃賽德克民族之審美觀。註7

　　有關女性文面特徵：賽德克族與太魯閣族女性 Btasan dqras / Ptasan (dqeras / Ptasan dqras) 頰文特徵為「U 型」，獵刀狀；Tayal 泰雅族女性頰文為「V 型」，雙彩虹狀。註8

　　泰雅族與賽德克族婦女方面的紋臉紋路，通過不同的紋路樣式，很容

易區別這兩族的不同。

「額紋」都是有框或是無框的單一直紋。德固達雅群的額紋最為複雜，有三條、五條及七條等不同形式。部分道澤群人，除了單一直紋外，還有十字形額紋。「頤紋」刺為兩段者，其額紋多刺為三段。但是額文刺為三段者，僅有少部分頤紋刺為兩段。「頰紋」為女子特有的文面形式，由兩耳連接面頰處呈帶狀在嘴唇中間連接，包含整個嘴部，兩側等寬，角度相等。傳說婦女頰紋中網狀的花紋，是仿造織布的網狀紋路。註9

由於文面是刺文於臉部，成為一種強烈的族群象徵，除了界定「賽德克族人」與「非賽德克族人」的指標外，對於賽德克族內的各群而言，文面型式上的若干差異，也成為族內不同群體間區辨彼此的工具。不同群的族人，透過臉上的文面形式，可以區辨彼此親疏敵友的關係。

（三）賽德克族文面之終極目的

賽德克族人相信，人過世以後，靈魂都會走過 Hakaw Utux（神靈橋），編織之神與祖靈會在橋的彼端，迎接子孫到 Utux Tmninun（編織之神）與祖靈世界。而文面正是祖先留給後世子孫，一項認祖歸宗之應許與約定。文面有認同的意涵，舉凡賽德克族都達人／賽德克族固達雅人／賽德克族德路固人等三語群；乃至於賽德克族與太魯閣族、泰雅族等三個文面民族的連結與認同。註10

文面代表與「祖靈的約定」，泰雅族、賽德克族、太魯閣族、賽夏族都有「彩虹橋」（神靈橋或祖靈橋）的傳說。他們認為，人死後祖靈會在通往靈界的彩虹橋邊守候，死者如果曾通過成年考驗，有文面標誌，靈魂就能被順利接送到橋的彼岸，到達祖靈的居所。但如果沒有文面，死者的靈魂就必須走橋下，經歷重重困難才能到達彼岸。註11

（四）賽德克族文面之意涵

文面為賽德克族的傳統文化，不但是族群識別符號，也是一種美麗的象徵，據說有驅邪避魔的作用，更是一種榮耀（成年）的象徵。男子必須要會打獵且曾經獲得過相當之獵物，女子一定要會織布，才有資格在臉上

文面。

　　賽德克族以文面及精湛的織布技術聞名。文面的意義除了美觀以外，就女子而言，代表善於織布，當少女的織藝精進，也就是准許在臉上刺青文面的時候，這時也是尋覓如意郎君的好時機，一位不會織布與沒有文面的女孩子，在部落裡是沒有人追求的。就男子而言，則是獵過首級，能夠勇敢獨當一面，保家衛社稷的標誌，也是成年的象徵。註12

　　文面除了女子織藝精湛，男子保家衛社的意義外，也是美麗的審美觀，以及避邪作用，據說「賽德克族人在山上工作，吃完晚飯後，要將炭灰塗於上額、下顎，以避免邪靈之侵。」註13

　　賽德克族人相信，當族人去世，回到祖靈的居所時，祖先們以臉上的刺青認定自己的子孫，因此，文面也是死後認祖歸宗的標誌。註14

　　有關「文面民族」（賽德克族、太魯閣族、泰雅族）對於文面的詮釋為：祈求得到編織之神（Utux Tmninun）的能力與賜福、傳承祖先傳統智慧與力量、有成年禮之象徵、有勇敢與美的意涵、有驅逐邪靈、尊榮賽德克族民族認同、家庭與家族之接納與祝福，以及心靈之撫慰、接納與和解。註15

　　有關賽德克族文面的意義（Sntangan Btasan / Ptasan）：賽德克族男性約 10 到 15 歲間，必須學會出外狩獵，即可文面，表示已成年，也展現他的英勇事蹟。賽德克族女姓 10 到 15 歲間，也必須學習織布技巧和耕作的技術，經部落耆老認可後，即可在臉頰文面。所以，部落中的男女，只有在整個文面完成，成為英勇善戰的賽德克男子和美麗溫婉的賽德克女子，就能結婚。通常子女到了文面的年齡時，父母會以夢決定施術的日期，再請部落文面師文面。文面師文面時，用麻線沾上炭灰，在臉頰的地方畫上圖案，再以牙刷狀的針放在臉上有圖案的地方，用木槌拍打。將鐵針的針尖刺入皮膚下，每個地方反覆刺兩三次，然後將炭灰塗抹在傷口上。黑色的粉末慢慢滲入皮膚內，沉澱下來。男子的文面由於圖飾比較簡單，只有前額跟唇下兩道，所需時間短，通常不會超過一個上午。女子的圖飾因為有較複雜的斜網狀頰文，從清晨到黃昏，經常長達十多小時。而且文面後的婦女，臉會腫十到二十多天，無法吞食任何東西，只能以清水、湯粥為食。為了怕傷口發炎，文面後婦女被禁止外出，除了家人外，不能與任何人相見。大約一個月，傷口復原後，一張有著深綠色或黑色圖

飾的新臉，從此出現在眾人眼前，相伴一生。另外，流傳賽德克族部落社會之另一項普遍神話傳說是，人過世以後，靈魂都會走過一道彩虹，編織生命之神（主靈）與祖靈，會在橋的彼端迎接子孫到主靈及祖靈世界。文面，正是祖先留給後世子孫一項認祖歸宗的應許與約定。但文面的生命禮俗在日治時期被禁止，目前仍保有文面的族人已寥寥無幾人。勇敢、美、敵我辨識、避邪皆為文面的目的與意義。族人在山上工作，吃完晚飯後，要將炭灰塗於上額、下顎，以避免邪靈之侵。因此推斷，兩者之間有其淵源。族人相信當族人去世，回到主靈與祖靈的居所（Tnlangan Baraw / Teynkoku），文面也是死後認祖歸宗的標誌。紅色是賽德克族人的最愛，代表血液與力量。註16

（五）賽德克族文面之正解

「黥面」乃錯誤詮釋。由於黥面一詞的漢文，原為中國（中華民族）古代刑罰，多有負面的意思，（馬騰嶽 1998）目前一般學術界與民間均改以「文面」稱呼此一文化。以視對於文化的尊重。在南島語族的文面與紋身（紋手腳）之文化中，其象徵的精神為「尊嚴、榮耀與美」的意涵。註17

（六）賽德克族文面工具

賽德克族文面的材料多就地取材，例如：取木頭製成小槌、用荊棘類或是橘類植物的莖刺做為刺針、以彎曲的竹片做為刮血器、刮取鍋底炭灰做為染料等。文面的過程是以木槌拍擊鑲有刺針的木柄，將針敲打刺進皮膚，再塗上炭灰，最後以竹片將血跡與多餘炭灰去除。註18

文面用的工具是使用柚子樹的刺，用尖端的部分刺臉，再用碳粉抹上。起先由頭目來決定是否可以文面，再找有技術的人來文面，約 12 或 13 歲方可文面，文面大約一天可完成，在腳上則需要二至三天才可完成。註19

文面用的工具（Qqiya patas dqras / Qqeya patis dqeras）例如：註20

1. **qumi（排針）**：排針是以長約 15 到 20cm 的排針，前端有一排鋼針，鋼針的一端崁入木柄，鋼針露出的部分長 1 至 3mm。鋼針未

引入之前，則是以荊棘類或是橘類植物的莖刺做為刺針。

2. **tuting / tucing（木槌）**：木槌的尺寸約為 20 到 25cm，直徑約 5cm。相槌主要的功能是用來拍打排針，將排針刺入受文者的面部。

3. **kumus dara / kmugus dara（刮血器）**：刮血器分為兩種，一者為竹片彎曲為橢圓型，另一種則是雄雞的尾羽。刮血器主要的目的，是在排針刺破皮膚後，將血液刮除，以利炭粉完全進入皮膚。

4. **psan rkuruk（炭粉盒）**：炭粉盒是用來盛裝炭粉的工具。早期炭粉盒是以葫蘆製成，晚期則有以外界傳入的鐵盒代替。

二、賽德克族文面文化與 Utux 信仰

賽德克族人信仰唯一的 Utux Tmninun（編織之神），祂是創始成終的生命主宰，也創造了一座通往靈魂歸宿祖靈之地的一座橋樑，或稱為「神靈橋」，也較為符合宗教信仰理念。而族人死後的生命（靈魂之歸宿），乃通過 Hakaw Utux（神靈橋），到那 Utux Tmninun（編織之神）所預備的重生之居。遂以 waya / gaya 為律法（律例典章）。

賽德克族的文面文化，與堅信「靈魂不滅」的 Utux（Utux Tmninun）傳有密切的關係，因賽德克族人深信唯有文面者，死後其靈魂才能回到 Utux 的身邊。換句話說，男者若要回到 Utux 的身邊就必須要文面，要文面則一定要成功獵首而歸，獵首成功者的手掌必留有血痕（呈血紅色），手掌的血痕，是身故後靈魂要回到 Utux 身邊無可取代的烙印；女子部分也有相同的意涵，善於織布而取得文面資格的女子，其手掌上會因勤於織布而留有血痕，這手掌上的血色是永不退色的。唯擁有手掌上的血色，在他／她離開人世後，始能通過「Hakaw Utux / Hako Utux」（生命之橋，即神靈橋）守護神的檢視，她／他們的靈魂才能夠安然行過「Hakaw Utux / Hako Utux」（生命之橋，即神靈橋），回到 Utux 國度。這是賽德克族的祖訓，也是賽德克族人終生恪遵不逾的訓示。註21

Watan Diro 牧師指出「靈橋之約」：「我們賽德克族祖先遺訓與道德

規範中，訓誡任何一個人都不可以任意的用手指頭指著靈橋。因為祖先曾經說過：『我們若任意用手指頭指著彩虹的話，手指頭就會扭曲的。』因此，族人們因為懼怕而不敢用手指指靈橋（彩虹）。這則神話故事的啟示：是在警惕人們不要自高自大，要尊重大自然並且和諧的共同譜出綺麗的生命樂章。」註22

賽德克族彩虹橋傳說壁畫 / 田哲益提供

三、賽德克族文面文化與基督宗教信仰

　　基督徒是否可以文面？文面是賽德克族固有文化傳統，文面乃屬賽德克族人成人印記象徵，亦代表美與認同及編織之神所啟示的意涵。賽德克族人信主後，不因基督信仰而摒棄固有文化傳統，有信心者，成人即可文面。然而，因世界潮流與社會的變遷，一來文面師已失傳，二者文面器具皆已朽壞。當代賽德克族人鮮少傳承文面文化，基於主客觀因素，賽德克族人基督徒亦不因有無文面，斷定有無失去賽德克族人精神與價值。註23

　　有關文面與割禮、洗禮：象徵對於民族與信仰的認同感。如同猶太民族的割禮是「約」，基督信仰則以洗禮做為印記，表示 Utux Tmninun

（編織之神）的子民；文面也是前往編織之神與祖靈之地的印記。因此，古時候賽德克族人認為無文面者（dadus），意思為被拒絕者、生命荒蕪，如同猶太人沒有割禮者無法進入迦南地。割禮是生命的改變，文面是生命的成長，洗禮是救贖的印記。文面由來和信仰觀有關，因著 waya 的教導而去遵行。藉此文面為憑據通往編織上主與祖靈之地，更美且永遠的家鄉。文面也是賽德克民族神觀的展現，警惕自己，不要忘記編織之神 waya Btasan（文面圖騰）的用意；上主之眼、祖靈之眼，保護、監督，編織之神眷顧的詮釋。對應於《聖經》教導指出：〈加拉太書〉6：17：從今以後，不要有人再攪擾我，因為我身上帶着耶穌的印記。〈以弗所書〉1：13：在基督裡你們聽見真理的道，就是那使你們得救的福音，你們也信了他，就受了所應許的聖靈為印記。註24

四、神靈橋與基督宗教信仰

　　據賽德克族 Hakaw Utux（神靈橋）的神話傳說故事：賽德克族人的世界觀是有 Utux 與 utux 靈的生命觀。人活著的時候，有 utux 靈魂在人肉體內，人死後，也仍然有靈魂，被稱做「utux sediq」。族人生前必須遵循實踐 waya，死後 utux 靈魂必須在 Hakaw Utux 神靈橋頭洗手，手掌心有血痕，utux（靈魂）就會通過 Hakaw Utux（神靈橋），直到另一端與 utux rudan（祖先的靈／祖靈）同住，Utux Tmninun（編織之神）也與我們同在。倘若生前為非作歹、作惡多端、作奸犯科、不正直的靈魂，則無法通過神靈橋，並且會跌入神靈橋下的深淵，被大螃蟹靈吞噬。這整個信仰知識體系，我們稱之為 Snhiyan quri Hakaw Utux（神靈橋之信仰）。賽德克族固有傳統信仰之審判觀與《聖經》的教導相同，非泛靈信仰，而是一神論信仰觀。賽德克族人相信，人有一次生，人也有一次的死，並沒有投胎再轉世、生命輪迴、因果循環之信仰觀。對於在 Hakaw Utux（神靈橋）另一端的祖靈（祖先的靈魂），是人的 utux，不論是 utux rudan 祖靈，以及我們將來死後的 utux，都是人的 utux，族人不將他們視為神來供養膜拜，唯獨篤信敬拜 Utux Tmninun（編織之神）。但是對於 utux rudan 祖靈（祖先的靈魂），以及 utux sediq mnrdang（故

人的靈魂），則是秉持敬祖與緬懷的態度。基督徒相信人死後的狀態，身體與靈魂是安息的（〈約翰福音〉11：11）。「耶穌對門徒們說，拉撒路只是睡了。」所有已經過世的人，乃至於我們的祖先、祖靈與過世的親友，皆無法對我們活著的後人及家人降災或賜福。對應於《聖經》教導指出：〈啟示錄〉20：12-13 我又看見死去的人，無論尊貴卑微，都站在寶座 前。死去的人都照著他們的行為，根據這些案卷所記錄的，接受審判。〈啟示錄〉20：15：凡是名字沒有記錄在生命冊上的，都被扔進火湖裡。註25

賽德克族神靈橋（Hakaw Utux）的審判，與上主最後的審判、天堂和地獄的神觀，無獨有偶，可以說是不謀而合。

〈上主之子耶穌〉（Laqi Tama Yesu）
賽德克族語編譯：Watan Diro

上主之子耶穌！我們滿心感謝祢！
這世界宇宙穹蒼，所有萬物，都是源自於祢！
世界人類，所有世上人！都要儆醒，
啊！上主之子，就必再來。
再來迎接我們，

那穌就必再來！要來呼召我們！
我們要站在祂面前，接受審判，
沒有信心的人（不信的人），將接受刑罰（無法承受永生之福樂）！
相信救主耶穌的人，
將進入上主永生國度！

五、文面文化之終極與消失

文面刺青是南島語族普遍的風尚，台灣許多族群都有在身上刺青的習俗，其中，泰雅族、賽德克族、太魯閣族、賽夏族等四個族，更有刺青在臉上的傳統，稱為「文面」，有文面的男女就代表成年，也是代表已經進

入適婚年齡、能夠承擔家庭與社會的責任，得到部落族人的認同。

日治皇民化時期禁止文面，想文面還得「偷偷來」，日人認為文面是「不文明」的象徵，禁止文面。禁止的手段，包括：沒收文面師的文面工具，對文面者處以拘留、服勞役、罰金，甚至整個部落被處罰，有的甚至被迫用手術刮除紋刺。日本人的禁止，也讓文面傳統快速沒落。後來世人所見的文面國寶，當時都是偷偷到山上，躲開日本人的稽查，才得以文面。註26

泰雅族的文面國寶——苗栗縣泰安鄉天狗部落柯菊蘭阿嬤，於 2019 年 9 月 14 日過世（享壽 97 歲），原民會於 21 日追頒一等原住民專業獎章，表彰她不遺餘力的維護泰雅族織布及古調的傳統文化，並以文面傳承者的角色，為族人留下珍貴的文化資產。柯菊蘭過世後，全台文面長者只剩下賽德克族的林智妹阿嬤還在世。林智妹阿嬤目前是唯一文面傳統無形文化資產保存者。林智妹五歲時，於額頭紋圖騰，15 歲時將圖騰紋於臉頰左右側。日治時期被強迫將其額頭紋去除，但今依稀可看出所留下痕跡。林智妹阿嬤由於晚報戶口，約出生於 1917 年，實際年齡超過 100 歲（在原住民這種情況很多）。

林智妹阿嬤，花蓮縣卓溪鄉山里部落（陶賽部落）人，族名一百撒韻（Ipay Sayun），是原居住在太魯閣國家公園立霧溪支流、陶賽溪上游的都達人，日治時集團移住，遷徙到卓溪鄉豐坪溪上游山里部落。她一直在部落裡獨居，後來被兒女接到台北就近照顧，現由新北中和區的女兒林朝花長年照顧。

2016 年，全台還有六位文面長者，如今只剩下賽德克族的林智妹。雖然文面技術難以傳承，文面長者也逐漸凋零，但只要我們記得文面的內涵，記得曾有一群原住民的生活與文面緊密相連，泰雅、太魯閣、賽德克、賽夏等族的文化就能延續文面的精神，繼續存在。註27

六、田貴實文面文史工作室

近年來，有賽德克族子弟田貴實，自覺性的在花蓮縣秀林鄉富世村，創立文面文史工作室。此工作室是一個靜態的展示空間，經營形態採開放

式、不收門票、不販賣。工作室現有百餘幅珍貴文面老人的相片及文物陳列屋內，已引起廣大社會人士的駐足重視，除了台灣各地對原住民文化愛好者前來參觀外，遠從中國大陸及國外人士文化團體也慕名前來。

而鄰近學校，校長、老師、學生，亦將文面文史工作室列為鄉土文化教學的場所，以激發學生能重視祖先的傳統經驗與啟示，藉此讓學生對台灣歷史文化的視野延伸至史前領域，在潛移默化中，讓後進晚輩提昇對族群的自我認同，且恢復民族自信心。

田貴實文面文史工作室的成立，提供了更多的資訊，引領眾人穿越時空的限制，去解讀過去人類生活的點滴。最重要的是藉由文面文化的認識，達到摒棄對異文化的偏見，如此才能欣賞異文化的特色，體會出人類豐富的創造力。在多元化的台灣社會，對文面文化的認同、欣賞，將是踏上族群尊重的第一步。

文面文史工作室的網站，介紹有泰雅族、賽德克族、太魯閣族文面的文化，透過「文面老人」的口述歷史及遺址史料的收集研究、解析，認識到早期文面民族生活的面貌，部落裡的每一位文面老人的「生命史」就像是一個族群部落的「文化史」。

文面文史工作室還會告訴我們，早期的文面民族其文面的由來，與文面用的工具、文面老人、文面民族的文物等照片，網站上還蒐集相關的文面民族文面報導，讓一般人都能對文面有基本了解。

文面文史工作室藉由文面文化引領他人欣賞異文化的特色，對於不同文化的體驗，體會人類豐富的創造力。對於人類文化的豐富和多元，活出當年文面的歷史背景和特殊文化時空。欣見文面文化不再神秘，不再是文化上的偏見，也樂見族人、漢人都熱切認識文面文化，進而關懷原住民文化，更期望在未來更多的活動中，讓原住民的文化更為紮實。

在文面民族的文化中，文面代表男子的勇敢，女子的貌美與織布技術的高超，以及婚前的貞潔。文面文史工作室致力於泰雅族、太魯閣族及賽德克族和世界的文面文化，長達 2、30 年之久。在兩岸及世界奔走研究文面文化，並忠實紀錄文面者老的故事，贏得國內外學者高度肯定與推崇，來自世界各國的文化學者，絡繹前來花蓮向田貴實老師請益。然而，面對文面老人的凋零，撰寫《永不消失的榮耀記憶》，才是最珍貴的台灣文面文化紀錄。筆者（田哲益）曾經與田貴實前往海南大學參加國際人類學學術研討會，並發表論文，也觀摩黎族的文面文化，真是一場收穫豐碩的文

化探討之旅。

　　田貴實在沒有來自政府的任何補助，他揹著相機，為即將凋零的文面著老拍下最美麗的見證。以一己之力，為三百多位文面老人拍照，並以太魯閣族的日常生活為題材而創作琉璃珠畫，這些以 2 公釐小珠所貼成的作品，是需要極大的耐心和耐力，還曾應邀前往日本展覽。

　　田貴實從 1995 年開始，研究台灣原住民的文面史，足跡踏遍台灣原住民部落，尋找失落的原住民文面臉譜。他說：「在一個沒有文學基礎和攝影技巧下，用文字紀錄著祖先的光榮歷史，用相機捕捉逐漸消失的生命之美。汗水和淚水的交溶，多年來完成了三百餘幅珍貴的文面老人的實像和動人的故事。」

　　為了趕在文面老人凋零前，及時保存這珍貴的文化資產，田貴實每天和時間賽跑，深入全台各地文面民族部落，尋訪文面老人，記錄口述歷史，拍攝文面照片。幾乎每一張照片的背後，都有一段感人的故事。

　　田貴實還蒐集到一套有二百年歷史的文面工具，包括刺針、刺刷、木槌、木盤、竹刮片以及裝顏料的葫蘆等。

　　田貴實對文面文化的投入，如實贏得國內外人文團體的敬仰。

註釋

註1　〈賽德克‧巴萊之歌〉南投縣政府環境保護局《真正的賽德克族環境智慧環境教育教材》。

註2　原住民族委員會網站。

註3　Watan Diro《賽德克族文化與福音轉化》，台南，財團法人台灣基督長老教會台灣教會公報社，2020 年 9 月。

註4　郭明正〈認識賽德克族〉，國立仁愛高農《中投區輔導中心學校辦理 105 年度教師認識原住民文化研習手冊》，105 年 11 月 29-30 日。

註5　同註 3。

註6　國立自然科學博物館網站，賽德克巴萊文化教育特展。

註7　Watan Diro《KARI 豐盛的話語》，2019 年 3 月 31 日，頁 213。

註8　同註 7。

註9　林宸儀、徐尚靈〈重返波瓦倫廬山部落賽德克族生活文化場域規劃設計〉，朝陽科技大學景觀及都市設計系畢業專題，2015 年 6 月。

註 10　同註 3。

註 11　https：//www.thenewslens.com/article/125103。

註 12　台灣原住民族資訊資源網。

註 13　同註 12。

註 14　同註 12。

註 15　同註 3。

註 16　同註 7，頁 215-216。

註 17　同註 16。

註 18　同註 1。

註 19　參原民巧藝賽德克公主網站。

註 20　同註 7，頁 214-215。

註 21　同註 4。

註 22　同註 7，頁 82。

註 23　同註 3。

註 24　同註 3。

註 25　同註 3。

註 26　同註 11。

註 27　同註 11。

第十章
Chapter 10

賽德克族信仰基督宗教

一、賽德克族信仰基督宗教之嚆始

賽德克族移居地（花蓮地區族人）與太魯閣族信主；要追溯到日治時期，1923 年 Payi Ciwang mtabug（姬望牧師）信主開始論述。而賽德克族祖居地（南投地區族人），則於 1947 年 6 月，福音種籽才進入賽德克族部落。賽德克族與太魯閣族本是同源同種族，歷經 200 至 400 年的遷徙與語言文化演變，以及外來殖民者的因素，分別於 2004 年 1 月 14 日正名為太魯閣族；2008 年 4 月 23 日正名為賽德克族。註1

台灣南島語族近百年來受到外來因素影響，產生不小變化。其中之一便是從原始宗教信仰改宗為西洋的基督宗教。這種集體改宗的「涵化」現象，在戰後的 1960 年代更為顯著。註2

「涵化」一詞最早由美國的包威爾（P. W. Powell）於 1880 年提出。涵化：是兩個或兩個以上的文化持續地接觸，形成一個文化接受另一個文化的歷程與結果。文化涵化可能是單向的，也可能是雙向的（張鍠焜，2000：344，383）。亦如 Malinowski（1945）《The Dynamics of Culture Change》中提到，造成文化變遷動力有二，一是文化內部自生、自主創新的力量，二是與不同的文化接觸。註3

玉山神學院是原住民基督宗教信仰的搖籃／田哲益提供

二、賽德克族傳統 Utux 信仰

　　賽德克族傳統祭祀團體主要是以共同祭祀對象為組合，以奉行祖訓規範而立，執行祭祀活動，同時具有部落調解糾紛的角色，是部落中具有仲裁力的團體。註4

　　賽德克族傳統宗教裡所崇拜的「Utux」是「Utux Tmninun」（編織的神靈）。我們可以從 Hakaw Utux（神靈橋）的神話傳說，看出賽德克族原始信仰的痕跡。族人相信人死後，都要經過神靈橋，去和祖靈相會。編織人類生命的 Utux Tmninun，時刻都在察看世上每一個人所行的一切。因此之故，賽德克族才會非常地重視傳統律法（waya／gaya）。賽德克族人透過神靈橋所建立的神觀，建構賽德克族的重要信仰的來源。神靈橋和編織之神的關係，神靈橋所呈現的是族人將來死後靈魂的去處與祖靈們相聚。賽德克族人說：「Utux Tmninun 已經將他／她接走了！」

　　賽德克族擁有獨特的生命禮俗和傳統習俗，因崇信 Utux 的生命觀，而延伸出嚴謹的 waya／gaya 生活律法系統，waya／gaya 簡單來說就是維繫

賽德克人對於 Utux 的崇拜與敬畏，並且將之付諸於日常生活之中的生存法則。賽德克族人稱神為 Utux，亦是「靈魂」的存在，舉凡衍伸出 utux rudan（祖靈）、Utux Tmninun（編織生命之神）、Hakaw Utux（神靈橋，族人相信死後必須走上神靈橋）之信仰。註5

賽德克族人稱神為 Utux，族人將神（Utux）區分為善神及惡神。善神經常會保護族人避過災難，會答應族人要求的願望；惡神則相反，常常拒絕族人的願望，對其許願也必定會發怒而給予災害。註6

賽德克族人堅信「人身雖死但靈魂不滅，不但不滅，他們還要回到祖靈們永久共同生活的地方去」。這樣的信念，是賽德克族代代口耳相傳的古訓／祖訓，也是我們的傳統信仰，這就是賽德克族的「宗教觀」。賽德克語「Utux」，是泛指一切超乎自然的力量，所以 Utux 是神也是鬼、是神靈也是鬼魂，有人就以此觀點，將賽德克族的傳統信仰視為「泛靈信仰」是值得商榷的。因當外來宗教尚未傳入賽德克族的部落之前，Utux 是他們唯一的宗教對象，他們既不拜天叩地，也不祭祀日月星辰、風雷雨電、山川溪流等自然界的任何事物或現象。雖然 Utux 是他們唯一的宗教對象，但並未形成因 Utux 的信仰而發展出任何宗教派別，他們所遵行的是祖先傳下的訓示：「男性要有獵得敵首的事蹟，女性則要善於織布且勤於織布才可以文面」，文面是賽德克族人在世時的榮耀，是賽德克族人的成年禮，更是賽德克族人自我認同唯一的族群標誌。註7

賽德克族的宗教觀是，人雖死，但靈魂不滅，堅信「死後靈魂」必回到「祖靈共同居住之所」，這是賽德克族基本的傳統「祖靈信仰」（Utux）。從傳統的「Utux」（祖靈）對照宗教哲學的「靈」（Pneuma）來看，可以更認識「祖靈」與「聖靈」之間關係。「祖靈」與「聖靈」，雖然表現形式不同，但同時強調，不論是「祖靈」或是「聖靈」，「人雖死，但靈魂不滅」，這應是「祖靈」轉化成「聖靈」的主要因素。註8

傳統信仰文化上，族人稱神靈為 Utux，如 Utux Tminun（織造的靈）、Utux Karan（螃蟹靈）、Utux Ludan（部落中已過世的老人，分為善靈與惡靈）、Utux Balo（天上的靈）等。直到近代，日治時期的官方宗教神道教，與西方的基督教及天主教先後傳入部落；據調查，台灣原住民族有宗教信仰者約占 87% 以上，信仰基督教者則高達 77%。外來宗教透過醫療、救濟品傳教，漸漸取代 Utux 的傳統信仰。註9

傳說，螃蟹神（Utux karan）是神靈橋的門神，驗證過逝族人的靈是否具備在世時的能力（男擅於狩獵、女擅於織布），才有資格踏上神靈橋（Hakaw Utux）前往祖靈之地。而且還必須有文面（Btasan ptasan），有文面才是賽德克族的子民。

Utux（天上最高神靈編織之神）是賽德克族信仰及精神寄託。utux 也是指「祖靈」，按賽德克族人並沒有專門祭祀祖靈的祭典儀式，所以「祖靈祭」一詞或稱為「祖靈崇拜」或許比較恰當。賽德克族人原始信仰只信奉 Utux Tmninun（編織之神），所以「泛靈信仰」一說是值得商榷的。其他動植物或許也具有「靈性」，但不具被信仰或崇拜的對象。

這裡要注意的是 Utux 的書寫，「Utux」是專指賽德克族傳統唯一的信仰「Utux Tmninun」（編織之神）；「utux」則是指祖靈、鬼魂、惡靈等。不同的書寫方式，所指稱的對象也就不同。

「Utux」賽德克部落傳統宗教的名稱，祂泛指靈界超自然存在的概念，祂們包含了神靈、祖靈以及鬼魂的意思。因此，祂們是無形象、無性別之分的存在。既然「Utux」是多數形的專有名詞，表示這個在「Utux」概念下的超然存在，賽德克部落運用他們與自然共融生活經驗，描述性的語言來釐清靈界不同概念下的意義。賽德克部落對於靈界的概念，基本上可以用以下三個名稱：註 10

(一) **Utux Tmninun（編織的神靈）**：祂是賽德克部落至高的神靈，也是賽克部落最令人忌諱的神靈，因此，他們對於編織神靈敬畏的態度，總是表現在不能直接稱呼祂的名稱，而是以象徵性語言來表示祂的存在；編織神靈臨在的神秘經驗，不僅禁絕一切褻瀆的語言與行為，而且祂也是不能被看見的神靈，不然，將會帶給人極大的災難或說是死亡。

(二) **Bwihur**：原意是風的意思，賽德克部落用這個名詞統稱祖靈。成風的靈簡稱為風靈，透過靈界現身於賽德克部落的一些現象，例如，Hakaw Utux（神靈之橋），Puniq Utux（靈火），Qrapan （Sdoyun）Utux（被靈抓住或附著）等徵兆，敘述賽德克部落生死空間會遇的經驗。

(三) **Sasaw**：原意是影子的意思。祖靈以屬人世界的靈體現身的模樣，這種現象在不同的狀態呈現不同的意義。例如：有的表示對

人的一種感念，有的表示風靈純粹是來作弄人，或是某人的風靈先走的預兆等意思。

（四）**Waya：**賽德克族利用這種共同遵守 Utux 遺訓的社會群體 Waya，所表現在共同參加各種宗教儀式的行為，充分顯現宗教倫理的功能，因此 Waya 群體以宗教因素為中心，這也是他們社會最重要的功能群體。也就是說，為各種神聖和世俗活動的基礎。因為 Waya 做為一個重要的社群團體，不僅發揮了宗教和地域群體的功能，同時也代替了許多在單系親族社會中單系親族群的功能。且發揮了共祭共禮、共勞合作、規範行為、同負罪責、同享安樂的功能。註11

三、賽德克族傳統 Utux Tmninun（編織之神）信仰

基督宗教尚未傳入賽德克族部落以前，千萬年來即篤信 Utux Tmninun（編織上主）。傳統信仰自始即為一神論，敬畏上主 Utux；且尊敬祖先 utux rudan，並非祭拜祖先、祖靈。賽德克族人相信唯獨 Utux Tmninun 是創始成終之生命主宰，而祖先與後代子孫死後的生命（靈魂之歸宿）乃通過 Hakaw Utux（神靈橋），到那 Utux Tmninun 所預備的永生的國度。遂以 waya / gaya 為律法、律例典章。台灣四百年來，漢族陸續移民台灣，民間宗教信仰亦逐漸影響賽德克族篤信 Utux 之信仰，加上族人本身對於祖先傳統信仰文化的迷失，再者，外來殖民政權統治，致使民族認同與信仰混淆而失落。基督福音傳入部落，使族人更清楚認知所信奉之上主，乃三位一體之創造主上帝；拯救主耶穌基督；保護主聖靈保惠師。賽德克族是台灣古老民族之一，且擁有如同古希臘哲學般的豐美語言文化與哲學素養，很少人真正得知這個口傳真實的知識；是上主所賜給賽德克族人與世界的寶貴禮物。註12

四、賽德克族編織之神與上主

　　基督宗教的「神」（Utux）觀與賽德克傳統的 utux（神靈）信仰如何連結與轉換，早期的宣揚者 Kumu Lowsing 牧師巧妙運用 Utux Baraw（天上的神靈）和 Waya 觀念來宣揚福音，容易讓族人接受，同時部落傳統 utux（祖靈）又與基督信仰中的神靈（Utux）觀相連結，能夠讓族人容易轉換早期傳統信仰。根據簡鴻模老師的見解，賽德克族用母語表達上帝時，仍然適用 Utux Baraw（天上祖靈），若使用 Tama Baraw（天上的父）一詞，在教會用語上差別不大。

　　Utux Tmninun（編織之神）與基督信仰之創造主是同一位上主嗎？Utux Tmninun（編織之神）是創造主與基督信仰的上主為自有、永有、昔在、今在、永在；是至聖、至尊、至榮；是起初，也是終末；是世界人類宇宙穹蒼生命之主；是賞賜福音與文化之歷史的主宰。以編織概念陳述 Utux Tmninun（編織之神）／上主超越人的能力，人無法與上主相比；祂是深不可測的上主。從編織中認識 Utux Tmninun（編織之神）／上主，Utux Tmninun 編織之神的文化性：以編織的概念，從無到有、修復、再創造、精工。 而這位 Utux Tmninun（編織之神）是創造主，是三位一體的上主， 就是聖父、聖子耶穌基督、聖靈，就是賽德克編織之神。雖然在舊約時代，上主先揀選以色列人為上主選民，但救贖主耶穌基督道成肉身，降世為人，開啟了恩典的時代，使以色列人／猶太人，以及賽德克族，乃至萬邦萬民，只要口裡承認、心裡相信，信靠救贖主耶穌基督，皆得以成為上主的兒女，天國的子民。對應於《聖經》教導指出：〈羅馬書〉1：20：上帝那看不見的特性，就是他永恆的大能和神性，其實從創世以來都看得見，是由他所造的萬物來辨認出來的。所以人沒有什麼藉口。〈約翰福音〉3：16：上帝愛世人，甚至將他獨一的兒子賜給他們，叫一切信他的人不致滅亡，反得永生。註13

　　賽德克族傳統信仰 Utux Tmninun（編織之神），就是基督宗教所稱之上主、天主、上帝，有一首〈賽德克族勵志歌〉，就是稱頌「編織上主」。

〈賽德克族勵志歌〉 （Uyas Pskbiyax Sediq）

詞：Watan Diro mtabu　曲：Sudu Tada btasan mtabu

（一）感嘆世人的愛是那麼有限，感嘆世人的愛是那麼有限，真令人憐惜！真令人感嘆！

（二）我們的信念是多麼的軟弱，我們的信念是多麼的軟弱，主必憐惜我們！主必憐惜我們！

（三）編織生命上主有無比的愛，編織生命上主有無比的愛，是真實的愛！是真實的愛

（四）堅定信靠上主！堅定信靠上主！必賞賜永恆生命！

（五）賽德克族當彼此相愛！世人同心合意！遵行主誡命！遵行主誡命！

（六）主聖靈時刻眷佑賜福世人！主聖靈時刻眷佑賜福世人！時刻眷佑賜福世人！

（七）Umalu kana Ilaqi ka Yesu 愛所有孩子們是耶穌 umalu kana llaqi ka Yesu 愛所有孩子們是耶穌 Awah kana brah Yesu！來全部面前耶穌

（八）耶穌喜愛世上所有小孩，耶穌喜愛世上所有小孩。讓小孩來到，主耶穌面前！

賽德克族人將傳統信仰 Utux Tmninun（編織之神）與基督宗教連結。

〈喜樂的孩子〉 （Laqi mqaras）

原詞曲：Watan Pawan　曲改編：Emi Hweymin　詞改編：Watan Diro

耶穌喜愛孩子們，快快來教會。
要常常喜樂不住禱告，凡事謝恩。
有一隻螞蟻，在洞口門外。
一同歡喜來敬拜，編織生命上主！
這是上主在基督裡，所定的旨意！
找到一粒豆子，歡喜歌唱！

〈堅定信仰〉（Knbiyax Snluhay 4）

原詞曲：Haru Yakaw Cyoro（高春水長老，馬烈霸部落泰雅族人）

記譜：Emi Hweymin（艾蜜惠民） 中文詞：Watan Diro

親愛的弟兄姐妹們平安！

滿心歡喜見到您。

我們要堅定信仰信靠編織生命之主。

不論我們身在何處，要堅定信仰，

仰望我們的救主，唯有主耶穌能拯救我們！

五、Dmahur 與 Smapuh

賽德克族 Dmahur 與 Smapuh 詮釋為何？賽德克族以 Dmahur 與 Smapuh 來表達對 Utux Tmninun（編織之神）的敬畏，以及對 utux rudan 之敬祖與緬懷，還有對存活的人真誠地相待之意。例如：

（一）「Dmahur miSmapuh Utux Tmninun」對編織之神 / 上主的感恩與敬奉。

（二）「Dmahur utux rudan」對祖先的尊敬與緬懷，表達慎終追遠的意念。

（三）「Dmahur sediq / seediq / seejiq mnngari mudus」對還存活的人以真誠相待之意。註14

對應於《聖經》教導指出：〈馬太福音〉22：33-40 耶穌對他說：「你要盡心、盡性、盡意愛主——你的上帝。這是最大的，且是第一條誡命。第二條也如此，就是要愛鄰如己。這兩條誡命是一切律法和先知書的總綱。」〈約翰福音〉13：34-35：我賜給你們一條新命令，乃是叫你們彼此相愛；我怎樣愛你們，你們也要怎樣彼此相愛。你們若彼此相愛，眾人因此就認出你們是我的門徒了。註15

六、基督宗教傳入賽德克族

　　1947 年 6 月，藉著主僕 Kumu Lowsing 牧師，以及埔里基督長老教會羅文福牧師，將基督福音種籽撒落在 Ungu（史努櫻）部落，賽德克族人開始相信救贖主耶穌基督。

　　1949 年，藉著主僕 Kumu Lowsing 牧師與 Walang Takuh 牧師等，將基督福音種籽傳播到 NAKAHARA（中原）部落，族人開始相信救贖主耶穌基督。

　　1997 年 8 月間，在太魯閣中會西林教會召開秋季議會，時太魯閣中會仁愛區會提案脫離太魯閣中會案。

　　1997 年 11 月 23 日，在 Snuwil 史努櫻教會成立台灣基督長老教會瑟基克族群區會。

　　1998 年，眉溪基督長老教會正名為 STRENGAN 賜得磊安基督長老教會，成為賽德克族第一間教會正名之教會。

　　2000 年 1 月，原台灣基督長老教會瑟基克族群區會正名為 PCT Sediq / Seediq / Seejiq 台灣基督長老教會賽德克族群區會。

　　2000 年，賽德克族群區會在德鹿灣教會原「平生教會」正名為「TRUWAN 德鹿灣教會」；原「靜觀教會」正名為「TRUKU 德鹿谷教會」；「SADU 莎都布道所」在 Sadu 沙都部落開始聚會。

　　2001 年，原「春陽教會」正名為「SNUWIL 史努櫻教會」。

　　2002 年，原「埔太教會」正名為「SEDIQ 賽德克教會」。

　　2002 年，8 月 22 日，PCT 賽德克族群區會成立「賽德克族社區人文重建關懷協會」，推動福音與文化及民族部落公共事務。

　　2003 年 4 月，在 TONGAN 部落，賽德克族群區會事務所、PCT 賽德克族群區會區委會，邀台灣聖經公會總幹事賴俊明牧師，討論「賽德克族聖經翻譯工程」。

　　2005 年，原「平和教會」正名為「RUKUDAYA 鹿谷達雅教會」、原「松林教會」正名為「PULAN 布蘭教會」、原「親愛教會」正名為「PULUNAWAN 布魯那萬教會」。

　　2007 年，原「中原教會」正名為「TGDAYA 德克達雅教會」。

　　2007 年 12 月，在 Ungu（史努櫻）部落（春陽國小）舉行「賽德克族

6010 宣教感恩禮拜」，PCT 賽德族群區會主辦。

2015 年 11 月，Siyac Nabu 牧師作《賽德克》一書，台灣東亞歷史資源交流協會發行。

2016 年 9 月，台灣基督長老教會原住民宣教委員會出版《台灣基督長老教會原住民宣教史》修訂本。

2017 年 11 月 26 日，在 SNUWIL 史努櫻基督長老教會舉辦「PCT 賽德克族群區會 7020 宣教感恩禮拜」（賽德克族自 1947 年 6 月於 Ungu 史努櫻部落開始信主宣教 70 週年，以及自 1997 年 11 月 23 日獨立於太魯閣中會；成立 SEDIQ / SEEDIQ / SEEJIQ 賽德克族群區會）。

2017 年 12 月 10 日，於 sapah pyasan Drodux 仁愛國中，舉行「賽德克族群區會 7020 宣教博覽會」。

2018 年 7 月 7 日，SNUWIL 史努櫻基督長老教會舉辦「賽德克民族神學論壇 Utux Tmninun 生命信仰觀神學詮釋論述，賽德克族正名十週年系列」（PCT 賽德克族群區會母福音部＆賽德克族聖經翻譯委員會主辦）。

2018 年 7 月 27 日，於 sapah pyasan Drodux 仁愛國中舉辦「2018 SEDIQ / SEEDIQ / SEEJIQ 賽德克族聖（詩）歌禮讚展演暨賽德克族正名十週年慶」。

2018 年 10 月 16，在 TODA 都達基督長老教會召開「賽德克族群區會秋季議會」，討論「3ST 賽德克族聖經翻譯計畫更新案」、「賽德克族群區會與韓國基督教長老會大田廣域老會締結宣教夥伴」。

2018 年 12 月 14 日，在 SNUWIL 史努櫻長老教會召開「賽德克族聖經翻譯座談會」。

2019 年 1 月 28 至 29 日，在淡水基督長老教會，召開「賽德克族群區會第 22 屆春季議會」，決議：先行出版《KARI UTUX BARO SEEDIQ TGDAYA 賽德克族德固達雅聖經》、《KARI UTUX BARAW SEDIQ TODA 賽德克族都達聖經》與《KARI UTUX BARAW SEEJIQ TRUKU 賽德克族德路固聖經》。

2019 年 6 月 29 日，訂定為「PNRHULAN TGDAYA SEDIQ / SEEDIQ / SEEJIQ KUKAY PCT」（台灣基督長老教會賽德克族群區會德克達雅教會宣教 70 週年），並且舉辦系列慶祝活動（分別以兒童、青年、婦女、松年為主題）。Watan Diro 著《TGDAYA 德克達雅教會宣教 70 週

年感恩禮拜記念輯》。

2020 年 8 月，啟動 Kari Utux Baraw Kari Sediq Toda 賽德克族都達語聖經翻譯聖工，由 Watan Diro mtabu 擔任聖經翻譯者。

現今賽德克族人大多信仰基督宗教 / 田哲益提供

七、賽德克與基督宗教的融合過程

日治時期，日人透過武力討伐與撫綏政策，循序漸進的取代部落的領導地位，使得部落成為警察統治的社會。再者，歷來殖民政權皇民化與漢化下的賽德克部落，無疑深化部落群體男尊女卑的觀念。日治時期，賽德克部落經歷皇民化教育的洗禮，農業生產體系的改變，以及強制移居的政策，傳統祭法對賽德克部落逐漸失去的制約功能，這種衰微現象持續到國民黨政權統治，甚至延燒到當今民進黨政權，當基督教勢力進入部落，基督教與賽德克文化對遇，在衝突與相融過程，讓賽德克族文化發生新的變化，基督教跨越了文化的衝突與差異，讓賽德克族的文化展現生機，賦予 waya 制度新的文化內涵，在新的文化處境中開展新的基督教文化。註16

基督教以這種新的姿態活化、創造賽德克族的文化，同樣也是循著基

督教早期擴張的模式，這個信仰群體滲雜多元文化與族群的元素，進入非基督教世界進行跨文化的宣教運動，從部落呈現教派林立的局面來看，可以得知基督教在這方面發展的特色。waya 制度在賽德克族的傳統部落社會，之所以成為部落人民普遍認同和重要的倫理禁忌，主要是在於 waya 是一個祭團的意義，在部落群體中發揮了整合的功能，也就是說，waya 可以說是部落人民倫理生活的準則。隨著歷代以來國族政治的入主部落社會，不斷地弱化 waya 制度的過程，恰好提供基督教得以開展的契機。註 17

以下稍微歸納賽德克基督教碰撞過程，兩個文化相搖相盪過程相融的契機：註 18

（一）外在的因素

1、生態體系的改變：賽德克族將他們的 waya 當作是祖靈遺訓的宗教心靈。必須要透過農業生產所伴隨的各種宗教的祭祀行為，來做為他們對祖靈崇拜表態的基礎，然而，在日治時期由於日本人的理蕃政策，即他們被迫放棄原始部落以山田燒墾耕作的經濟型態，而轉為開始適應從事外來民族所授予水稻耕作的生活，於是，伴隨著粟所舉行的各種傳統生產祭儀的行為，就這樣迫使以宗教因素為基礎的 waya 制度改變。賽德克族生態體系的改變，成為基督教在新的文化處境孕育的基礎。

2、基督教的宣教模式：賽德克族傳統農業生產祭儀的改變，導致以宗教因素為基礎的 waya 制度的改變，這種現象提供給予基督教有得以開展的契機，但是基督教積極地傳教也給予外在強而有力的動力，當時他們面對因為生態體系的改變而導致的一些疾病，而產生急於在宗教裡求得解脫的渴望，然而，他們傳統宗教的巫醫卻無法提供治療這些疾病的功能，而基督教傳道醫療的宣教模式，恰好趁著這種機會，提供給他們解脫疾病和撫慰心靈的能力，這個傳統信仰的弱勢，導致原住民尋找另一個宗教信仰來填補心靈的慰藉。再者，基督教以救濟品來吸納 waya 群體的宣教模式，讓早期先後進入部落的基督教會，發生競爭或是搶羊的現象。的確讓傳教士獲得原住民的好感，但卻不是他們大規模皈依的重要理由。

3、提供自我認同的對象：在日治時期，賽德克族的原始社會，部落和部落或是同屬一個部落間的關係，都呈現互相敵對而造成四分五裂的現

象。這些內部的分裂和衝突問題，在基督教不同教派傳入以後，賽德克族的 waya 制度受基督教影響下，在開放發展下，形成多元教派的局面，也成為 waya 群體集體認同的表徵（collective representation），他們可以自由地選擇自己要參與的教會，為了要獲得部落群體的認同，做為他們新的身分認同的基礎。

（二）內在的因素

賽德克族 waya 制度的改變，基督教積極地傳教固然成為外在強而有力的動力，給予他們在 waya 群體得以開展的契機，但是也不可忽略了賽德克族社會自主性變遷的內在動力，即他們的 waya 制度和基督教信仰的體系，有著一些極為類似的構成因素，而導致 waya 群體容易吸納接納基督教的原因：

1、**宗教的構成因素**：外來文化不斷地侵入賽德克的文化，隨著不同殖民政權的同化政策，waya 制度逐漸崩解是必然的趨勢，同樣基督教也是外來文化的基督教，在台灣宣教歷史的過程，同樣免不了夾載著殖民的心態，並且以邊際性格所進行的宣教模式，何以在賽德克部落快速地成長，成為 20 世紀的宣教奇蹟，原因是 waya 是賽德克部落人民的信仰核心，以「Utux」的「遺訓」所延伸的倫理禁忌，制約賽德克部落的生活。同樣地，基督教的律法／福音是以宗教為基礎，也是循著與賽德克族 waya 制度相同的構成要素，以他們自己的「傳統」和「習慣」，做為社會規範的基礎。

2、**宗教的構成形式**：賽德克族的 waya 制度在原始部落社會發展不同waya 群體的現象，而且參與或是脫離 waya 群體那種相當具有自由的特質，在基督教傳入並代替他們的 waya 制度以後，也同容納了基督教在他們的部落發展不同教派的教會，同時 waya 群體在參加或是脫離不同教派的活動，也同樣沿用了 waya 群體原來自由的原則，選擇他們生命的歸屬和認同的對象，因而形成基督教在賽德克族社會教派林立的局面問題，此外，部落仍然延襲過去 waya 制度所形成的社會狀態，部落之間因著血緣關係或是 waya 群體，waya 群體不斷地分裂和衝突的過程，經常呈現分裂械鬥的局面，終使他們無法有效地產生凝聚的力量。

3、**經濟的宗教因素**：基督教當初以救濟品吸納 waya 群體的宣教模式，

他們在表面看來好像是以物質來迫使 waya 群體就範的行為，但是物質文明在 waya 群體的心靈，不只是基經濟生活的力量，更重要的乃是基於宗教心靈的壓力，因為他們相信唯有同 waya 的人，才能保障他們享有經濟生活共勞互助的權利，並且認為經濟富裕的生活，象徵著蒙祖靈喜悅而賦予的幸福生活。

賽德克族歷經數百年外來殖民政權統治的歷史，使他們原始社會最重要且普遍的 waya 制度，循序漸進地面臨了崩潰的危機，這種現象遠自日本領台以前的清朝時期，漢人文化已經或多或少在開始影響賽德克族的文化，只是在日本統治時期，日本人以高壓的姿態，強迫賽德克族學習他族文化的現象，嚴重地侵蝕了一個民族的文化，不過，所幸這種文化的侵略只維持了短暫的時期。其實，長期以來，持續性侵害賽德克族文化的元兇，莫過於外來的殖民政權，從移民初期的漢人，到近代不同政權，都持續以殖民心態統治原住民社會，換句話說，台灣歷代以來主流社會的殖民文化，逐漸使賽德克族文化面臨全面崩潰的現象。這些結構性的因素，反而為西方的基督教開了方便之門，使基督教順利地在賽德克族部落有得以開展的契機，後來基督教確實把握住了這個契機，積極地在賽德克族的部落從事傳福音的工作，從賽德克部落教派林立的局面，基督教誠然取代了賽德克 waya 制度的社會功能。從賽德克族 waya 制度改變成為基督教的過程因素，不可諱言，基督教固然是加速賽德克族 waya 制度解體元素之一，因為衝突在不同文化交流過程是不可避免的，然而不能忽略是，基督教和 waya 制度間有著一些相同的構成要素，使得基督教也趁機融入了賽德克族的文化，他們在賽德克族的部落注入了新的文化內涵，使部落的社會生活更具有深刻的意義。因此，賽德克與基督教的碰撞是一種融合過程：從因看表面的相同而調和→因看見不同而衝突→因再發現真實的相合而調和。因此，相融是經歷衝突→相合→吸納→變化的過程。註19

有人將台灣基督長老教會初傳成功的原因，歸納為：註20

（1）賽德克族原本就相信 Utux 的存在，因此很容易就接受基督教的神觀。

（2）日治時期後，部落的 waya 呈現崩解現象，在新舊交替、青黃不接的情況下，外來 waya 成為新的集體認同對象。

（3）周玉葉以傳統文化傳達基督教信仰的理念，容易使族人接受福音。

(4) 周玉葉以短歌兼布道的模式，簡單易懂，容易上口。

(5) 賽德克部落好客的精神。

八、基督教對賽德克部落的影響

　　歷史文獻記載，基督教傳入仁愛鄉部落的歷史，大約在 1948 年起，以羅文福牧師為首，先是以巡迴牧師的身分前往仁愛鄉與信義鄉兩個地區的部落，以詩歌布道的方式宣揚基督的福音。後來在 1949 年，花蓮太魯閣部落的基督徒同工，在高添旺牧師的率領之下分成兩組，分別在仁愛鄉部落進行傳福音的工作。天主教傳入仁愛鄉部落是在 1952 年開始，以瑪利諾會賈振東神父為首的傳教工作，先後在仁愛鄉與信義鄉設立教堂。無論是基督長老教會、天主教，以及其他相繼傳入的真耶穌教會等教派團體，除了來自殖民政權的統治力量，基督教迅速地傳入原住民部落，被喻為 20 世紀的基督教宣教運動的神蹟，使人不得不輕忽基督教福音的魅力。部落在經歷不同意識型態的宗教性格洗禮之後，奇蹟式的迅速接受基督教福音，並且成為他們信仰集體認同的對象。移開傳統宗教與基督教的歷史交會點，很多耆老們的口述史料所透露的訊息，皆斬釘截鐵指出：「我們歸信基督教之後，我們才真正的走上和解之路。」從日本介入部落之後的和解元素，發現日警統治下的部落社會，雖然有效遏阻部落之間的敵對局面，然而並沒有完全根除編織在他們心裡，賽德克部落賦予獵首與文面的精神意義，同時也並沒有完全根除部落之間仇恨的心理，這個可以從霧社事件與高砂義勇隊對比獵首與英勇的表現，看出獵首與文面文化外顯的精神意義。還有日人雖然強迫他們舉行埋石為盟的儀式，但是他們還是偷偷在獵區發生一些不愉快的事情。再來就是在霧社事件發生後，部落之間依然存在新仇舊恨、蓄意待發的緊張關係。雖然部落記憶底層還沒有完全撫平他們內心的傷痕，但是從基督教介入部落的和解元素，雖然進一步帶給他們內在更新的力量，但是部落基督教會教派林立的局面，雖然再次讓傳統部落以儀式群體為單位，族人可以各自歸信教派團體，再次體現傳統部落社會互助合作與分享友愛群體的關係，然而，部落社會教派林立的現象也帶來分裂的危機，各個教派之間因為不同的信仰傳統，逐漸地開始萌生你我有別的心理。換句話說，部落主義式分類械鬥的情結，似乎隱約再度浮現

在部落生活的各種層面，例如：遇上中央與地方政治領袖選舉時，政治人物經常利用教派之間你我有別的心理，重現部落分類械鬥式的政治角力運動；靈恩運動崇尚英雄主義領導模式，經常利用上帝的名化身成為上帝，剝奪上帝的主權，並且使役上帝的靈行出神蹟異能，間接地將靈恩運動的領袖推崇成為神聖的地位，導致教會內部產生更嚴重的分裂危機，這些都是跟部落主義式分類械鬥的情結有關係。從以下部落基督徒的耆老們的歷史經驗，呈現日本殖民統治與基督教介入部落之後的和解元素，從中可以發現，一個部落社會自我身分認同的流變過程，日治時期他們從部族逐漸地形成國家觀念，並且透過天皇意識型態的宗教性格，形塑他們的國家認同成為皇國子民，甚至抱著甘願為天皇而死的心理，例如，Tadaw Nabu 在參加第六回高砂義勇隊，面對日本母國即將落敗時仍然抱著為天皇而死的心理，以及一位真耶穌教會初代教會的信徒 Pasan Utaw，他在敘述真耶穌教會與基督長老教會之間差異的時候，稍微點出兩個教派因為彼此之間的信仰傳統不同，不知不覺產生你我有別的 Kaalang（含有敵意或是鄙視之意）心理，這些都是部落社會所潛藏的分裂危機。註 21

九、賽德克族天主教之傳入

在第二次世界大戰終戰後，天主教及其他教派開始影響賽德克部落教會的發展，而影響最深的就是天主教。其中主要有兩種方法，使當時原本是長老教會的信徒改信天主教：

（一） 天主教並不禁止人喝酒、抽煙，而基督教則有這項禁忌，因而許多人為此而改教。

（二） 當時適逢戰後缺乏糧食之際，貧窮及挨餓的情況很普遍，而天主教利用食物及衣物等救濟品使信徒改教。

這兩個原因在 1952 年傳入台灣中部的山地，比台灣基督長老教會晚到了三年的時間，使原來都是歸信台灣基督長老教會的信徒，大部分又被吸納成為天主教。直到現在，眉溪、清流以及中原三個 Tkdaya 部落，以天主教居多，派去中原與清流部落的傳道人 Pering Tado 與 Walis Lubi，雖然都是來自眉溪部落的人，但是他們與中原、清流部落的許多人，有親戚關係，使他們在該區的傳教工作引起很大的迴響。其次，台灣基督長老

教會在眉溪，是以郭秋金宣道師的家族為主，中原與清流則是以高德明牧師與高友正宣道師的家族為主。由日本傳入的聖靈教會僅只一間在眉溪部落，以黃春華的家族為主。他從天主教的傳道人改教成為聖靈教會的牧師。中原部落新村的外圍設立一間安息日會，因為基督長老教會位於核心位置。該會的創設大約是在部落遷到該區五十年之後，當前教堂雜草叢生，看來已經荒廢一段時間，教會成員僅是一、二個家族。另外，佛教的日蓮宗是中原部落新興宗教，該宗教是由在外工作的族人介紹到部落，主要是用日語誦經，聚會地點在台中，信徒主要為漢人。目前該教團的聚會主要地點在中原口的張明華家中聚會。從 Tkdaya 部落宗教現況呈現教派林立的局面，這種現象雖然遭來很多部落人民，指控基督宗教是部落整合的元凶，其實，從整個台灣歷史的脈絡來看，持平而論，從消極層面只能將它視部落整合的元凶之一，最大的元兇應是歷代以來，不同國族政治的殖民政權的統治政策，介入部落所造成前所未有的戕害。另外，在談不同宗教與文化的對遇時，絕對不能單從消極面來解讀不同宗教文化交融後的現象，必須從深層結構探討相融過程，內在與外在因素所造成衝突與刺激，對原住民社會帶來什麼新的意義。不過，從 Tkdaya 部落的宗教現況，基督宗教在原住民社會發展過程，大部分都是循著幾個部落家族歸信主的模式進行，也就是說，以親戚關係為導向的信仰型態呈現。其實，許多人的宗教信仰具有流動性，即最初可能是長老教會；天主教傳入後，改向天主教；聖靈教會創立後，又改信聖靈教會；天主教沒落後，又回到基督長老教會。當今隨著一些新興教派，甚至漢族民間宗教進駐的狀況，宗教流動性更頻繁與複雜。其實，婚嫁在選擇教派屬性上扮演決定性因素，通常以男系的宗教信仰為主。這可以從 Tkdaya 部落與基督教的對遇，兩個家族的信仰史中稍見端睨。註 22

十、賽德克族祖靈信仰轉換成聖靈信仰

在賽德克族的宇宙觀裡，有二個重要的生命觀念，跟族人息息相關，即 waya 社會規範以及 Utux 信仰。註 23

所謂「waya」，就是一種社會規範，是賽德克人的日常生活、風習俗慣的誡律，觸犯「waya」，如同觸犯禁忌，可能受到祖靈懲罰。而遵守

「waya」的人，將受到祖靈的庇佑。所謂 Utux，就是一種超自然的傳統祖靈信仰。一個人觸犯 waya，可能會受到 Utux 的處罰。一般而言，台灣原住民各族的現代信仰體系中，以基督教長老會和天主教為最多，另外有真耶穌教會等。此外，仍持傳統信仰及漢人民間信仰者亦有少數，而在平常生活裡，原住民各族傳統信仰裡的部分「禁忌」仍是被遵守。賽德克族有部分地區，在日治時期便已接觸到西方基督宗教，但西方宗教進入賽德克族社會被其接納，主要是戰後時期，包括天主教、基督教等各教派，現今大多數的賽德克族人都已是各派教會的教友。也因新宗教的進入，賽德克族各項傳統信仰、祭儀開始逐漸被捨去及遺忘。太魯閣族是台灣第一個接受西方宗教信仰的原住民，當代的族人多信仰耶穌，只是每人選擇的教派並不全然一致。每個太魯閣部落內總是有一間以上的教會，包括基督教長老教會、天主教、真耶穌教會等。而耶穌信仰不止成為族人重要的宗教信仰，而且教會進而成為族人日常生活作息的一部分。例如，每週三晚間家庭禮拜，禮拜五在教會舉行祈禱會，禮拜六青少年、青年會的詩班、團契或聚會，以及禮拜日整個部落族人從青少年到老年全部都上教會禮拜，再加上教會不時舉辦各系列活動，因此，一個信仰虔誠的族人，他的日常生活已與教會息息相關：基督宗教進入部落之後，大多數族人都改信基督教長老教會，並在部落中蓋草屋禮拜堂。也因此，長老教會傳教成功的原因，可歸納幾點：註24

（一）由於賽德克族傳統的神靈信仰，原本就相信 Utux（神靈）的存在，因此很容易接受，把 Utux（神靈）轉化 Utux（上主）。

（二）日治時期，部落原來的 waya 系統的瓦解，擔心遭 Utux（祖靈）懲罰，才轉化為 Utux（聖靈）。

（三）主要因素之一，還是早期宣揚福音開拓者的功勞，如來自花蓮的宣揚者 Kumu Lowsing 用母語宣教，同時把福音改編成兒歌的宣揚方法，才把 Utux（神靈）轉化成 Utux（聖靈）。部落族人面對基督信仰，以傳統語彙來詮釋基督信仰內涵是傳教成敗的關鍵。基督宗教的「神」（Utux）觀與賽德克傳統的 Utux（神靈）信仰如何連結與轉換，早期的宣揚者 Kumu Lowsing 巧妙運用 Utux Baraw（天上的神靈）和 waya 觀念來宣揚福音，容易讓族人接受，同時部落傳統 Utux（神靈）又與基督信仰中的「上主」（Utux）觀相連結，也能夠讓族人容易轉換早期傳統信仰。註25

十一、賽德克族與基督宗教的生命倫理與思想

　　賽德克族的生命倫理與基督徒的生命倫理為何？賽德克族的 waya kndusan（生命倫理）內涵中，包含編織之神與人的關係、人與人的關係、人與世界的關係（大自然、大地、土地……受造物）。賽德克族與基督信仰的生命倫理是相同的，賽德克族人生命倫理的態度與《舊約聖經》時代的「約」的倫理是一樣的，也就是「誡命式的倫理」，皆以律例典章、道德規範、法律來設定行為的準則與規範。對應於《聖經》教導指出：〈申命記〉4：39-40：所以，今日你要知道，也要記在心裡，天上地下，惟有耶和華他是上帝，再沒有別的了。我今日吩咐你的律例誡命，你要遵守，使你和你的後裔可以得福，並使你的日子一直在耶和華——你上帝賜你的地上得以長久。註26

　　賽德克族基督徒的倫理思想為何？新約時代耶穌的信仰論述與行為，都在教導以愛關顧人的身、心、靈、魂、體整全生命之關懷。基督信仰是整全的倫理、是積極性的倫理、是情境倫理，這是救贖主耶穌基督對於生命倫理的教導。信仰成熟的基督徒，必須要有足夠的信仰知識與正確的價值判斷，且以屬基督徒的倫理生活，才不致身陷於「屬靈征戰、衝突、疑慮」之不安的生活中。我們當代的賽德克族基督徒，當充分瞭解民族倫理文化內涵，並且更認識基督信仰的生命倫理，兩者相輔相成，前後相互對應，活用於生活倫理中，必能合上主心意，蒙恩得福！對應於《聖經》教導指出：〈羅馬書〉12：1-2：所以，弟兄們，我以上帝的慈悲勸你們，將身體獻上當作活祭，是聖潔的，是上帝所喜悅的，你們如此事奉乃是理所當然的。不要效法這個世界，只要心意更新而變化，叫你們察驗何為上帝的善良、純全、可喜悅的旨意。註27

註釋

註1　Watan Diro《賽德克族文化與福音轉化》，台南，財團法人台灣基督長老教會台灣教會公報社，2020年9月。

註2　温毓禎〈原住民文化與當代信仰之共生共存——以台東地區Bunun改宗一貫道為例〉。

註3　同註2。

註4　德米娜‧生活〈南投縣賽德克族眉溪部落環境規劃設計〉。

註5　林宸儀、徐尚靈〈重返波瓦倫廬山部落賽德克族生活文化場域規劃設計〉，朝陽科技大學景觀及都市設計系畢業專題，2015年6月。

註6　同註4。

註7　郭明正〈認識賽德克族〉，國立仁愛高農《中投區輔導中心學校辦理105年度教師認識原住民文化研習手冊》，105年11月29-30日。

註8　陳雅丹〈賽德克族的Utux信仰〉，《KARI賽德克豐盛的話語》，2019年3月，頁68-69。

註9　吉娃思巴萬（Ciwas Pawan）〈賽德克族廬山部落歷史〉，2019年10月31日。

註10　姑目‧荅芭絲（Kumu Tapas）〈賽德克與基督教碰撞的信仰景觀——以Tkdaya部落為例〉，《玉神學報》12期。

註11　同註10。

註12　同註1。

註13　同註1。

註14　同註1。

註15　同註1。

註16　同註10。

註17　同註10。

註18　同註10。

註19　同註10。

註20　同註10。

註21　同註10。

註22　同註10。

註23　同註8，頁70。

註24　同註23。

註25　同註23。

註26　同註1。

註27　同註1。

第十一章
Chapter 11

基督宗教對賽德克族文化之積極關懷

花蓮山里部落賽德克少女 / 田哲益提供

一、教會可以參與公共事務嗎？

教會參與公共事務（議題）的立場為何？例如：國家認同、土地正義、政治關懷等，教會應基於基督信仰，熱心參與部落與國家公共事務。

二、教會曾參與那些公共事務？

教會曾參與賽德克族正名運動、賽德克族部落不公義之公墓取掘議題、九二一大地震賑災、各樣天災之救災、反核運動、推動乾淨選舉、牽手守護台灣、原住民族土地——原保地與傳統領域劃設辦法議題、台大農場侵占賽德克族土地正義議題、賽德克族部落飲用水資源汙染議題、部落公法人——敦促設立各部落議會等公共事務。

花蓮賽德克族基督長老教會道賽教會／田哲益提供

三、鼓勵教徒參與公共事務？

參與公共事務，會產生對土地與自我的認同感、保護家園使命感，成為部落／社區守望者。我們當以基督信仰為出發，省思週遭環境，鼓勵教會信徒熱心參與公共事務。

四、民族國家認同？

賽德克族是上主所賜予並具有主體性與生命共同體，有歷史、語言、文化，民族認同是理所當然。台灣原住民族是台灣國家的主人，是上主應許台灣原住民族之「迦南美地」；如同上主應許亞伯拉罕與以色列人之迦南流奶與蜜之地。（Lntadan，出埃及記3：1-10）我們要靠著上主所賜的大能大力突破得勝，以祈禱的心，付諸實際行動，關心台灣國家前途。對外誓言捍衛台灣主權，對內則爭取實現真實之原住民族自治去殖民化，並落實「國中有國之新夥伴關係」。

五、當代教會應積極參與公共事務的理由

當代教會基於以下幾點理由：

（一）原住民族土地正義、歷史正義、語言正義、文化正義、促進真實和解。

（二）恢復賽德克族象徵自我民族認同、尊貴、榮耀的傳統族語名字。

（三）以基督信仰轉化當代部落與民族文化祭儀。

（四）政治關懷與參與：乾淨選舉救台灣、關心台灣國家與原住民族之政治、多元經濟文化產業等公共事務。基督徒有責任杜絕惡質選舉與賄選行為，當積極推動乾淨選舉救部落之行動。馬丁路德金恩牧師說：最大的悲劇；不是壞人的囂張，而是好人的沉默，不關心政治的懲罰，就是被糟糕的人統治。這是對於當代基督徒參與公共事務最好的提醒。註1

對應於《聖經》教導指出：〈彌迦書〉6：8：世人哪，耶和華已指示你何為善。他向你所要的是什麼呢？只要你行公義，好憐憫，存謙卑的心與你的上帝同行。〈阿摩司書〉5：24：惟願公平如大水滾滾，公義如江河滔滔。〈箴言〉15：27：貪戀財利的，擾害己家；恨惡賄賂的，必得存活。
註2

註釋

註1　Watan Diro《賽德克族文化與福音轉化》，台南，財團法人台灣基督長老教會台灣教會公報社，2020 年 9 月。

註2　同註 1。

第十二章
Chapter 12

賽德克族婚姻禮俗與基督教化

在婚姻（msturung）制度上，賽德克族的婚姻為一夫一妻制度，在 gaya 族律的婚姻規範中，禁止同居、婚外情、未婚生子等違反祖訓的男女異常行為。

賽德克族屬於父系社會，家庭乃至社會的互動模式中，一對男女結婚後，共同分攤家計生活，家庭的工作分工中，狩獵為男性的工作，織布為女性專職外，除了較粗重的工作外，其他部分的事務與工作，並無男、女兩性強制分工，目前幾乎很難細分一定屬男性或屬女性的生計工作。賽德克族雖屬父系社會，但很多現象卻顯示賽德克族女男平等的平權社會。

一、賽德克族近親不婚

　　早期青年男女婚姻的促成，幾乎都是長輩決定，若有男女主動交往者，沒有經過長輩的同意，是不被認可與祝福的。

　　部落雖設有聚會所，可以讓青年男女談情說愛，如果父母不答應，也不能違背父母。

　　早期部落的形成，幾乎是從一個家族開始拓展繁衍，要娶妻或出嫁都必須到別處部落尋找，避免血緣太近。

　　賽德克人的命名方式為子父連名，以吉娃斯巴萬 Ciwas Pawan 為例，Ciwas 為本名，Pawan 則為其父名。族人的出生命名代表著對祖先的記憶，將好的意涵（如：善獵、勇敢、公正、長壽等）傳承與延續，能因為沿用其名而得到好的庇佑。在婚前，賽德克族的適婚女子可有許多追求者，但最後求婚成功的男性，會是追求過程中不曾放棄，且常到女方家中幫忙，以博得好感者。此外，早期賽德克族的長輩多半希望晚輩能於婚前將交往對象帶回家中，確認對方家族族譜的名字，以免觸犯「近親不得結婚」的規範。註1

二、賽德克族婚姻的故事

　　關於織布，在賽德克流傳著這樣的傳說：據說，如果一個婦人在路上撿到別人掉落的麻線，將來她在懷孕時，腹中胎兒會被麻線綑綁住，導致難產。因此，婦人若是在路上撿到麻線，必須將之懸掛在樹枝上，失主發現時將會祝福這位拾遺不掇的人，並且給予深厚的祝福。註2

　　對賽德克族來說，文面與他們的價值觀、生活方式、宗教息息相關，早期，沒有文面的女子是很難結婚的，因為根本沒有男子會追求和愛上她。但是要獲得文面的資格，必須要善於織布和紡織衣服，提供家人溫暖，也要嫻熟農事家務。男子則必須擅長狩獵，提供家庭肉類蛋白營養，因此文面是賽德克族最重要的文化象徵。文面前如果有過性行為，就必須請文面師進行除厄的儀式，否則文面後，可能會皮膚潰爛、大病難癒，甚至死亡。

三、基督宗教與與傳統結婚禮俗

　　未婚懷孕者可以在教會舉行結婚禮拜嗎？早期的社會和教會，因在乎顏面和信仰，較反對未婚懷孕者進入教會舉行結婚禮拜。總希望要結婚應重視人的整全，最好是堅持到結婚那天之後，將自己托負對方。因著福音的緣故，教會可以依雙方家人的意願給予接納，但是，牧師可以給予信仰的教導，給予正確的婚姻信仰觀點。其次，可以依循傳統賠禮方式，或是殺豬，即為 Pstuq kari、mapa waya / mapa gaya（登門賠禮）方式。但是，要轉化並且教導。血即代表生命，可以透過主的血潔淨他們超友誼的關係，並讓雙方結婚人虛心謙卑、認罪悔改。教會不應拒絕犯錯的人來到教會舉行婚禮，教會要給予接納和祝福，凡事以榮耀上主之名為尊。可以保留賽德克族傳統婚禮儀式：（一）殺豬。（二）迎娶。（三）婚宴：但不宜鋪張。當代基督徒以基督信仰儀式結婚，具有三種意義：（一）在上主與眾人前誓約。（二）接受祝福。（三）婚宴。將傳統婚禮轉化為基督信仰方式進行，使福音與文化在基督裡生命連結，以榮神益人！對應於《聖經》教導指出：〈約翰福音〉14：18：我不會撇下你們為孤兒，我必到你們這裡來。〈申命記〉29：14-15：上主不但與你們訂這約，立這誓，他也和我們今天站在他面前的人以及沒有出生的子子孫孫立約。註3

原住民現代基督宗教婚禮 / 田哲益提供

四、賽德克族殺豬文化

賽德克族對豬與祖靈之間的崇敬信仰觀與價值觀,可從婚、喪、喜、慶裡,皆以豬隻做為與祖靈間的媒介物所見。為何賽德克族各項活動中,必須以豬做為吉祥物?一是因他們在心靈中,希望透過「殺豬見血」後,締結對人的生命及土地的認同與歸屬感;其次,是他們希望透過豬肉中的血湯、內臟,分享生靈間的平等與尊嚴,以轉化他們對人類世界的恩怨情仇為生命的轉機;三者,則是希望在分食豬肉的時刻,分享祖靈對他們所賜予的生命有其規範、責任、義務,以及對人類的愛與分享作有恆性的價值與判斷,並體驗到生命是有它存在的意義。註4

五、賽德克族殺豬文化之福音轉化

殺豬的意義為何?婚禮要殺幾頭豬呢?殺豬的意義:是對於上主的感恩、尋求赦免,對於人是指饒恕、接納、賠補與和解、分享恩典,建立美好關係。殺豬在傳統上更是應用於結婚、喜慶或家裡有重大事件,家族成員共同投入殺豬儀式。信主之後,奉主耶穌的名參與傳統儀式,儀式可由牧者或部落耆老帶領;且當奉主耶穌基督的名來開始、進行與結束。賽德克族傳統婚禮一般只殺一到二頭豬;著重於雙方協調接納達成共識結連關係,因此不在於豬隻數量多寡,大家族則可酌情考量。對應於《聖經》教導指出:〈創世記〉13:4:建了祭壇的地方;他就在那裡敬拜上主。〈利未記〉27:34:這些條例是上主在西奈山交給摩西向以色列人頒布的。註5

六、台灣原住民族殺豬文化

豬與人的關係由來已久,狩獵採集民族,追逐山野中的豬隻,豬肉是人類蛋白質的主要來源之一。自新石器時代以來,人類豢養豬隻的時間長達萬年以上。豬隻雖是自然物,經過不同文化的認定,豬隻成為人為物,是物質文化的一部分。豬隻的存在與使用,體現與形塑殺豬者與使用者的

思考與認同模式。註6

　　殺豬是原住民傳統生活文化的重要一環，尤其殺豬以及分豬肉，就是一大學問。殺豬文化是原住民族的特色之一，傳統文化對族群認同的影響是深遠的，以傳統來說，台灣原住民族「殺豬」文化，有許多背後的意義，包羅萬象，大至舉辦祭典、和解儀式或結婚，小至女婿孝敬老丈人，都會「殺豬」，這是源自早期原住民社會的習俗。殺豬分享還有一個重要的功能就是藉著「殺豬」贖罪、除穢、祭祀等。

　　舉凡所有民族的歷史發展，都離不開與神靈的關係，不論有無發展成為宗教，在與神靈的交通上大抵離不開獻祭的行為。在這樣的基礎上，各民族各自發展出屬於自己的文化模式。不論何種民族，都重視禮法。《禮記》中說到：「命祀山林川澤，犧牲毋用牝。」然而，對台灣原住民而言，豬做為「犧牲」，自有其社會價值及文化意義。對先民來說，神靈始終是生活、生命的重心，取悅神靈是出發點，其衍生的意涵就是感恩、祈求，然後具體的表現在生活中，就成為祈福、成年禮、成婚禮、道歉、致謝、除咒等祭儀。註7

　　以布農族的殺豬文化來說，將豬隻分配成一份一份的，除了內臟是共食外，每一份都有豬隻的各個部位。豬的骨頭和排骨也都是要平均分配的，至於豬的內臟、腸子、肝臟、肺臟、心臟等，是大家共食的。婦女用大鍋煮，分配完豬肉後，大家就宴餐，豬的內臟就是最主要的菜餚，還配米酒、保力達、啤酒等飲食。吃完後大家就各自散開。

七、殺豬文化婦女的角色

　　以阿美族為例：婦女的空間結構所要凸顯的，是婦女在殺豬場域裡並非是被排斥的，或是與男性的場域有所分別，在殺豬場域裡是男性與婦女要一起參與及完成這項殺豬的活動，如果缺少了女性的角色，相對的，殺豬活動就不能完成。我們可以把這樣集體性的勞力方式稱為「共同生產」、「共同合作」的模式；因為是一起來完成的，所以其結果並非是個人的，因為個人在生產的過程當中，有義務或責任協助別人完成其工作，就像所謂的「換工制度（malapaliw）」，每個人並非獨立的個體，而是把自己放在群體當中活出其價值。註8

八、原住民殺豬文化之類型

（一）**祭儀殺豬**：有些族群在舉行祭典儀式時會殺豬，做為中餐宴客共食，或烤肉大家一起享用。

（二）**結婚殺豬**：台灣16個原住民族中，部落裡還保有結婚嫁娶都要殺豬的傳統習俗，嫁女兒、娶媳婦當然都要殺豬，這是傳統習俗。

原住民過去的習俗，男女交往是很嚴謹的事情，要結婚的男女須透過「殺豬」的祝福儀式，才能夠獲得神靈保佑，雙方家庭都會受到好的影響，這是敬畏神靈的表現。如果沒有舉行這種儀式，耕作或狩獵不會有好的收穫，沒有神靈的賜予，是因為沒有舉行「殺豬」的祝福儀式。

男女婚前，親戚朋友聚在一起，殺豬分食豬肉，就是「祝福」即將成為夫妻的男女，希望他們能夠彼此真心真意的交往，互相扶持、體諒、相愛，一直到未來，不要彼此傷害造成遺憾。這也就是「殺豬分食」的主要目的，也希望藉此，男女雙方的家庭都能平安順利。

以「殺豬分食」的儀式，表示告知親戚朋友有女要出嫁的意思，並給予祝福。

（三）**宗親會殺豬**：例如，阿美族家族宗親會、布農族氏族宗親會（據知在信義鄉有辦過田氏、金氏、全氏、松氏等氏族宗親會），除了宴會外，都會殺豬分食。分食的過程有其秩序性及規範性，也藉此方式來建構彼此的關係、關係的發展、親屬關係的重建等。

在阿美族分食的過程中，象徵著一種「關係存續」的證明，因為分到豬肉才可以確保自己是這個家族或組織的一員；在現場裡，每個人都會拿到豬肉，而不是這個家族或組織的人員，雖然參加了也會分到豬肉，但分到的豬肉，與一般家族的人分到的豬肉是不同的意涵，因為是禮貌上給予他這份豬肉，但並不是認定他是家族或組織裡的一份子。註9

（四）**和解儀式殺豬**：賽德克族、太魯閣族、泰雅族等三族文面民族，都有和解的儀式，例如獵場、部落土地被侵犯，就會殺豬舉行和解儀式，藉以重新釐清或釐訂獵場、部落土地的範圍。部落之間發生衝突，也以殺豬儀式來和解。

（五）**喪禮殺豬**：在台東泰源部落阿美族有喪禮殺豬者，

（六）**慶賀殺豬**：當兵入伍、退休、生日、滿月、落成、買新車、買房

子、買土地、競選等值得慶祝的事情，都會殺豬。

（七）**治病殺豬**：請巫醫治病，一般以雞供祭，若是嚴重的病患則以豬供祭神靈。

（八）**贖罪殺豬**：在太魯閣族，男女發生超友誼關係，被女方父母或親戚發現，就會要求男方殺豬贖罪，並且要將女子娶回男方家。

（九）**除穢或除祟殺豬**：部落發生重大傷亡或意外，認為惡靈鬼魂所為，殺豬祭祀神靈以為除穢或除祟。

（十）**除瘟疫殺豬**：部落發生重大流行性疾病，殺豬祭祀神靈以防止瘟疫繼續蔓延。

（十一）**小孩成長禮殺豬**：在布農族有「小孩成長禮」殺豬的儀式，當小孩漸漸長大，到了五、六歲的時候，已經確定可以成活，就要舉行「小孩成長禮」殺豬的儀式，送豬到娘家，感謝娘家氏族之靈保佑孩子成長。若小孩子夭折，就不必舉行「小孩成長禮」了，表示娘家氏族之靈沒有盡到保佑孩子成長（成活）的責任。

原住民歸寧感恩宴／田哲益提供

九、原住民傳統和解儀式

「和解儀式」，是原住民重要的傳統儀式與習俗之一。原住民族各族或各部落面對衝突時，皆有其不同的和解方式，致使其社會繼續保持和諧共存。「和解」，簡單的說，就是和談，是處理衝突的方式。具有解決糾紛，雙方停止爭執，歸於和平相睦的作用。台灣原住民各族群間都有傳統和解、賠償或補償之慣習與規範、儀式。

和解相關詞彙：阿美族：misayfang、malali'ay、sanag'ay nga'ay han to 、makakanga'ay、hahayom、misacaciyaw、fan'ngafan。　泰雅族：sbalay。布農族 indadu、pakasial、pinsial、patuhavit、dadu havi。拉阿魯哇族：arukavacangu。卡那卡那富族 'arupakamamanʉn。噶瑪蘭族：simpasepaw、simqanengi。排灣族：maljavale、malasudj、markanangua。……卑南族 madrayadrayar、manureges。魯凱族：makakadalru、walrangale、marathudo、abakamanimani takarasdu、ma'isodhalrodhalro、ta'adaw / tapaowane。　賽夏族：SaSiyoS。撒奇萊雅族：Wahicanaca。賽德克族 dmahur、skmalu、sbalay。　邵族：paqaqitan ita ya thuini。太魯閣族：psbalay、psbalay kari、psblaiq、sblaiq。鄒族：tousxseomʉ、exsouseomx、tososeomx。雅美族（達悟）：pipabobohen vazey。註 10

各族群處理衝突的和解方式：註 11

(一) **阿美族：**調解者：頭目。和解賠償物：小米、糯米糕、釀酒、豬、牛、織布、宴客；牛的內臟為祭告祖先用。談判處：家族事件在最大長輩家、部落事件在集會所。

(二) **泰雅族：**調解者：頭目、耆老、勢力者。和解賠償物：米酒、豬、牛、雞、醃肉、織布、地。需要用活物的血見證，來清洗衝突。談判處：家庭衝突一般在被冒犯者家中，部落、家族間的衝突選在公共空曠地。

(三) **布農族：**和解賠償物：釀酒、雞、豬、槍，依衝突事件輕重而有不同。跨獵區捕獲獵物：留下獵物較好的部分，例如：後腿做為補償。交換信物：通常為隨身珍寶，女性為鐮刀、男性為佩刀。

(四) **拉阿魯哇族：**調解者：頭目、輩分高或有聲望者。和解賠償物：

豬、土地。

（五）**卡那卡那富族**：和解方式：疊石頭為界線、幫忙工作。和解賠償物：家裡養的動物（例如：豬）、抓的魚、年糕、餐宴。

（六）**噶瑪蘭族**：調解者：頭目、村長、耆老。和解賠償物：釀酒（甜酒）、豬，或按損失賠償。

（七）**排灣族**：調解者：頭目。和解賠償物：檳榔、菸、釀酒、小米糕、豬、立柱、陶壺、鐵耙、大鐵鍋、琉璃珠、土地。談判處：頭目家、祖靈屋。跨獵區捕獲獵物：留下獵物較好的部分，例如：後腿及肝臟做為補償。

（八）**卑南族**：調解者：長老。和解賠償物：糯米糰、雞酒、檳榔、米酒、肉、牛。

（九）**魯凱族**：調解者：衝突雙方的耆老、頭目。和解賠償物：酒、連杯、鍋子、槍、地、家豬、獵頭。用聯姻方式 解決對立。

（十）**賽夏族**：調解者：部落最年長的人。和解賠償物：米酒、雞、豬（非常嚴重）。談判處：通常在河邊，會殺動物放血，等於洗淨、化解糾紛。

（十一）**撒奇萊雅族**：調解者：頭目。和解賠償物：牛（最嚴重的懲罰）。

（十二）**賽德克族**：和解賠償物：釀酒、雞、豬、山肉、地。和解方式：殺雞的血，代表錯誤隨著消解。埋石確立地界。談判處：在被冒犯者家或協調者家中。

（十三）**邵族**：調解者：中間人。和解賠償物：釀酒、羊、鹿、山豬、餐宴。

（十四）**太魯閣族**：調解者：大衝突會請頭目調解。和解賠償物：酒、豬、雞、鴨、獵頭、地。和解方式：疊石立誓、共食、拿刀刺水。

（十五）**鄒族**：和解賠償物：釀酒、豬。和解方式：協助蓋 kupa（會所）、聯姻。獵物衝突：獵物還給主人，由主人重新分配獵物。

（十六）**雅美族（達悟）**：調解者：公認的公正者、意見領袖。和解賠償物：豬、珠寶、瑪瑙、金片、水田。

（十七）**凱達格蘭族**：推選頭人代表處理和解事宜，個人事件會殺豬做
　　　　賠禮，土地事件會有祭告祖靈儀典。凱達格蘭族：多元方式解
　　　　決爭議，例如：個人衝突以公開辯論方式，夫妻衝突則以打破
　　　　家中器物方式，盜竊則以占卜方式，落內群體爭執則以音樂競
　　　　賽方式。

（十八）**巴宰族**：至頭人家進行調解，不用特別帶東西。

（十九）**西拉雅族**：部落長老陪同道歉，和解賠償物品通常為椰子苗、
　　　　檳榔苗、檳榔、菸、雞、豬、牛。

（二十）**馬卡道族**：和解賠償物品通常為小米、菸、豬肉。

（二一）**大武壠族**：至廟裡罰碗盤、作戲、罰遮雨棚，或按損失賠償。

（二二）**平埔族群東區**：大庄人：埋石立約。

十、賽德克族埋石立約

　　部落族群若因戰爭致使大聯盟潰散，有需要重新組合成同一 Waya /
Gaya 的集團同盟時，必須召集各部落頭目、勢力、長老開會決議，並請
祭司參加，祈求祖靈按 Waya / Gaya 共同的規範，重新埋石立碑，以告示
後輩遵照遺訓，不可違背。1997 年 11 月 12 日，由瓦歷斯‧貝林立法委員
與林春德省議員等，所辦理的霧社族群（德固達雅群十二社）文化尋根暨
莫那‧魯道紀念活動，重新選出各部落的頭目，每年召開此群大會，並宣
示遵照傳統的習慣埋石為碑，以表達對 Waya / Gaya 同盟集團的尊敬與支
持。同時在尋根埋石立約的活動之中，注明如下典故：「相傳：賽德克人
的祖先，是從一塊叫做『博諾彭（Pnlngebung / Bnbung）』的石頭迸出
來的；這塊石頭的位置，就在今天中央山脈的白石山上。過去，賽德克族
人一直都過著燒耕狩獵的生活，經常的遷徙部落，而總會在部落的『火爐』
底下，埋下石頭，以昭告祖靈。將近百年前，部落與部落之間，經常因為
爭奪獵場，引起紛爭；各社長於是會同現在眉溪部落西南方的界山，埋石
立約，約定彼此各擁獵場，從此和平相處。緣於賽德克族人的傳說和歷史
的源由，『埋石立約』一直都是賽德克人的最具效力的盟約，它象徵著誠
信、誓言、守諾，並以此昭告祖靈。」此種賽德克人以立石為碑的祭儀活

動，在其他賽德克人的戰爭中，也是以此方式昭示族人，信守族群同盟共同所立下的 Waya / Gaya，違法者將受祖靈的踐踏及同族群的追逐殺戮，是一件值得發揚的生活儀事。註 12

十一、賽德克族聘禮

一般結婚是部落最熱鬧的時候，也是男女暢飲通宵、歡樂跳舞之時，以前的聘禮簡單樸實，只有飯鍋或農事器具。男方要送豬給女方，殺豬分肉時，依親屬多寡，由長者輪流分肉，並用竹條串肉，各人帶回。男方家族較富裕者，還會做年糕分送給親戚家，類似現今的喜餅。而新娘的親戚，都會送「布」當贈禮給新娘，「布」贈送的數量越多，新娘在婆家越有身價。註 13

十二、祭祀或婚宴廣場

賽德克族有些部落設有祭祀或慶典廣場，如盧山部落。據引述：「盧山部落後山平台，在日治時期曾是神社，現此地多為族人舉行婚宴、聚會、交流等活動，後山平台曾是日治時期的日本神社，目前已成為閑置空地，族人多在此舉辦婚宴等活動，其四面景觀極佳，緊鄰母安山（瞭望台），族人認為此塊地利用價值極高，適合做為推廣部落傳統文化重地。」
註 14

十三、賽德克族婚姻之歌曲

〈**愛與家**〉（Unalu roi tnsapah）
中文詞曲：Emi Hweymin（艾蜜惠民）

愛情是我們追求的目標，而家是依靠，

主的愛，讓我們相遇永不分離，

走在紅地毯那一端，主已賜福我們兩人成為一體，

建立家庭生命，是燭光、恩典，永遠不分離。

耶穌是磐石，基督是真理，永遠守護愛情誓約，

耶穌是磐石，基督是真理，一生守護家庭誓約。

註釋

註 1　吉娃思巴萬（Ciwas Pawan）〈賽德克族廬山部落歷史〉，2019 年 10 月 31 日。

註 2　台灣原住民族資訊資源網。

註 3　Watan Diro《賽德克族文化與福音轉化》，台南，財團法人台灣基督長老教會台灣教會公報社，2020 年 9 月。

註 4　沈明仁〈豐美的賽德克族文化〉，2006 年 1 月 11 日。

註 5　同註 3。

註 6　王嵩山〈台灣民族誌——豬的社會文化意義〉，《國立自然科學博物館館訊》190 期，2003 年 9 月。

註 7　伍麗華〈從文化檢視殺豬祭儀〉。

註 8　同註 6。

註 9　同註 6。

註 10　〈原住民族衝突與和解〉，《原住民文獻》41 期，2019 年 12 月。

註 11　同註 10。

註 12　同註 4。

註 13　賽德克都達社生命禮俗網站。

註 14　林宸儀、徐尚靈〈重返波瓦倫廬山部落賽德克族生活文化場域規劃設計〉，朝陽科技大學景觀及都市設計系畢業專題，2015 年 6 月。

第十三章
Chapter 13
賽德克族喪葬禮俗與基督教化

一、賽德克族守喪烤火

　　早期守喪時，一定會起火烤火，並且不能讓它熄滅，不斷地增加木材，讓火燒得更旺，這樣的習慣到現在都還在用。雖然時代改變了，還是不能忘記用燒火來守喪。在烤火的時候，一般不能找很乾的木頭，要找有點濕的木頭，才有木炭，要讓它燃燒時會產生很多的煙，所以老人說，當我們在烤火的時候，有很深遠的含意，第一是一起守靈，守靈的人跟喪家的關係會越來越好。第二，我們要有火，代表我們跟喪家的愛，永遠不會消失。這也是透過老人家所告訴我們的，藉由火帶給我們的溫暖，讓我們心底的愛能夠溫暖起來。我們可以溫暖喪家的心，因為火可以照亮一家人，讓全家人能夠活在光明之中，因為以前沒有燈光，必須要透過火來照亮這個家。所以一直到現在，雖然有了電，但是部落裡，面對喪禮或者是親人離開，我們一定會烤火，因為，烤火象徵著能夠繼續延續我們的關係。註1

二、賽德克喪葬禁忌

（一）**織布禁忌**：依照昔時賽德克的織布禁忌，族人不能燒毀織布箱，

必須留給子女繼續使用。如果後繼無人，就必須把織布箱埋到房子的後牆內，多年以後，如果織布箱已經被蟲蛀爛了，就把它丟棄到埋葬死者且未開墾的山谷裡。這是因為織布箱得來不易的緣故。如果村中有人過世，村民必須停止所有工作，以表吊慰之意，婦女也應停止織布，尤其是婦女，在出殯日織過的衣服都要燒掉，須等到送葬人都回到家中之後，才可以繼續織布。註2

（二）口簧琴禁忌：口簧琴又稱為竹口琴、竹簧琴，是賽德克族的傳統樂器。傳統上口簧琴的功能，其樂音用於戀愛時，戀人間近距離傳遞訊息，或歡樂時彈奏歌樂並搭配舞蹈，惟在喪事期間禁止吹奏口簧琴。

三、基督宗教與傳統喪葬禮俗

透過觀察一個族群對於「死亡」的態度與處理方式，即可了解其生命的展向與人生觀，以及思維邏輯。而當不同的文化漸次而來，台灣原住民各族群、部落的喪禮，也產生了極大的變化。

傳入原住民的各類喪葬禮儀，包括中國傳統的佛道禮儀、西方基督宗教禮儀等。原住民族的喪葬禮儀，自日治時期即開始產生變化，例如：被嚴禁室內葬，因而轉變為室外葬（野外葬、公墓葬）。這些外來的喪葬儀式與禮節，對於原住民的傳統喪葬形式產生了很大的轉變，也改變了族人對於傳統死亡觀念的看法。例如：原住民族許多族群或部落，在其原有的信仰中，都認為族人的亡魂會追尋祖先的祖跡，回到祖靈的地方，排灣、泰雅、鄒、卑南、賽德克族、太魯閣族等族，都有祖靈歸宿之地，也是人類亡魂回歸之地的觀念。

西方宗教進入部落，成為了部落的信仰中心，有著繁簡不一的儀禮，參與教會的喪家，可以在教友與神職人員的協助下，逐一完成喪葬儀式。神職人員歌誦神恩、宣告往生者靈魂已經回到神靈之所（祖靈之所），安慰家屬努力敬拜造物上主，來生終會與往生者再度相聚。在近數小時的儀式中，完成有著一定程序與意義的喪儀。

而基督徒需要在墳墓前擺放祭物嗎？賽德克族傳統喪禮禮式，採家屋室內葬的蹲葬，沒有公墓、冰櫃，甚至也沒有獻祭物（菸、酒、檳榔、糖

果、魚肉）等祭物。近代因先後受到荷蘭人、福佬人、日治時期日人、戰後移民政權等文化相互影響的結果，逐漸影響教會與部落族人的喪葬文化，如公祭儀式，棺木、設靈堂、靈柩與墓園文化等。

現今省墓／掃墓問題是為了教導後代，緬懷與追思親人的方式，採用全家人一起出動打掃墓園。在家中的年長者，帶領大家緬懷故人的榜樣，讓弟兄姊妹、後代子孫了解，並且獻上花束，再進行禱告做結束。註3

原住民掃墓祭祖／田哲益提供

基督信仰喪事禮拜，在近代面臨到信仰衝擊的問題，有如下幾點：註4

（一）**公祭問題：**在基督信仰教制中，不接受採用公祭／家祭的方式祭拜故人（若有公家機關來訪，由教會主禮群做介紹，並與喪家遺族以鞠躬或握手、擁抱方式致哀，表達其對喪家之關懷與安慰）。喪禮由教會主禮，則全權妥善安排教會喪事禮拜整個流程，並依據教會喪禮進行，達到基督徒告別禮拜之莊嚴與見證，進而榮耀上主且使人得益處。教會的立場也可以透過小會明確制定，以利維護教會信仰與教制、聖禮典。至於，喪禮的謝禮沒有明文規定，都是按著家屬的心意。

（二）**火化與公墓問題：**賽德克族部落公墓的出現，基於當今政府公墓更新計畫政策，逐漸趨向火化方式。而基督教信仰中的喪禮，是以鼓勵人

心為主要目的，切記不要再加添喪家在信仰上的壓力。

（三）**基督信仰喪事禮拜：**應包含 Reyhay Smku（入殮禮拜）、Reyhay Smkaway（告別禮拜）、Reyhay Psdhu Puniq（火化禮拜），以及 Reyhay Sndhu Habung（安放／安葬禮拜）。

（四）**掃墓：**基督徒相信，人死後靈魂在天國，不在墓園，基督徒省墓、掃墓時，可以獻花、唱詩、祈禱緬懷悼念先人為主，不可獻果、食物、菸酒、檳榔，更不可燃放鞭炮以及拿香來祭拜。

原住民現代基督宗教喪禮／田哲益提供

對應於《聖經》教導指出：〈傳道書〉7：2：往喪家去，強如往宴樂的家，因為死是眾人的結局，活人必將這事放在心上。〈約翰福音〉6：35-37：耶穌對他們說：「我就是生命的糧。到我這裡來的，絕不飢餓；信我的，永不乾渴。可是，我告訴過你們，你們已經看見我，還是不信。凡父所賜給我的人，必到我這裡來；到我這裡來的，我總不丟棄他。」〈帖撒羅尼迦前書〉1：9：因為他們自己已經傳講我們是怎樣進到你們那裡，你們是怎樣離棄偶像，歸向上帝來服侍那又真又活的上帝。註5

註釋

註 1 Iwan Nawe〈部落守喪烤火象徵愛永不消失〉，原住民族文化事業基金會，2017 年 10 月 2 日。

註 2 台灣原住民族資訊資源網。

註 3 Watan Diro《賽德克族文化與福音轉化》，台南，財團法人台灣基督長老教會台灣教會公報社，2020 年 9 月。

註 4 同註 3。

註 5 同註 3。

第十四章
Chapter 14

賽德克族傳統飲食習俗

農耕、漁撈、狩獵、飼養、採集等，為賽德克族飲食文化主要經濟活動。

賽德克族的食物來源，有取材大自然的採集品，如香菇、蜂蜜等；有以狩獵方式獲得的山豬、山羊等；也有經由飼養、栽種及交易而來的食物。其中以小米、玉米、芋頭、蕃薯、旱稻等為主要食物。註1

一、賽德克族之主食

農獵時代，賽德克族以農業與狩獵為主，賽德克族係以甘藷、芋頭、小米及黍（basaw）為主要農作食物，搭配瓜、豆類與野菜食用。直至近代才有旱稻（陸稻）的傳入，增加了旱稻種植。

其中，小米及黍是採燒墾游耕的輪耕方式播種。而燒墾游耕的農獵時代，穀物的成長沒有化學肥料及農藥的輔助，除天候因素外，全賴土地固有的有機之利，所以，賽德克族人對新耕地的利用，採第一年種小米、第二年種黍米的交替輪作方式，至第五年才種植其他如甘藷、旱芋頭、豆類、瓜類等農作物，此時再另墾新耕地播種小米。註2

二、賽德克族之副食

賽德克族目前副食多以自己種植的蔬菜、水果為主。其他尚有南瓜（bawan）、佛手瓜（ciyak kurung）、玉米（lhngay）、豆類及野菜採集等，煮熟後撒鹽食用，而豆類中以樹豆（sunguc）最受賽德克族人喜愛。賽德克族人常以小米為原料釀酒，由於過去沒有化學肥料及農藥輔助農作生產，小米的豐收不易，小米酒就越顯得珍貴難尋。註3

肉類則大都是利用農閒期間進行狩獵所獲得，小型獵物如大田鼠、松鼠、果子狸及飛鼠，中、大型獵物如長鬃山羊、山羌、野豬、台灣水鹿，還有各類鳥禽，狩獵所獲的肉類，會在燻烤後而變得容易長期保存。家中飼養的豬仔，僅於慶典、結婚宴客時，才會與部落的族人一起宰殺分享。

賽德克族過去的飲食多為自給自足，由於日治後以及與漢人接觸後，族人的生活有很大的轉變。目前農業作物以溫帶果樹（蘋果、桃、梨）、高冷花卉（玫瑰）、夏季蔬菜（甘藍、甜椒、敏豆、青蒜等）及高山茶葉（以烏龍茶為主）等經濟作物為大宗，亦種植梅、李、苦茶、飼料玉米、桂竹、麻竹（qowan）等。

三、賽德克族之飲食習俗

賽德克族能以燧石點火或鑽木取火的年代已不可考，但該族是以燧石點火為取得火源的主要方式，因鑽木取火費時費力且要祈求太陽天，若遇連綿細雨，將影響取得火源的機率，從用火習慣看來，賽德克族屬熟食的民族。

賽德克族也醃漬食物，其醃漬物有蔬菜類與肉類，他們醃漬食物主要是儲存食物，醃漬的肉類會煮熟食用而不生吃，但賽德克男子常於狩獵中，生吃剛獵得的草食性動物之生鮮肝臟，如山羌、野鹿等。賽德克男子狩獵時，儲存獵獲物最常用的方式是將獵肉燻烤，賽德克語稱「dnngan / dnungeyan」或「dnuyangan」，經燻烤的獵肉視季節的不同，可存放的時日長短也不盡相同；可施以燻烤的獵肉，除飛禽類之外，小型獸類去除內臟後，亦可整隻予以燻烤。註4

原住民有豐富的飲食文化 / 田哲益提供

四、賽德克族之飲食用具

傳統飲食生活是以手取食，並不用筷子或湯匙。據引述：「因傳統上賽德克族是徒手用食，不論是慣用左手或右手，以中、食指用食最為常見，這是以食用稀飯之情況而言，吃乾飯及用菜時則雙手並用，故賽德克族人不使用筷子用餐。煮食時用金屬鍋，日治時期以銅鍋為主，其樣式就如現今的洗臉盆；有中、小型的甕器用來儲藏或醃漬食物，杓（飯匙）以梧桐、檜木削製，湯匙則以易鑿質輕的雜木所製。另有大小不一的竹製筒狀容器，以及由木頭一體成型的鑿空容器，用以儲存食鹽或醃漬物。」註5

五、賽德克族食物之儲藏

過去因為沒有電器用品，儲藏食物便成為很重要的事情，儲藏食物的方法主要有乾藏法、鹽藏法及醃漬法。

（一）**乾藏法：**借用陽光熱力，使食物乾燥，不致有發芽或腐爛現象，使用這種方法計有小米、綠豆、黃豆、長豆、蘿蔔等。

（二）**鹽藏法及醃漬法：**使用食鹽殺菌能力，過去用鹽藏法可使食物保存較久，各種蔬菜如白蘿蔔、長年菜、大白菜、青菜等，都採用這種方法。肉類以鹽及小米醃漬則不易腐爛，而且美味可口。

賽德克族人最傳統的食物之一，是生的「酸醃肉」或「醃內臟」、「醃魚」，狩獵是賽德克族人的傳統生活，為了讓肉類保存得更久，都會以小米或糯米來醃肉，經過發酵後產生酸味，就成了口味特殊的「酸醃肉」，這是賽德克族人最道地的菜餚。

六、賽德克族部落風味餐

賽德克族烹調方法以烤、蒸、煮三種為主。食材創意搭配，把部落料理變得頗富現代感。賽德克族的傳統風味經典美食，例舉如下：

「醃肉」：醃製過的「醃肉」較有嚼勁，且越嚼越有味。

「小米醃豬肉」：口感類似鹹豬肉，醃肉本身不放任何香料，上面裹上的小米鹹味較足，是下飯的好菜。

「燻烤山豬肉」：燻烤是捕獲獵物的傳統儲存與食用的方法。

「樹豆排骨」：樹豆（sunguc）經過熬煮就很香甜，僅需要加入鹽巴就很鮮美。

「溪魚」：是溪流中捕抓的小魚，有淡水魚獨特的風味。

「小米酒」：小米是釀酒的主要材料，味醇甘美。族人善長釀製小米酒，喝酒時習慣兩人共持一螺碗（酒杯造型），貼臉飲酒之習俗迄今仍不變。

釀小米酒 / 田哲益提供

「糯米飯」：傳統的糯米飯，因為有黏性，用手捏成球狀，搭配不同菜色，口感更佳。

「紅豆飯」：是賽德克族傳統美食，傳統製作紅豆飯所用的豆子是台灣原生種，其形狀、大小如綠豆般，略帶紅的色澤。在傳統上，紅豆飯為部落的喜宴、慶典時才會食用。傳統吃法是以手直接抓飯，將它搓揉成圓球後再吃。

「紅豆糯米飯」：紅豆搭配糯米製成。

「勇士飯糰」：裡面包著鹹豬肉及食茱萸。

「米糕」：米糕是賽德克族的傳統糕點，是一道清爽的小甜點，大人小孩都愛吃。

「粟糕」：是以粟製成的糕點。

「芋泥小米」：外觀看像甜點糕，但其實口味並非甜或鹹，如同白飯。

「山胡椒刺蔥雞湯」：用山胡椒、刺蔥、雞肉來煮雞湯。

「蕗蕎」（Qocun / Qowsun，又稱小蒜）：與小洋蔥（Pixil / Pixin）皆為嗆辣食物，是賽德克族人非常喜愛的酌料之一，常常搭配著山胡椒（Mqri）及鹽巴直接生吃配飯，甚至當作零嘴食用，享受其原汁原味。喝

168

酒時蕗蕎配酒用，據說能幫助消化。蕗蕎也能加入馬告醬油，別有一番風味。

　　「mqri / mao（莫克力 / 馬歐，山胡椒）」：早期台灣原住民會把 mqri / mao 山胡椒拿來做為料理的調味，是因為它有特殊的氣味。mqri / mao 山胡椒有公和母之分，不過要等開花才知道，6、7 月左右收成，葉子揉一揉，很香，入湯、炒菜都很好用。樹上的馬告一開始是綠色，成熟之後會轉紫、變黑。馬告是台灣高山原生種植物，果實可以做為調味料，也有驅蚊的效果。

　　「mqri / mao 山胡椒高麗菜」：用 mqri / mao 山胡椒與高麗菜清炒。

　　「mqri / mao 山胡椒香腸」：製作香腸加上 mqri / mao 山胡椒，口感很特殊。

　　還有「刺蔥南瓜包」、「石板烤山豬肉」、「酥炸龍葵薯餅」、「高麗菜櫛瓜卷」、「櫛瓜鹹蛋」等料理，融合傳統與現代的原民美食，吃得出族人的創意與用心。

註釋

註1　Watan Diro《KARI 豐盛的話語》，2019 年 3 月 31 日，頁 216。

註2　郭明正〈認識賽德克族〉，國立仁愛高農《中投區輔導中心學校辦理 105 年度教師認識原住民文化研習手冊》，105 年 11 月 29-30 日。

註3　同註 2。

註4　同註 2。

註5　同註 2。

第十五章
Chapter 15

賽德克族傳統建築

賽德克族傳統建築按照功能，可分為家屋、家屋附屬建築、公共建築（望樓）三種類型。

賽德克族的傳統建築，主要有部落家屋建築、穀倉、望樓、由原木建造門牆的部落入口，以及耕作地住屋建築等，其他如集薪茅屋、牛舍、豬舍及雞舍都是後來的建築物。註1

賽德克族的建築以住家為主，穀倉、雞舍為附，多為私人建築，除了青年宿舍外，少有公共建築。而青年宿舍只是純娛樂性質，不像其他族群的公共建築，是神聖莊嚴的會場，因此不具政治或宗教意味。傳統的賽德克族建築，因受環境影響及避免動物的侵擾，大多為半穴居。由於賽德克族生活習性不同於其他族群，喜歡居住於平緩之山坡地便於農耕，因此沿著山坡地而建的梯田式建築物，便成了一特殊景觀。後來，考慮到安全因素，家屋形式及地點才漸漸移至平地，並採用平地人的住家形式。70年代以後，賽德克族經濟狀況已大有改善，在安全顧慮及住家品質的情況下，多以水泥洋房式建築取代了傳統的賽德克族建築。註2

一、賽德克族居住地點之選擇

賽德克族在居住地點的選擇上，考量到幾個要點，如下列所述：註3

(一) **安全性及防禦性**：賽德克族人會選擇在山腰且鄰近河流的平坦台地上設聚落，在視野上可以清楚看到周圍的景況，增加其安全性，也便於防禦。

(二) **農耕**：賽德克族主要的農作物為小米、地瓜、玉米、芋頭、小黍等，各部落皆為自給自足的生活型態，所以要選擇在易於農耕的緩坡地或平台。

(三) **最佳的狩獵據點**：賽德克族將狩獵視為部落中最重要的生產活動，所以選擇狩獵的據點非常重要，部落族人會將聚落設置於靠近獵區的位置。

賽德克傳統聚落形式，多選較為平坦的河階台地上。其中，波瓦倫是許多小聚落群聚而成的部落，與其他部落群較為特殊之處，在於地點是位於山稜線較為平坦的腹地處。註4

二、賽德克族的住屋型式與構造

台灣原住民族的建築形式，從建築基地與地面來看，可以分為豎穴式（屋內地板低於地面，亦稱半穴式）木造住屋、地上式（地板與地面同高）木造住屋、干欄式（地板高於地面）三種，而俗稱「高腳屋」的干欄式建築如穀倉，則是為了防鼠防蟲而建。

賽德克族也有一般的竹屋，竹屋是經過遷徙後所發展的便利型住屋，以東部宜蘭、花蓮為多。

賽德克家屋外觀：正面較寬的矩型平面、單室、直接室二披式屋頂（包括石板頂、檜木皮或茅草等）。賽德克家屋內部：單室構造，進門後側邊為床，男主人睡在一進門就能看見的顯眼位置，方便保護家人的安全。他們會在房裡生火烹煮食物，也能取暖用。傳統家屋內，中央空地設置爐灶，是家人生活起居相當重要的地方。

三、賽德克族建造房屋

賽德克族傳統家屋，祖先建蓋家屋的傳統智慧，從採集至完工，細節繁複，也必須克服許多困難，光藤皮處理及綁紮技法就有四種技術，分別為交叉編織法、平行編織法、丁字編織法、接枝綁法等，如今傳統家屋的建築技術已經式微。

由於山區潮濕多雨，因此建造傳統家屋的木材必須具有防腐耐潮特質，屬於硬木類。註5

(一) **準備材料**：籌備構建房屋，蒐集建材的過程，通常會花上數個月甚至一年的時間，有了足夠的建材才開始建屋。平時在森林裡，狩獵或從事農耕、採集時，如果看到可以用的建材就帶回家置放。收集屋材是依照附近環境的資源，有時會用石材建造石板屋，或建造半石半木造的房子。

賽德克族以石材、木材、竹材、茅草、藤索等為主要建材。木材要使用堅固的木材如烏心石（cikacu），做為房子的支柱。

(二) **築屋類型**：有些房子直接建在地上，但也有向下挖深，再往上搭建，成半穴居的建築，可以防風，讓屋室內維持溫暖。半穴式傳統住屋，就地取材，以石板或岩石堆砌出穩固基礎，其上再以木頭建造屋身，固定木頭時，以藤編代替釘子固定結構。

有時也會使用竹子做為建材，工事較石材屋便利，但是使用年限卻遠不如傳統家屋長久，也不夠堅固。

(三) **建築家屋**：搭蓋家屋是一件重大的工程，通常村落裡有空閒的男人都會來幫忙一起合力完成，充滿互助合作精神。整個家屋建造完成，通常也需要花上數個月至半年以上的時間。

1. **立柱與樑柱**：賽德克族以質地堅硬的烏心石（cikacu），做為房子的支柱。在做為牆面的地方，規畫出牆的厚度並立上柱子，柱子立好後再架上樑柱，每個樑與柱交叉的地方，會使用藤蔓綑綁固定，其中常用菊花木藤蔓，因其乾燥後會收縮，可以讓整體架構更為堅固耐用。整棟房子的樑柱搭好後，外觀就算大致完成。家屋的地基大都成方形或長方形，一般依住屋的大小來增減地基周邊柱子數的多寡。此時也要

預留大門和窗戶的空間。

2. **築牆：**每面牆都非常厚實堅固，不怕地震，築牆的材料是木頭。

3. **建灶：**房內通常會有燒火堆的設施用來取暖，也可以把獵物吊掛在火堆上方燻乾，再慢慢食用。燒火堆可以保持房屋乾燥，比較不易毀壞。

傳統賽德克族人在家屋內都會有篝火（烹煮、取暖、燻肉），除了家用，也代表一家人生生不息的榮耀。

賽德克族傳統家屋內部的陳設非常簡樸，通常室內中央為三腳式爐灶，屋內一般會有兩個爐灶，一個用於平日燒菜煮飯，設於稍靠屋內裡側的牆邊；另一個為取暖用，設於屋內中央。註6

4. **裝修：**門板、窗戶。

5. **蓋頂：**有石板屋頂（頁岩石板）和茅草屋頂。茅草屋頂將白茅（umiya / demiya）綑綁成束，再依序堆疊到屋頂上，並使用木頭及繩子加以固定完成。石板能隔熱和保溫，茅草則具有除濕和隔熱的效果。

花蓮立山村傳統住屋壁畫 / 田哲益提供

四、賽德克族半穴屋

賽德克族傳統的建築為「半穴居」家屋，通常家屋基地向下挖掘，然後再開挖地面的坑，立上柱子。換句話說，這種家屋有一半的形體位於地面之下。

半穴式家屋以粗壯的木材以及石板堆疊做為建築主體結構，地基用石板堆砌，房屋結構利用藤編將木材固定而成。傳統住屋具有防風防雨且冬暖夏涼，屋內可以升火取暖。Buwarung 布瓦隆部落目前有一間半穴居石板屋，是部落唯一傳統建物。

家屋地基以方形或長方形為主，一般按照住屋大小來增減地基周邊柱子數量。家屋中的火爐區隔為兩個，一個位於家屋中央，一個位於牆壁邊緣。家屋中央為三腳式爐灶，為取暖用爐灶，另一個爐灶會在屋內側面牆邊，用於平日烹飪食物。註7

以南投霧社地區的「半穴屋」為例：註8

(一)　在賽德克族的遷徙史發展中，因部落與耕作地相距越來越遠，平日往返費時費力且壓縮了耕作時間，這也成為遷徙的主要因素之一。因此，通常會選擇耕作地附近的腹地做為遷徙用地，選定後，由部落領導人會同部落者老勘查地形、地利，接著再會同部落的解夢者，至該地住上二、三天，得到 Utux 應允的啟示（俗稱夢占）後，會即刻搭建「臨時屋」，之後再回部落告知部落族人。

(二)　賽德克族人是以漸次遷移的方式進行遷入新居地，每間新的家屋，都是部落族人相互幫忙（mssbarux）攜手築成的，這就是部落意集體意識的展現。

(三)　興建「半穴式」的部落家屋時，先在預定的建地，由地面向下挖掘約 1.5 到 2 公尺，然後在開挖的坑形地面上立柱興建，換句話說，這種家屋約有一半的形體是位於地面之下，因此稱之為「半穴式」家屋。家屋的地基大都成方形或長方形，一般依住屋的大小來增減地基周邊柱子數的多寡，以長方形住屋為例：

　　1. 在挖掘整平後的地基上四個角落，各立一柱，兩短邊的中點位置再各立一根柱子，長度較立於四個角落的柱子要長，其

頂端鑿成 U 字形，做為屋頂主橫樑的接榫座。

2. 兩長邊之間，依住屋的大小，以對稱的方式各立二到四根柱子，長度與四角邊所立的柱子等高。地面以上的牆壁是由橫木堆疊而成，空隙處以土石填塞，地面以下的牆壁，在兩柱子之間輔以間隔式擋土板。

（四）最常用的屋頂材料有頁岩石板及白茅草（umiya / demiya）兩種。

（五）賽德克族傳統家屋內部的陳設非常簡樸，通常室內中央為三腳式爐灶，屋內一般會有兩個爐灶，一個用於平日燒菜煮飯，設置於稍靠屋內裡側的牆邊；另一個則做為取暖用，設置於屋內中央位置。爐灶正上方常設有懸吊式掛勾，以懸掛的方式存放肉類食物，使其不易腐敗。

床位通常安在屋內四周的牆腳，床柱、床緣以硬質木樁搭建且高於地面，寒冬時置火炭於床底下以取暖；床板以竹片、箭竹、五結芒或硬質木條編製而成，床面再鋪上大形樹皮（內面朝上）或獸皮。家屋內其他閒空之處，則用來放置杵臼、織布機、儲水用具及籃簍等生活日用器物。註9

五、賽德克家屋文化和 Utux、waya / gaya 信仰

賽德克家屋文化和 Utux 信仰密不可分，復振家屋文化也就等於重新找回祖先對 Utux 崇敬的精神。賽德克人的 Utux 信仰，規範了人與土地的互動倫理，並從中發展出「祖訓」，也就是 waya / gaya。waya / gaya 是賽德克人對於 Utux 的崇敬，也是人與大自然的互動經驗長久 累積而建構的一套規則。（簡鴻模，2003）因而，waya / gaya 就是一套能契合當地自然環境的永續生活模式。從流域治理的角度，當地已發展數千年的賽德克文化及其 waya / gaya，與現代科學知識之間可相互學習，對流域治理產生典範轉移的作用，以及傳統文化再創造的意義。這是眉溪河岸生態棲地為何要融入賽德克傳統家屋元素的主要目的。註10

從傳統家屋的建造過程、整地、備料、夢占以及相關禁忌，能夠充分體

現賽德克祖先對於 Utux 的崇敬以及 waya / gaya，因此從家屋文化出發，是賽德克文化復振很好的途徑，也是培養學童具備環境永續精神絕佳的教材。註11

六、賽德克族穀倉工藝

賽德克族在山林中利用在地的林木資源做為生活建築的材料，並依據山區潮濕的氣候，因地制宜，創造了賽德克家屋和穀倉。註12

賽德克族穀倉架高，可防水、防老鼠，展現先人智慧。

賽德克族的穀倉（rpun repun），設置在家屋附近，主要是用來儲存小米、玉米、地瓜、南瓜，併醃製菜類及醃肉等食物。穀倉與住屋要有一小段距離，是為了避免及防止家屋失火時也把穀倉燒了。防鼠板是穀倉工藝的智慧，以防止老鼠偷吃穀倉裡的食物。穀倉儲存小米的多寡是貧富的象徵，穀倉的門做在中間，男女都可以進出，只是不准讓孩子隨意進入，長輩才可以進入穀倉，拿取食物並帶入家屋烹煮。一般外人當然不能侵入，違反者將觸犯賽德克族的戒律 waya / gaya。

建築穀倉也與建築住屋，一樣需要部落族人互相幫忙、合力完成。據引述：「穀倉的牆面是由樹皮完成，族人最喜愛使用的樹皮為欅木（tubil / tgebil），材質比較紮實又耐用，後面的材料為木板，採用方便又耐用，整個穀倉的主體用藤繩綁住，沒有使用釘子，屋頂採用茅草、稻草鋪設，屋頂不能蓋的太平，屋頂蓋不夠斜會導致屋頂積水，嚴重會漏水，整間食物會壞掉，蓋屋頂必須斜度夠大，這是什麼呢？我們統稱為 ribaw / ribo 就是鍋子，為何要說是鍋子呢，鍋子倒過來在主樑上面，主要的作用，是防止老鼠與毒蛇侵入，偷吃收集在穀倉的食物，這就是鍋子的由來。」註13

傳統的家屋及穀倉都利用在地材料林木和石頭建造。賽德克族的穀倉一般建在家屋的旁邊，穀倉底部用石頭和土壘成一個四方形基座，高度約為 1 米，其上以數根整木做為基柱，基柱支撐上方的穀倉，每根柱子上端都有木帽（防鼠板）用以防鼠。真正的穀倉，部分用竹竿拼接成一個竹排做為地板，傳統的穀倉牆面由檜樹樹皮製作，以竹竿橫向壓住樹皮，再以藤葛結綁，將之固定成為一體。穀倉的屋頂部分以竹排作底，上附以厚厚的稻草，下雨時水順流而下，完全無法侵入到穀倉內部。賽德克族善於藤

編，在傳統家屋和穀倉的建造中亦不需要現代工具，而是在房樑部分用榫卯相連，使之穩固，然後用竹藤將所需要連接的器具綁在一起，穀倉的牆面、門、屋頂皆用此法，藤葛結綁的方式逾二十種。註14

　　小米是賽德克族主要種植的糧食，穀倉中小米的多寡代表著該家庭的富裕程度和家庭成員勤勞與否，這是在部落中獲得尊重的重要因素。做為生活建築的一部分，穀倉除實用價值外，也是族群倫理和信仰的體現。與阿美族不同，賽德克族男女性都可進入穀倉，在一定層面上，反應了該族群性別平等的觀念。註15

　　高架式穀倉有四根柱子，穀倉底下，是賽德克族人埋葬家人的地方。註16

　　在日治時期以前，賽德克族沒有公墓的概念，穀倉下的基座，即埋葬善終的祖先的場域。傳統的賽德克族採用屈肢葬的埋葬方式，將穀倉底部的基座砌出一定的高度，使用的平面面積約 1 公尺見方，若有意外死亡的族人則不在部落內安葬。對於信仰祖先的族人來說，將過世祖先安葬在家屋旁的穀倉底下，既是出於一種尊重，也有保佑糧食安全、震懾盜賊的作用。註17

賽德克族穀倉建築壁畫 / 田哲益提供

七、賽德克族青年宿舍

　　青年男女的婚姻，要按照父母之命。部落設有青年男女可以談情說愛的聚會所（亦有稱青年會所），但是如果父母不答應，也不能夠違背父母。

　　台灣的原住民族多有聚會所的設置，各族的會所制度也不盡相同，其功能也不同，有的是部落的政治中心，具有神聖的意義，有的是聚集族人一同歡樂的地方，是具有歡愉為目的的設置。有的會所禁止女人進入，非常嚴格，例如鄒族的庫巴會所、卑南族的青年會所和少年會所等。賽德克族的聚會所，男女青年則利用為談情說愛、吹奏口簧琴之羅曼蒂克場所。

　　聚會所，不僅是族人歲時祭儀的場所，具有生活教育、傳承及凝聚部落精神的重要功能，也是喜慶、活動、討論事務的地方。

八、賽德克族望樓 Pawa / Paga

　　高腳屋也稱防禦塔、望樓、敵樓、瞭望台、瞭望塔等，通常位於聚落邊界。望樓是供遠望（窺敵）來襲敵方或敵情狀況的建築物，派人在此擔任哨兵，具有監視、偵察敵方的作用，是古代部落裡重要的建築物，也是族群間戰爭的重要建物。只要木料夠長、夠堅固，可以向上延伸，甚至高達 10 公尺。工法簡單，先在地上挖洞後夯實，再以石頭固定做為地基，再插上柱子，直立柱會直達屋簷，橫向樑則綁在直立柱 1 / 3、2 / 3 處固定，或是不用橫向樑，而是在四根直立角柱間增加內側交叉、對角互撐的斜撐，將底面積加大，讓望樓不易側向傾斜。

九、賽德克族的工作間

　　有些族人在家屋旁蓋起「工作間」，如婦女織布間，讓她單獨在裡面織布不受打擾。工作間構築比較簡易，搭建出主要樑柱並用藤蔓加以固定，再加上屋頂和外牆就完成了，採光比住屋良好。

十、賽德克族涼亭

在廬山部落有一間涼亭，建築的形式是參考賽德克族高腳屋而建。涼亭又稱蔭亭，是供人休憩的地方。據當地人說，廬山長老教會的建築外觀，是仿造賽德克族高腳屋形式而建。

十一、賽德克族敵首棚

敵首棚架又稱敵首棚、敵首架、獵首棚、獵首架、首棚、首架等，是部落族人出草後置放敵首之處。日治時，嚴禁出草馘首，部落裡即已看不到敵首棚架了。

十二、賽德克族田間小屋

台灣的原住民族都會在山田裡選擇一塊較為平坦的地方，修建一間耕作小屋，做為休息、餐飲及放置農具的地方。

十三、賽德克族其他建築物

賽德克族的傳統建築主要有家屋建築、穀倉、望樓等，其他如集薪茅屋（置放柴火）、牛舍、豬舍及雞舍都是後來的建築物。此外，現在原住民部落多有入口意象區，使外來者一眼就知道進入了部落。

註釋

註 1　郭明正〈認識賽德克族〉，國立仁愛高農《中投區輔導中心學校辦理 105 年度教師認識原住民文化研習手冊》，105 年 11 月 29-30 日。

註 2　仁愛鄉部落資訊網站——賽德克族的物質生活。

註 3　林宸儀、徐尚靈〈重返波瓦倫廬山部落賽德克族生活文化場域規劃設計〉，朝陽科技大學景觀及都市設計系畢業專題，2015 年 6 月。

註 4　同註 3。

註 5　姚瑜〈從台灣文資法看賽德克族穀倉工藝之保存〉。

註 6　同註 3。

註 7　原住民族委員會網站。

註 8　同註 1。

註 9　同註 1。

註 10　陳嘉霖〈原住民傳統知識與流域治理——眉溪部落的嘗試〉，《水沙連人文創新與社會實踐研究中心電子報》31 期，國立暨南國際大學，2019 年 10 月。

註 11　同註 10。

註 12　同註 5。

註 13　Iwan Nawe〈賽德克族建傳統穀倉防止動物入侵〉 2017 年 6 月 19 日。

註 14　同註 5。

註 15　同註 5。

註 16　同註 13。

註 17　同註 5。

第十六章
Chapter 16

賽德克族歌謠與舞蹈

賽德克族在傳統音樂上，有其固有的文化特色，口簧琴舞更是令人叫絕的舞曲。

賽德克族的傳統音樂與其文化生活及社會功能息息相關，每一種歌曲類型，都醞釀特定的生活情境，反映著賽德克族的不同生活面向，如〈跳舞歌〉（uyas rmweri / uyas kmeki）用於慶典場合，〈還工歌〉（uyas Snbarux / uyas smbaru）用於農耕生活，〈戀愛歌〉（uyas mskuxul）為表達男女情意之歌曲。
註1

另外，還有打獵歌、傷心歌、酒醉歌和訓勉歌等非祭儀歌謠。

一、賽德克族歌謠之型態

南投賽德克族的歌謠型態分為兩大類：

（一）**合唱**：採用卡農式，一人帶唱，群眾跟唱，而帶唱者會以輪替模式進行。旋律採一個全音加上一個小三度，再往上加一個全音，合計五度音行進，簡單說明以 Re、Mi、Sol、La 四音替代之。樂句可由高音往下行，也可以由低音往上行。註2

（二）**獨唱**：一人吟唱旋律，與樂句跟合唱為一樣的結構。其民謠曲調特徵在於，音群走向為三個音為主要音。一個低音或一個高音為語氣加強的輔助音。例如：以 Re、Mi、Sol 為旋律起音時，下一句會以相同歌詞重複 Re、Mi、La 唱一遍；當音群由上往

下走向時，例如：Sol、LA、Sol、Re，下一句則由同歌詞使用Sol、La、Sol、Mi 再做一次語句強調。由於當時居住領域並不寬廣，而且靜觀、廬山、春陽等地區彼此居住接近，除了廬山區域部分的德固塔雅群被遷居清流部落外，其他未發生大規模遷移，因此其文化與歌謠得以保存下來，並且曲調的型態未產生太大的變化。註3

二、賽德克族歌謠之特色

　　南投賽德克族歌謠主要是複音風格（Polyphonic style），如輪唱、卡農式、頑固低音多聲部合唱曲，亦有將多首樂曲串連成一組組曲的形式，是該族群的音樂特色。註4

　　有關賽德克族與太魯閣族，無論是人類學或音樂學的研究，過去都歸類為泰雅族中的亞族──賽德克亞族。而首先將泰雅族與賽德克亞族區分出來者，為日本學者佐山融吉。在佐山氏所著的《蕃族調查報告書》中，採得的歌詞及翻譯，分別記錄了南投賽德克族、花蓮太魯閣族歌謠慣用的區域旋律。而兩族的慣用區域旋律差異為何？音樂學者研究指出，兩族歌謠的性質皆是以相同四音組織（Tetrachord）為主，但分析其兩族音樂特色時，在音樂的題材、風格、曲調等方面，因地理區域的不同而有所差異，特別是在歌詞與曲調的使用上，有其各自獨特的「音樂方言」。南投賽德克族有「密集接應的輪唱方式」與「單音音樂」，而花蓮太魯閣族只有「單音樂」沒有「密集接應的輪唱方式」，且歌詞表現上，花蓮太魯閣族常有重疊反覆現象，而南投賽德克族的單音之歌詞卻少有此重疊反覆用法。賽德克族與太魯閣族區域性的獨特演唱方式，曲調與歌詞的表現，是音樂主導歌詞？還是音樂表達歌詞的意義？音樂人類學範疇的 Alan P. Merriam《民族音樂人類學》的「方法與技巧」（Method and Technique）一文，提到有關人類行為的語境中理解音樂問題，包含做為語言行為的歌詞，以及歌詞通過敘述所揭示的內容等。註5

　　根據日治時期（賽德克族尚未正名）日籍學者的研究，森丑之助提到泰雅族的歌謠時，將「蕃謠」分為三種，一為自古流傳的「古謠」，二為

當下流行的「俗歌」，以及見景即隨意上吟的「歌謠」等。黑澤隆朝則指出，在音樂性方面，賽德克亞族的音樂富有歌舞式的韻律；在歌唱方式中提到，賽德克亞族歌曲的另一個特色是以輪唱法為樂，這是其他原住民所沒有的特質。註6

　　另有一項報告，係 1999 年由行政院原民會委託國立藝術大學所做的研究，在名為《泰雅族傳統音樂研究——南投縣仁愛鄉音樂之採集與保存》的研究報告中，對賽德克族的音樂有以下的描述：註7

（一）賽德克族的歌曲有「歌句短、歌句成雙成對且不斷地反覆」的特點。

（二）賽德克族有多種演唱方式，有「一人領唱、眾人答唱的應答唱法」，有「對答唱法」及「跳舞時所用的輪唱法」。

（三）除了同一旋律反覆地奏唱外，賽德克族亦有將多首樂曲串連成一組組曲的形式。

　　賽德克族歌謠（Uyas rudan cbeyo egu klegan）有很多種演唱方式，例如：領唱法（dmudul muyas）、輪唱法（mssriyux muyas）、對答唱法（mcciyuk muyas），領唱法是有一人領唱、其他人會跟隨答唱，不斷反覆，同一旋律反覆奏唱外，句子也能連成一組組曲的形式。這是賽德克族音樂的特質。領唱者歌句短、歌句成雙成對，且不斷地反覆，不同的部落會表現不同的唱法。然而，歌曲內容年代久遠，文字內涵已經消失，所以有些部落唱法輕鬆愉快，有些部落唱法較為保守。註8

賽德克族舞蹈 / 田哲益提供

三、賽德克族複音音樂

　　賽德克族歌謠分類有單音音樂與複音音樂的旋律結構，但以複音音樂最為特殊，即學者們所稱的卡農唱法、輪唱法或疊瓦式（Tuilage / Overlapping）。註9

　　賽德克族的複音唱法是屬卡農式，而且是嚴格的卡農輪唱法。然而卡農一詞的說法，吳榮順在研究中提出另一種突破性的看法，他認為：「卡農在音樂史上有一定而限制性的用法，若以演唱技法來說，『疊瓦式』（Tuilage 法文 / Over Lapping 英文）的複音唱法稱之，更能凸顯演唱技法的特點」。但從賽德克族人的說法則是，稱「領唱」為 mdudu muyas；mdudu 意即「帶領、開頭」的意思；加上 muyas 指動詞「歌唱」；稱「應答」為 cmiyuk muyas，則指回應的歌唱。註10

　　無論是卡農式、輪唱式或疊瓦式，在南投賽德克族歌唱形式上，主要分兩種歌唱模式：註11

（一）**複音音樂的歌唱模式：**無論是卡農式、輪唱式或疊瓦式，在南投賽德克族歌唱形式上，主要分兩種歌唱模式，一種是一人唱眾人和，即二部卡農唱法；第二種是一人唱眾人分二組，即三部卡農唱法，皆稱為「輪唱式」，指領唱樂句與答唱樂句，當領唱者唱完一句，答唱者重複再唱一句的方式。（此唱法賽德克族 Tkdaya 眉溪部落第一，二部為輪唱、第三部為頑固低音，萬大部落皆用相同旋律三部輪唱方式演唱，清流部落則為二部輪唱）。註12

1. **二部輪唱：**賽德克族的複音歌唱二部輪唱形式，領唱者與一聲部應唱，形成二聲部的組合，此為最普遍。歌唱方式為，領唱者唱出第二拍之後，眾人重複領唱者樂句，於領唱者第三拍的結束拍，唱出應唱者之第一拍，行成交疊強化的現象。此模式類似於西方藝術音樂的卡農（canon）形式。二部輪唱式應答時，領唱樂句與答唱樂句基本上為等長。註13

2. **三部輪唱：**三部輪唱模式，領唱者與第一聲部及頑固低音，形成三聲部的組合。輪唱角色分為，第一部領唱稱 mdudu muyas、第二部稱 cmiyuk muyas、第三部稱 cmiyuk muyas。二、三部不論人數多寡皆擔任和唱者角色，無論是旋律、歌詞、速度及動作，均依照領唱者來回應。歌唱方式為，第二聲部接上領唱者時，是在領唱者第三拍結束時出現；第三聲部接上第二聲部時，也是在第二部的第三拍結束時出現。三部輪唱式應答時，第一部與第二部領唱樂句與應答唱句基本上等長，而第三部為較短的頑固低音。南投賽德克族複音音樂的歌唱模式，二部輪唱是由一人領唱，眾人再以齊唱的方式答唱，聲部之間是以主屬的關係來作區別，除了一個主旋律聲部之外，第二聲部之曲調線條呈現出橫的方向進行，且皆是依照輪唱的結構，以相同的節奏脈動做追逐的模式進行，各聲部的曲調線條聲部之間，是以平等的關係來相互襯托。而加入三聲部的輪唱結構時，第三部加入頑固低音，成為主旋律聲部做陪襯式的聲響伴奏。註14

南投賽德克族以四音組織主宰了整個族群的音樂線條，像屋頂上，層層疊置在一起，形成疊瓦式複音的歌唱形式，同樣的旋律一前一後地交疊

著，綿延不絕，前仆後繼，形成二聲部或三聲部的複音織度。這些組合非事先刻意安排，而是眾人在合唱時，會隨著人的情緒，被歌聲、歌詞的表達激發之後自然形成的，這意味著彼此之間的認同、自我定位，大家口唱心合，共存共榮，不分彼此之意，並不是為了唱出華彩的聲響，而是因為在傳統禁忌中，祭典的歌舞絕對不能中斷，這種接力式的吟唱模式，具有生命延伸的意味。這種複音唱法，完全是由女性來擔任，而領唱者也沒有規定何人才有資格，只要有勇氣，有即席演唱的能力，任何人都可以擔任。每當慶典舉行時，通常有歌唱和舞蹈助興，不斷反覆歌謠演唱，往往會花上很長的時間，因此在當時演唱進行中，就會出現好幾位女性領唱者。一人唱眾人和輪唱方式，接龍遊戲式密集接應的疊瓦式複音，此類型唱法只出現於南投賽德克族。註15

（二）**複音歌唱模式之意涵**：這種卡農式歌唱形式，當地人稱它為「mbay nowah」或「mekaibe」。mbay nowah 為南投 Toda 之暱稱；mekaibe 為南投 Tgdaya 之暱稱。mbay nowah 在吟唱過程，必須配合著舞蹈。在舞蹈中族人以圓形為舞蹈圖形，族人手牽著手。這種以圓形呈現的舞蹈，從傳統宗教來看，它代表著一種「神靈之橋」，而神靈之橋在族人的觀念，視為兩種半圓形所組成的一個圓形。虹橋的一半是指神靈之橋，另一半是指人間所構築的舞蹈。二者密合在一起所形成的圓，就是指稱「盼望」，此圓就是人與神之間的結合，族人的舞蹈就是一種祈禱。註16

四、賽德克族 uyas kmeki / uyas rmweri

賽德克族在傳統音樂上也有另一種特質，透過對答輪唱的方式即興吟唱，稱為「uyas kmeki / uyas rmweri」。賽德克族 uyas kmeki / uyas rmweri，在學術上稱為「疊瓦式」複音。首先由一位領唱者即興帶領著歌唱與舞蹈動作，稱為「領唱」，其餘的人則在一定的間距後，緊接著模仿領唱者所唱的歌詞、旋律與舞步，稱為「接唱」，如此一前一後交疊著，形成一種「一波未平，一波又起」的複音式歌唱形式，目的是為了讓音樂不要中斷。註17

南投賽德克族祭典舞蹈歌（uyas kmeki / uyas rmweri），已被文化

資產局登錄為文化資產。所謂「文化資產」，是指具有歷史、文化、藝術、科學等價值者。

2013 年 1 月 15 日，南投縣政府文化局指定／登錄〈賽德克族祭典舞蹈歌 uyas kmeki〉為無形文化資產傳統表演藝術，指定／登錄理由：註18

（一）祭典舞蹈歌「uyas rmweri / uyas kmeki」的複音歌唱，其精髓繫於領唱者的即興領唱與領舞。在過往歲月中，有能力擔任領唱的人才在部落間代代傳承，然而現今傳承機制已不復存在，有瀕危之虞。

（二）「賽德克傳統文化藝術團」的成員主要由南山溪部落的族人所組成，該部落屬於最古老的都固達雅語族，他們在傳統文化一片急速的凋零聲中，由碩果僅存的高齡耆老 Obing Nawi 帶領著年輕世代持續傳唱祖先所留下的古謠，而且曲目保存相對完整。

（三）符合傳統藝術民俗及有關文物登錄指定及廢止審查辦法第 2 條第 1 項第 1 款各目傳統藝術登錄基準。

簡介則如下所述：

賽德克族群為台灣原住民第十四族，主要分布於南投縣仁愛鄉，南起中原部落北至靜觀部落。由都達（Toda）、德固達雅（Tgdaya）、德路固（Truku）三個語群所組成。賽德克重要的傳統文化除了編織、祭典、文面之外，在傳統音樂上也有另一種特質，透過對答輪唱的方式即興吟唱，稱為「uyas rmweri / uyas kmeki」。賽德克族 uyas kmeki，在學術上稱為「疊瓦式」複音。首先由一位領唱者即興帶領著歌唱與舞蹈動作，稱為「領唱」，其餘的人則在一定的間距後緊接著模仿領唱者所唱的歌詞、旋律與舞步，稱為「接唱」，如此一前一後地交疊著，形成一種「一波未平，一波又起」的複音式歌唱形式，目的是為了讓音樂不要中斷。在賽德克族人的觀念中，「uyas rmweri / uyas kmeki」並非指特定的某一首歌曲，而是賽德克族祭典歌舞的泛稱，由一連串曲調前後銜接而成，並即興配上歌詞與舞步。在賽德克族過去的傳統生活中，「uyas rmweri / uyas kmeki」的唱跳在全年各種農事、獵首、狩獵祭典中，都是不可或缺的一部分。賽德克族的祭典沒有太多的繁文縟節，所有的祈求、祝福與慶賀，全都透過音樂表達，甚至可以說，祭典的精華即在於歌舞。在耆老的領唱與年輕人層層相疊的接唱形式中，在族人熱情沸騰的集體歌舞之中，歌舞的進行有如

「一波未平，一波又起」，一首接著一首的曲調被鋪陳開來，似乎沒有盡頭。從更深層的文化內涵看來，賽德克族人在歌唱時形成特有的疊瓦式唱法，所追求、營造、努力的，也正是 Waya / Gaya 的精神：祭典的歌不能中斷，正如爐中的火不能熄滅，它們代表整個族群薪火相傳的命脈。公告登錄的保存團體「賽德克傳統文化藝術團」成立於 2012 年。成員主要由南山溪部落的族人所組成，該部落屬於最古老的德固達雅語族。在傳統文化一片急速的凋零聲中，由碩果僅存的高齡者老 Obing Nawi 帶領著年輕世代持續傳唱祖先所留下的古謠，而且曲目保存相對完整（曾毓芬老師）。註19

在賽德克族人的觀念中，「uyas rmweri / uyas kmeki」並非指特定的某一首歌曲，而是賽德克族祭典歌舞的泛稱，由一連串曲調前後銜接而成，並即興配上歌詞與舞步。註20

五、賽德克族傳統樂器

在傳統的器樂上，賽德克族主要有口簧琴、縱笛及木琴等三種器樂，其中口簧琴的功能常讓人嘖嘖稱奇，例如它有男女談情說愛、傳遞訊息，可搭配在歌舞表演中慰藉族人的身心等功能，但也有禁止使用口簧琴的場所。至於縱笛，則是專用於賽德克族獵首文化的場域，這也是縱笛失傳的主因。註21

（一）口簧琴

台灣原住民各族幾乎都有口簧琴這種樂器，包括平埔族。十六族原住民中，除了達悟族人並不使用口簧琴，其他各族都有口簧琴。

德固達雅群人稱口簧琴為 tubu，德路固群與都達群人稱為 lubu。製作口簧琴的材料，主要是竹子，再依簧數與材質的不同，有更細緻的名稱區分。

在過去的傳統生活中，口簧琴與賽德克族人息息相關，幾乎與日常生活融合在一起，舉凡休閒娛樂、舞蹈伴奏、傳遞情意，甚至求婚的場合，

含蓄保守的賽德克族人，都會以吹奏口簧琴來傳達內心的感受或想法。

口簧琴之功能：一般口簧琴用於自我娛樂，談戀愛男女訴情或舞蹈之時奏彈助興，男女老幼皆宜。青年男女常用以示好，表示追求之意，也是飲宴及慶典時助興之物。所以，口簧琴有娛樂、傳訊、嬉戲、助興的功能。也可以做為男女定情之物。一般口簧琴的吹奏，任何時候均可，唯在出草、喪事期間是禁止使用的。

口簧琴的功能常讓人嘖嘖稱奇，有合適的場合，但也有禁止使用的場所，如喪葬場合。

台灣的文面民族（包括太魯閣族、賽德克族及泰雅族），將口簧琴發揮得淋漓盡致，不僅用口簧琴來表達個人的情感，還發展出配上舞蹈的口簧琴舞。賽德克族的口簧琴舞也很著稱，男女相對，一面演奏口簧琴，一面左右抬腳隨著音樂節奏舞動。使用舞蹈動作傳達愛的訊息，表達給對方知道。

口簧琴主要由竹子（琴身）以及銅片（作簧）組成，利用一條繩子的拉動以發出聲響。賽德克族的口簧琴，節奏較快，聲音較低沉。

口簧琴吹奏，是利用麻線拉扯，再加上嘴巴的吹氣，就能發出聲音，雖然口簧琴是極為簡單的樂器，但是卻是很難發出樂音，更何況還要吹出高低音。

口簧琴吹奏時，以口湊於琴簧尖端，即琴身下端部分；左手持琴，使琴凸面向口，以唇唧之，右手扯繩，不斷均勻的向右稍前拉扯或牽動尖端使之震動發出錚錚嗡嗡之聲。 同時以口呵簧尖端，配合唇形及舌尖吹氣，以呵動空氣，遂可得抑揚頓挫輕盈悅耳之音調；而琴簧長短不同，可發出較多的音調。註22

口簧琴除了單簧外，還有多簧口琴，簧片多達六、七片，當然簧數越多，需要的吹奏技巧也就越複雜，吹奏難度也較高。口簧琴是一種構造簡單，攜帶方便的小型樂器，多簧口琴（雙簧、四簧，甚至七簧、八簧），簧片寬窄厚薄不同，可以產生高低不同的音階。

口簧琴（lubu qwoqaw / tubu qoqo / lubu qawqaw）小巧玲瓏。材料以桂竹的竹片銅片、麻繩及毛線組成，造型為長方形，長約 10 公分，吹奏時以嘴對準簧片利用嘴唇、牙齒及手部拉扯的方式，吹出悅耳的聲音，吹奏的音調依簧片多寡及個人的吹奏方式有所差異。口簧琴必須用線來

拉，這個拉線的物理的原理就是「頓」，「頓」的力量來使銅片顫抖。口部做為音箱之功能；配合呼氣及吸氣的節奏，顫抖的氣和銅片相撞的結果，彼此撞擊產生另外一種很好聽的聲音，所以才會有不同的節奏變化。口簧琴可以在族人自娛時獨奏或親朋好友齊聚一堂時合奏，同時具有歌謠伴奏的功能。男性有時也用來彼此較勁，吸引異性的注意，男女之間也常以吹奏口簧琴的方式傳達愛意，或藉著口簧琴思念已故親人及遠離的戀人。註23

女子吹奏口簧琴／田哲益提供

（二）笛

笛是一種管樂器，是屬於無簧片的竹管樂器，由通過樂器開口的空氣來發聲。屬於邊棱音氣鳴樂器（edge-blown aerophones）。

口笛：是以細長竹管製成的直吹式豎口笛，長約 15 公分的短笛，是男子自娛或追求女友時所吹的樂器。註 24

縱笛（獵首笛）：長約 30 公分的長笛，僅限頭目或獵首勇士才能吹奏，於獵首祭典和獵首凱旋歸來時吹奏以示慶祝。註 25

此種獵首笛，要用嘴巴吹氣，是出草馘首凱歸用來吹奏的樂器。不但是慶祝凱旋獵得敵首，也是歡迎敵首之靈加入本族的行列，亦有安慰敵首之意，全部落族人飲宴歡慶敵首的到來。

獵首笛（pwau / pgagu / pgagu）的形制，取材於孟宗竹。長度 1 尺左右，直徑約 3 或 4 公分，與日本的橫笛相似，音色如明笛而音寬一點。獵首笛是在出草戰鬥後凱旋時吹奏，除了頭目與有勢力的男性使用外，婦女及孩童皆不能玩弄。非娛樂用之器，不與歌謠伴奏，出征獵首凱旋時在部落之山角吹奏此笛，村民聞此聲響歡聲相迎，平時不聞其音。獵首笛於首祭（安放首級、供奉酒餚、實施歌舞），或村中祭典時，由成功獵首者吹奏，女性與孩童不允許用手觸及。註 26

獵首笛雖是賽德克族傳統樂器，但隨著獵首文化消失，這項樂器也面臨失傳，今南投縣仁愛鄉廬山部落，已有人透過相關文獻資料重製獵首笛，雖然出草獵首文化已不存在，盼獵首笛所呈現英勇、榮耀的文化精髓永遠留傳。

賽德克族傳統樂器，一般常見的是口簧琴及木琴，此外還有一種神秘的樂器「獵首笛」，許多年輕族人都沒見過，由於是早期族中勇士獵首後吹奏的樂器，可能也因日治時期嚴格禁止獵首文化後而消失。仁愛鄉廬山社區發展協會總幹事張鈞凱表示，翻閱早期的舊照片，曾發現照片中的人物握有一件他從來沒看過的器具，後來調查與詢問之下才知道是獵首笛，長約 30 公分的笛子，用途是出草獵人頭之後，藉由吹笛聲，引領、撫慰、召回被獵者的靈魂，過去只有獵過首級的男子才能配戴，象徵男子已經成年，也可以文面。目前在部落也讓學童嘗試自製獵首笛，希望讓消失的傳統樂器能再度流傳於部落。雖然獵首出草的文化已不存在，但期望獵首笛

所代表英勇、榮耀的文化象徵，還能夠持續傳承下去。註27

〈奇萊山白雪下的孤魂〉（出草歌謠）

採錄者：沈明仁（Bawan・Tanah）。
採錄地點：南投縣 Alang Truwan 合作村平生部落。
演唱者：Away Bicih（廖黃貴美，95 歲）。

Muyas ku ！ 唱歌唷！
muyas ku gmalak ！ 我唱獵首的歌呀！
miyah so mi kuxul la 我來尋找所愛的人
en ne wada tuma huda da 在白雪的山底下等待
en ne wada tuma dowriq da 在高山白雪的山底下等待
an mo risaw hobi xobun nida 一個青年出現了
an mo risaw hobi xobun nida 一個青年出現了
mosi musa nami da niwah 我們提人頭回家
mosi musa nami da niwah 我們提人首回家
a-n mu tbbrih dungan wah 返回聖地唷
a-n mu tbbrih dungan wah 返回聖地唷
en ne tuma huda da nii 在白雪下了
en ne tuma huda da nii 在白雪下了
wuka bi kumu qelan da nii 無人能抗衡
wuka bi kumu qelan da nii 無人能抗衡
asi nami knttu 我們堅持
ini qduri 不逃避
ini knpriyux lnglungan 不改變心念
ini knpriyux lnglungan 不改變心念
en taga ku ciway balay han 試著等一下吧！無人能抗衡。
en taga ku ciway balay han 試著等一下吧！無人能抗衡。
so miyah so mi kuxul tada 尋求愛的人呀！
so miyah so mi kuxul tada 尋求愛的人呀！
so miyah somokuxul Kana ta da 尋求愛我的人呀！
so miyah somokuxul Kana ta da 尋求愛我的人呀！

en ne wada tuma huda da 來到白雪山下
en ne wada tuma huda da 來到白雪山下
inkiya hiya da nida wah 所愛的人（人頭孤魂）永遠在了
inkiya hiya da nida wah 所愛的人（人頭孤魂）永遠在了
a-n tlamay mu bi txan da 讓我再試一試看吧！
a-n tlamay mu bi mu txan da 真的讓我再試試看吧！
en risaw tuma-xul da 孤寂在枯樹下的年輕人
en risaw tuma-xul da 孤寂在枯樹下的年輕人
en risaw tuma huda xa 白雪下的年輕人
en risaw tuma huda xa 白雪下的年輕人
miyah so bi so-mukuxul da 來真的喜歡作伴呀！
en wowa llbu nii da 美麗的少女呀！
en wowa llbu 美麗的少女呀！

　　歌詞的意義大致是說：在奇萊山白雪下所獵取首級的孤魂唷！你們不再是我的敵人，現在已經是我們的朋友，你的魂魄將與奇萊山白雪下的精神同在，你不再孤寂，因為你的孤獨，已經蛻化為我們還生存的人的喜悅。講到原住民的獵頭習慣，其動機上非常的單純，絕非濫殺無辜，而是因有人褻瀆神明、復仇、發生瘟疫、疾病，以及獵場紛爭之故而起的行為。獵過人頭之後，對他們的社會又是一個新生命的誕生，更是人類與大自然之間重新和諧分享新生命的開始。所獵的人頭，此時也已經成為族人生命昇華的最愛，及祖靈垂愛家族的寶貝。或許這樣的觀念以現代人的價值觀看來，是一種令人不可思議的另類想法，但此一理念確確實實，曾經在以前賽德克族人的世界發生過。因此，出草或獵人頭的行為，是祖先的遺訓，也是子孫應該遵守的神聖行為，更是無上的道德準則；它是賽德克族人的 waya / gaya，是生活與生命歷程中的慣例、規則、或祭祀的方式。其由來絕非偶然，亦非想像，它是先天性的行為，絕不能因明末清初以來漢人、荷蘭人、西班牙人、日本人等相繼侵入台灣，而誤解其原本是與天地之間萬物共生共息的思考體系，而認為是野蠻的行徑，反而不將其視為自然環境中不可無的生存競爭，而對賽德克族人的 waya / gaya 產生敵對的行為說法，那樣也就未免太過牽強附會了。註28

從歌詞中可以知道：在奇萊山雪白皚皚的銀色世界裡，賽德克人將殘酷血腥的獵首行動，化為美少女般一樣的純真無邪，是一種生命昇華的景致。敵人的人頭，此時已經變成家裡的人，它可以使孩提時代的恐懼，因為血水化為烏有；也可以驅逐家中的瘟疫、疾病、服喪與不幸等事宜，諸如此類的事務，都藉由獵人頭的儀式，將人類的一切不平衡託付給祖靈做判決，以求得人世間彼此平衡的心靈溝通。因此，獵首集團在出草之前，會將自己的生命交付祖靈，並唱著如下的歌詞，以勇敢的走入永恆的彩虹橋（神靈橋）的彼岸：註29

wada ku bi hiya da ！ 我走去彼岸的那邊了！
rimuy maku balai wax ！ 我們都是真正的拜把兄弟哇！
tai、tai、tai、musa， 傾聽著吧、看著吧、想著吧！
dmudul tuma qarau harung 我們的魂魄在枯死了的松樹下，
tarayan 引領著，
gisu madas， 提領著無邪的魂魄，
si rabu harung。 猶如松葉的汁在燃燒。

出草歸途的凱旋歌：註30

聽著吧，人們！看著吧，人們！
吾等決死的勇士出草，在那枯松之下，
混戰如松葉亂飛，而今正帶著松葉（比喻首級）歸來了。

〈賽德克・巴萊之歌〉註31
詞：魏德聖，曲：賽德克古調

啊～真的啊！
我來到這裡
我曾英勇守護的山林
真的呀～是真的！
懷念過去的人們啊！

我來到這裡

我曾英勇守護的山林

這是我們的山唷

這是我們的溪唷

我們是真正的賽德克巴萊唷

我們在山裡追獵

我們在部落裡分享

我們在溪流裡取水

願我為此獻出生命

溪流啊！不要再吵了

祖靈鳥在唱歌了

請唱首好聽的歌吧！

為我們的族人唱

來自祖靈的歌

願我也獻出生命！

巨石雷光下

彩虹出現了

一個驕傲的人走來了

是誰如此驕傲啊？

是你的子孫啊！

賽德克巴萊！

（三）木琴

目前被發現有木琴的族群是二個族。一是阿美族稱 Kokan，用懸吊之方式，琴鍵共有三根，三根鍵是由軟木、硬木及竹子所構成。二是塞德克族稱 Tatak，是由四根相同木材橫放在二根木座上，通常是放在硬地或平石頭上，如此共鳴度及音量較大又清脆。所用的材料通常是有特定的木材，如山鹽青（布農族俗稱原住民的鹽巴）、食茱萸（阿美族俗稱原住民味素）、油桐等。琴鍵（木條）的音是塞德克族傳統歌唱的音階，即：Re、Mi、Sol、La 或 Sol、La、Do、Re 四個音。彈奏的方式有分單手和

雙手彈法。註 32

　　木琴（tatuk）是早期賽德克族人使用的樂器，現在已經很少見到，但在同祖群的花蓮太魯閣族卻是常見的樂器。

　　木琴是鍵盤敲擊樂器的一種，以琴棒敲打以產生旋律。從日治時期的文獻可見，有賽德克族及太魯閣人使用木琴，是傳統樂器文化，除了琴鍵長短會影響聲音的變化之外，不同木頭的材質、不一樣的粗細、使用的敲擊棒、打擊的力量、木頭的形狀、琴座的材質、寬度等，都會產生樂聲的影響。

　　傳統木琴大多取材油桐、山鹽青等樹木，因為其材質輕，可以敲出清脆的聲音。製作前，木材需先陰乾三至六個月，一組木琴只有四條木棍，及二支敲擊的小木棒。首先，將木琴調出 Re、Mi、So、La 四個基礎音階，再視其長短粗細之不同，調出不同的音域，團體合奏時，自然合諧的叮咚聲宛若天籟。木琴的音質好壞，與樹木的長短、乾濕及粗細有著極大關係。註 33

（四）織布槽

　　織布用的工具槽，因為材質很厚重，故其共鳴很好，從這名稱來說，是屬於塞德克族的語言，意為「敲」的意思，它的原名為「Ubung」。

（五）自體發聲樂器

　　自體發聲樂器（Idiophone），如鈴鐺或飾片，幾乎是台灣原住民各族很普遍的樂器，有時是掛在服飾上，有的是掛在身上，如鈴鐺、背鈴等。飾片則是魯凱族或排灣族較普遍。這些鈴鐺或飾片小、中、大都有，阿美族還用牛鈴繫於身上，聲音非常響亮。鈴鐺或飾片跟背鈴、臀鈴的功能相似，是配合歌舞活動及節奏而發出響聲，聲音即融合在歌舞中。

六、賽德克族舞蹈

（一）舞蹈釋義

為什麼舞蹈叫做 Mbay nowah（Tgdaya 語群稱 Mekayibe）？有關 Mbay nowah 的原義已失傳，「-wah」是一種感嘆語詞，如果單單使用時，「Wah」，有可惜、無法再挽回，或暗指非所期待的情境發生了。若與其他語句放在一起時，就常會用來當作激勵或勸勉的話語；如：「knbiyax / Kmbiyax wah！」（要加油喔）；「Wah！Masu saw ni da！」（咿！你為什麼會這樣了呢？）在語彙的使用上，常常會放在不是指責的句子裡，而是在說明「相信對方有能力可以做的更好，只是沒有用心罷了」的句子裡。至於「Mbay nowah」的字義已經失傳，現今老人所說的都無法考據哪一個才是正確，一般主張此句是指「歡欣」、「快樂」，或有的老人會認為是「表達鼓舞」、「激勵」，或「相互勸勉」的意思。但是，從部落田野調查的實際訪問結果來看時，比較會偏向後者的看法。因為，這和整個舞蹈的主要精神是相連結的。「歡欣」與「快樂」的解釋，應該是後期才有的解釋與了解。相傳這個舞蹈並不是為了要「歡欣」或「快樂」之目的而存在。而是有它更深層的意義，想透過這個舞蹈來表現。註34

一個相傳好久，年份已經無法考據的舞蹈，是長久流傳在部落當中。在經過長時期和不同文化的侵染之後，雖然，所展現的歌謠可能和過去傳統的舞蹈和唱法有些變化，但這種的變化，在不同文化相互影響下，其實是很自然的發生。現今在賽德克部落裡，每當有節慶時，部落的人就會一起來響應，聚集在廣場慶祝舞蹈。但無可否認的，部落的傳統舞蹈，也漸漸失去了過去曾具有的崇拜、聯繫各族人，或透過歌舞來掏出每一個人心底的話，得到內心轉化與更新的心靈療癒效果的舞蹈層次。部落觀光與商業性的展演，減低或弱化了原來舞蹈的傳統意義。回想過去部落經驗的傳統裡，只有在部落勇士們獵到侵入疆界的外人頭顱回到部落後，才會有這種的舞蹈可以參與的情景，和所要表達的部落精神，幾蕩然無存了。由此可以想像，當中所涉及族人傳統部落的宗教哲學和生活智慧，也都隱藏在當中，期待未來能有更多挖掘，展現其新的意義。因此，Mbay nowah 傳

統舞蹈，是部落神聖祭儀和社會團體治療非常重要的部落資產。註35

（二）為什麼要跳 Mbay nowah 舞蹈

　　台灣原住民各族，都有流傳下來的傳統舞蹈，當不同族群舞蹈時，都可以馬上知道分辨，這是屬於哪一個族的歌曲、舞蹈或舞步。賽德克族為什麼要跳這種舞呢？又哪個時候才跳呢？從宗教社會學的分析角度來看此舞蹈，對賽德克族人有什麼意義呢？當我們嘗試探問這些舞蹈的意義時，就好像相對的，讓自己被牽引在探問〈約拿書〉成書，對以色列人有什麼意義的問題。從賽德克族的部落經驗，或從賽德克族舞蹈的角度來分析時，〈約拿書〉就像讓每一個個體，一個接著一個的，參與所結合的整體之舞蹈，它的寶貴不在舞姿的美與漂亮與否？而是透過舞蹈，使每一位成員在陳述自己內心的話之後，就會得到會眾即時的回應，且得到適時的激勵、支持與共鳴。因而，在台灣原住民部落的舞蹈經驗中，也可以轉化為詮釋《舊約》經文，一個很好的素材，同時，相對的也會獲得不同意義。註36

　　Mbay nowah 舞蹈在傳統部落裡的生活處境中，可以呈現出不同的意義：註37

　　1. 祭儀：舞蹈也是部落裡的祭儀一環，對於所祭拜的神靈，可以透過 Mbenowah 的舞蹈，達到與神靈交通的機會和境界。透過舞蹈和舞蹈者共同頌唱與回應，把內心的話語陳述給眾人聽，也將大家的心願都交在神靈手中。

　　2. 認同一體：透過舞蹈，讓每一個人都有機會參與，也有機會來表達自己，凸顯自己在團體裡的角色，透過所陳述心裡的話，讓所有的人都能在舞蹈當中，可以認同自己是屬於這一個大家庭的一員。

　　3. 心靈治療：透過舞蹈進行心靈的治療，來讓每一個人在舞蹈當中，通過每個人的分享、回應以及肯定的舞蹈過程，使每一個參與的人都可以有機會被接納。在陳述自己的心境當中，沒有人會批評與指責，只有所有人都參與你的舞步和歌聲，來齊心支持和鼓勵的回應，因而常成為部落裡做為個人和部落裡心靈治療的重要媒介之一。

　　4. 內在宗教社會結構的重新建構：透過舞蹈，年輕的男女，可以在當中陳述對所戀慕者的愛意，或夫妻之間表達自己的感受等。參與的人可以透

過在頌唱的陳述當中，重新對成為族群、部落或家庭的一個成員的歸屬感再行調適，進而在宗教社會內部，重建失序的族群、部落與家庭組織，甚至人類生命與大自然和諧的關係。

（三）Mbay nowah 舞蹈的結構

有了以上的了解，我們不難看出 Mbay nowah 在賽德克族部落裡所占的角色，以及部落裡透過 Mbay nowah 舞蹈，在宗教、文化或在族群、部落與家庭之間所發揮連繫建構的功能。舞蹈的意義不在於舞蹈本身的舞步或歌曲內容，因為，舞步與歌曲，有時候會一直重複著。重要的是，在所重複的舞步與歌曲當中，每一個參與連結在同心齊舞中，族人所陳述之心境的內容是什麼？這些陳述的內容，就是 Mbay nowah 舞蹈重要的精華。每一次的舞蹈，所陳述的內容常常會有不同的發展與結構，會隨著當時不同的舞蹈參與者的心境而改變，並產生不同的舞蹈效果。因此，Mbay nowah 舞蹈的好與不好，是取決於所有共同參與舞蹈的族人，是否一起付出闡述內心之心境，並同心交付在神靈無限生命空間連結的關係裡。這也成了 Mbay nowah 舞蹈常會吸引部落族人，樂於一起參與的魅力所在。Mbay nowah 屬於部落團體性的舞蹈；一個單獨的個人無法舞出。Mbay nowah 舞蹈是否能舞出精采，就要看每一位族人的參與度來決定了。註38

接下來，我們進一步來分析探討有關 Mbay nowah 的舞蹈結構。到底 Mbay nowah 舞蹈的結構是什麼？現今在賽德克部落裡的 Mbay nowah（或稱 Mekayibe）舞蹈，到底呈現出什麼樣的特色？賽德克族 Mbay nowah 舞蹈的結構，基本上不可缺少的舞蹈內容特色，有以下幾點：註39

1. 不同的舞步，不同的心境：不同的舞步，就會搭配著不同的心情，和不同的心境。選擇舞步的權利是在領唱者，他／她不僅是舞蹈中的領唱者，也是領舞者，同時也是陳述者。只有他／她自己知道自己內心的心境是什麼，想要陳述的內容是什麼？要用什麼樣的舞步，也都由他／她來決定。只有等到陳述結束時，領唱者會停在 Mbay nowah 的歌詞上，等待另一個接唱的人繼續下去。當場任何一個參與舞蹈的族人，只要你／妳願意，都可以成為接唱者。沒有勉強，相當自由，也帶有默契，可按自己的心境來決定是否要接唱。當中只要有族人的聲音湧出接唱時，其他在舞蹈中的族人就會全部馬上肅敬，融入新接唱者的舞步和心境裡，並開始新的舞步，和舞

出新的心境。這時候接唱（續唱）者，就會同時將舞步更改或延續相同的舞步。通常接唱者比較會採用新的曲調和舞步來陳述個人的心境。不同陳述者就有不同的心境和舞步來配合著，唯一的原則是，不同的舞步，不同的心境。

　　2. 不同的曲調，不同的陳述方式：Mbay nowah 的曲調不是很困難，而是由兩小節、反覆吟唱所組成。

　　一般 Mbay nowah 所選擇的曲調，分成以下幾種：註40

　　（1）沉穩堅實的舞步曲調。

　　（2）激昂鬥志的曲調。

　　（3）哀怨或祈禱祝福曲調。

　　（4）嬉戲笑鬧的曲調。

註釋

註1　陳順勝〈賽德克族傳統音樂與舞蹈〉，《民報》，2020 年 1 月 24 日。

註2　太魯閣國家公園管理處委託辦理計畫報告《東賽德克（太魯閣族）古調定位計畫》，受委託者：葛都桑音樂工作室，2009 年 12 月，頁 6。

註3　同註 2。

註4　余錦福〈賽德克與太魯閣族群曲調與歌詞之研究〉，台東大學《人文學報》，4 卷 1 期，頁 123。

註5　余錦福〈賽德克與太魯閣族群曲調與歌詞之研究〉，《玉山神學院學報》21 期，2014 年 6 月。

註6　郭明正〈認識賽德克族〉，國立仁愛高農《中投區輔導中心學校辦理 105 年度教師認識原住民文化研習手冊》，105 年 11 月 29-30 日。

註7　同註 6。

註8　Iwan Nawe〈賽德克族傳統歌謠有很多種唱法〉，原住民族文化事業基金會網站，2015 年 11 月 22 日。

註9　同註 4，頁 104。

註10　同註 4，頁 111。

註11　同註 10。

註12　同註 10。

註13　同註 10。

註 14　同註 4，頁 112-113。

註 15　同註 4，頁 113-114。

註 16　余錦福，《台灣賽德克口傳歌謠研究》，2001 年。

註 17　同註 1。

註 18　南投縣政府文化局網站。

註 19　同註 18。

註 20　同註 1。

註 21　同註 6。

註 22　自然與人文數位博物館網站。

註 23　Watan Diro《KARI 豐盛的話語》，2019 年 3 月 31 日，頁 218。

註 24　〈賽德克‧巴萊之歌〉南投縣政府環境保護局《真正的賽德克族環境智慧環境教育教材》。

註 25　同註 24。

註 26　同註 23，頁 219。

註 27　佟振國〈獵過人頭才能配戴──賽德克青年重製獵首笛〉，《自由時報》，2017 年 12 月 11 日。

註 28　沈明仁〈豐美的賽德克族文化〉，2006 年 1 月 11 日。

註 29　同註 28。

註 30　同註 28。

註 31　同註 24。

註 32　哈尤‧尤道（莊春榮）〈台灣原住民樂器介紹〉，《玉神學報》7 期。

註 33　同註 23，頁 217。

註 34　Walis Ukan（張秋雄）〈舞出「原味」蹈出「部落眼」（一）：賽德克族部落 Mbenowah 舞蹈中的約拿書〉，《玉山學報》11 期。

註 35　同註 34。

註 36　同註 34。

註 37　同註 34。

註 38　同註 34。

註 39　同註 34。

註 40　同註 34。

第十七章
Chapter 17

賽德克族精湛的
織布藝術與傳承

賽德克族的織布技藝相當精巧，在台灣原住民族中自有其殊勝之
處，占有一席地位。女性織布用的線材是苧麻纖維，經過繁瑣的
製程，才織造出各色交織的布疋，再以布疋製作衣飾及縫製被褥
等。賽德克族最常見的織物顏色有綠、紅、黃、黑、白色等，其
中以紅、黑、白三色最多，而對紅色卻情有獨鍾。南投縣仁愛鄉
是最早將傳統編織轉化為現代飾物者，例如混合刺繡、紡織與裁
縫的無邊帽，還有流行的手機袋等。

一、織布是賽德克族女子必備的技能

　　古時候，小女孩會被媽媽嚴格要求認真學習織布，因為從取材到成品
的程序是非常繁複的，所以必須一直跟在媽媽身邊長時間的學習，才會記
住每一個步驟，因為當時是沒有紙筆可以記錄。部落裡不會編織的姑娘無
法嫁人，因為她的丈夫、孩子會沒有衣服穿。註1

　　傳統賽德克族的織布工藝其工序繁複（mmari bi seysay ddaun），
流程瑣碎冗長。由栽種苧麻（hmuma kri）、積麻（kmugus kri）、捻線
（tmtiyadan kri）、理經（kmdosan kri）、染色（qmamas rakaw）、
整經（dmsay）至織作等過程，都是由婦女親自操作，非常辛苦。

　　婦女除了要上山工作，還要張羅食物，採野菜、搗米、煮飯、煮菜

等，還要汲水、洗衣服、照顧小孩等等，實在是非常辛勞，母恩比天高，太偉大了。

賽德克族女子織布造型花燈 / 田哲益提供

二、賽德克族的織布紋路

賽德克族傳統織布技藝有平織（Tinun balay / Tinun bale）、斜紋織（Cnuru）、菱形織（Pacang Doriq）、浮織（Pungapa）、緯挑（Ratu）、經挑（Puniri）等技法。其中平織紋屬最簡單的織布法，因其織法較簡單，賽德克族的女性也就容易上手，又由該織法所織出的布疋，可製成多樣性的製品，是最普通的織法。

賽德克族織紋之意涵：傳統織布圖紋各有不同代表意義，菱形圖紋代表祖靈的眼睛，長條形紋代表神靈橋，斜井字交叉象徵我們都是一家人，小點米粒則象徵農作物豐收。

織布文化中，挑織最為困難，賽德克語稱作 Miri；經挑技法是傳統賽德克族織藝最上乘的禮服織作技術。

布疋上的菱形圖案稱為 Doriq，意為「眼睛」，或稱 Doriq Utux（神

靈的眼睛）。

　　菱形紋稱 Doriq，代表人的眼睛和靈魂。多重菱紋組成的 Pulali，象徵眾多祖靈督促、護佑，要族人團結；直條或橫紋線條 Ulin，代表通往祖靈地的神靈橋；Gnsunguc，代表人與人彼此相互關係，象徵團結；Kskus，則代表農作豐收。在穿著場合上，Doriq Puniri，昔日多用於男性披肩，僅獵首者可穿載，而女性則用於綁腿。傳統 ribuc / skato（裙子）前面可用 Puniri 織作，以顯高貴，加上 ratang（短上衣）與 pragic（綁腿），即賽德克女性正式服裝的特色。註2

（一）平紋織

　　平紋織（Tinun balay / Tinun bale）：因紋路規律，是賽德克族最簡單也是最常被使用的的織布法。

　　可以調配各種色彩與紋路。大塊布附有兩條紋路，織在布的兩旁，中間不織圖紋。紋路用黑白、綠紅等顏色調配。大塊平織布是用來盛裝小米，並帶回穀倉內儲放，或者用來做背小孩的搖籃袋，或當床單皆可。註3

　　織平紋織時，要輪流取線綜光棒和開口綜光棒反覆動作，分別取綜光棒時，每次都要穿過緯線，再用打緯線棒打緊（鐵米拿葳依，1999）。

（二）斜紋織

　　斜紋織法（Cnuru）：比平紋織更緊更密、堅牢、厚重、耐穿，強度最強。斜紋織整經法比較複雜，往昔，斜紋織布料是用來做蓋被用的，因為斜紋織的布料比平紋織的布料來得厚。

（三）菱紋織

　　菱形織（Pacang doriq）：理經法和製作法，與斜紋織的作法相同。菱形織的紋路形狀貌似眼睛，賽德克語以 doriq 來指稱這種狀似眼睛的菱形紋。賽德克族人認為，將菱紋織於衣飾，猶如帶著祖靈的督促與護佑，直條或橫紋線條，則是通往祖靈地的靈橋。

賽德克族的織布圖紋上，最常見的就是代表眼睛的「菱形紋」，在一代一代傳承與教導織布技藝時，長者們覺得菱形看起來就像眼睛一樣。不同的原住民族也會有相似的織紋，像是布農族的菱形紋，代表的則是百步蛇的形象。

製作菱紋織時，人們稱為「後退製作法」，即是先提取線綜絖棒加緯線打緊，然後再提取分隔棒加緯線打緊（鐵米拿葳依，1999）。

（四）米粒織或浮織

挑織或浮織（Miri）的理經法與平織理經法一樣，挑織和浮織的製作法頗為相似，但是挑織所使用的線比較粗，因為製作時，必須用挑花棒挑出圖案來。挑織和浮織使用比較多的分隔棒。年長者認為，這兩種是屬於比較難的織法，必須經過長久不間斷的學習才能織得好。註 4

賽德克族最困難的織法，是浮織紋路，織法繁瑣，能熟練此織法的賽德克族女性，屈指可數，似有絕傳的疑慮。

三、賽德克族織布的最高境界 pniri 技法

賽德克最高級挑織技法，為用於盛裝之「Puniri」（經挑技法），以緊密挑織顯經技法，表現多重菱形浮紋為其特色。由於 Puniri 所有織紋皆以挑織經線完成，緯線完全為浮經包覆，故以「經挑」一詞，用來區別其他挑織技法。Puniri 織作時，需精準牢記圖案結構，耐心、專注使用挑花工具、次序，過程中不得出錯。賽德克人認為「一個會織 Doriq Pniri（挑織最高級菱形紋）的女人，稱為 mqedin bale / qridin balay（真正的女人），不會織者則被譏為 ngangax（傻瓜）、uxay mqedin / uxe mqedin（不是女人）」。puniri 技法多用於盛裝服飾、織品，其紋飾、用色，與鄰近泰雅族及遷移至花蓮地區的太魯閣族者殊異，深具地方特色與族群識別功能。註 5

深具原住民藝術特色與族群識別功能的賽德克傳統織布工藝，其中獨步原民族群的 puniri（經挑）技法，是傳統賽德克族織藝中最高階的織

作技術。因工序繁複，會此技法的族人原本就不多，隨著族內老人逐漸凋零，賽德克經挑技法已面臨失傳危機。註6

pniri（經挑）技法複雜獨特，為傳統賽德克族織藝最上乘之織作技術，唯目前擅此技藝者已經碩果僅存了，有失傳之虞。

賽德克族的耆老們一致認為，浮織紋路是傳統織布法中最繁瑣、最困難的織法，今日尚能熟練浮織紋路織法的賽德克族女性耆老屈指可數。但在過去的年代裡，賽德克族的女子一定要習得浮織的織法才能獲得文面的資格，始可論及婚嫁，沒有文面的女子是乏人問津的，因不善織布的女子嫁出後，其家人將陷入無衣可蔽體、無被褥可取暖的窘境。註7

賽德克族稱為 pniri 的技法，「p」為使役詞，有「使……完成」之意，「niri」即挑織，可表現多重菱形浮紋為其特色，也是最高級的挑織技法。註8

此經挑（pniri）技法，步驟繁複多變，難度最高，除了能表現出衣物立體圖紋，織物也比較厚實。經挑技法在挑花的過程中，不僅要用腦思考，還需要很專心及耐心，只要一個步驟錯誤就挑不上去，更要有足夠的工具來反覆交叉使用。

經挑技法在織作時，需精準牢記圖案結構，耐心、專注地使用挑花工具、次序，過程中不得出錯，才能織出成功的作品。經挑只能使用「水平式背帶腰織機」，簡稱「地機」，織作時必須全程坐在地板上，十分辛苦，許多想學習的人因而卻步。由於工序繁複，每每工作很長時間才能織出幾公分的長度。織布要完全安靜下來、專心一意，不能有任何干擾，稍一分心就會做錯。註9

2012 年，南投縣政府文化局將「賽德克傳統織布工藝與 Puniri 技法」公告為當地傳統藝術文化資產，並輾轉找到承襲張玉英織布技藝的女兒張貴珠、外孫女張鳳英，登錄為「賽德克傳統織布技藝保存者」。註10

四、賽德克族織布與宗教信仰

賽德克族女性不會織布，就不能文面，也很難嫁人，因此女性從小時候就要開始學習織布，從基礎到能夠織出複雜的圖紋，這樣才有社會地

位，並被男子爭相追求。出嫁後仍織布不墜，白天要到山上農作，晚上回家除了要處理家庭瑣務外，還要繼續織布。

在傳統賽德克族的社會當中，織布工藝是傳統生活中婦女所必備的技能之一。擅長織布的婦女，被稱為是「真正的女人」——勤勞而且才德兼具，死後才能順利通過神靈橋與祖靈團聚。註11

賽德克族的編織，具體實踐以 Waya / Gaya 所規範的文化生活；男性嚴格禁止觸碰女性的織布器具，否則會影響其生活與狩獵活動。織品則由女性來製作，並認為，如果賽德克婦女不會 miri（挑織），不會製作衣服和蓋被，則無法盡到讓家人保暖的責任，死後就無法走上神靈橋（Hakaw Utux），進入祖靈的家園。

尤瑪·達陸說：菱形紋稱 Doriq，即「眼睛」，眼睛代表一個人的靈魂，亦代表祖先之意。賽德克族人認為，將眾多菱紋織於衣飾，猶如帶著祖靈的驅策與護佑，可產生被保護意識，故多廣義稱為「神靈的眼睛」（Doriq Utux）。另外，也有織者將菱紋詮釋為「心」。直條紋或斜紋稱 Ulin，往往用以代表通往祖靈地的神靈橋，也有用來形容紋面的圖紋。山形紋「《」或「〈」，被詮釋為祖先遷移路徑，而運用直線交叉圖紋「X」，則代表舂米的臼、杵。賽德克族織紋主題多與祖靈或自然、生活連結，織布活動也提供實踐 gaya 的機會，用以強化祖靈與個人身後世界的連結。註12

賽德克族因反抗日本政府對原住民部落嚴酷的「理原政策」，被迫失去自己的文化與信仰，男不能狩獵、女不許織布，且引發慘烈的「霧社事件」。賽德克族人深信靈魂不滅，人死後將通過彩虹橋，前往祖靈相聚之所與祖先團聚，但靈魂在世時未遵守規範或男子不會打獵、女子不擅織布者，將無法通過彩虹橋。因此，織布是傳統賽德克女性必備的天職，不會織布就無法取得文面與婚嫁資格。而善織的女人必須勤勞且才德兼備，死後才能通過彩虹橋與祖靈團聚。註13

由此可知傳統狩獵與織布對族人的重要性。而關於賽德克族織布的傳說：註14

傳說賽德克族族人，過世後都要過神靈橋，橋的前端會有一個祖靈看你的手，看你的臉，就知道你是否會織布。會織布的人，就會平安過橋，然後上天堂；不會織布的人，會由橋下的大螃蟹，將靈魂帶走並加以困住。

又：註15

人過世以後，會走過神靈橋上天堂，但不會織布的人，走到神靈橋的中間
會摔落下來，底下的河裡有著巨大的螃蟹，牠會舉起夾子，把落水的人夾進石
頭縫裡，再也無法出來。

　　為了讓織布工藝永續發展，許多部落成立了復興傳統織布文化，縫製
各式各樣實用織品，融合了時尚與傳統風格的編織作品，將織布工藝與技
藝發揚光大。女性藉由織布，滿足了族人對衣飾的現實需求，實踐了 gaya
信仰的規範，也完成傳統的性別制約和角色功能。賽德克族人相信祖靈不
滅，男人必須要會狩獵，女人必須要會織布，將來死後才能通過神靈橋與
祖靈團聚。

　　關於賽德克族的傳統織布工藝的文化核心，Tmninun 一詞，延伸擴
及為編織神靈 Utux Tmninun 的概念，而著重於能否將織布的技藝達到
pnmiri 的境界，誠如賽德克族耆老說，kri（苧麻）是最自然、健康、環
保的原料，賽德克族族人居家都會保留一塊地來種植苧麻，經過割麻→剝
麻取纖→洗麻→晒麻→捻紗→捲紗→紡紗→煮紗→晒紗→染紗→洗紗→晒
紗→捲線→整經等十多道工序後，才開始織作。而這些工序都需要有跟祖
靈對話的寧靜時刻，整經時心要非常平靜，不能胡思亂想，否則織杼聲中
的編織之神，是無法完成 pmiri（經挑）的神聖工作。而經挑技法裡的圖
紋，也都有特殊的意涵。註16

五、賽德克族織布的材料苧麻

　　賽德克族傳統服飾以苧麻（Kri rungay / keguy runge）為主要材料，
苧麻纖維的麻絲，經過製作後成為各色交織的布疋，再以布疋當素材製作
衣服、衣飾與被單，主要有綠、紅、黃、黑與白色等顏色。

（一）台灣苧麻的品種與栽種

　　台灣所栽培的品種纖維類植物，以黃麻和苧麻占的份量最多，但是苧麻（kri rungay）的纖維比黃麻長，不透明，有美麗似絹的光澤，不易蟲害，韌度強是黃麻的三倍以上，而且顏色白容易染色，所以是最優質的染織物，深受歡迎。

　　以莖心的顏色，分為青心和紅心兩種，其中以青心種的纖維較長，品質較好。苧麻皮內的纖維是台灣原住民族織布製衣的主要原料。

　　古代大部分的婦女都會織布，女人若不會織布，不但不能文面還不能嫁人（即嫁不出去）。過去每一個家庭會有一塊地是專門栽種苧麻的苧麻園，族人從每年栽種苧麻，經過三個多月後就能採收。

　　苧麻自古即栽培為纖維植物，歐美各國稱它為「中國絲草」。史料記載：「古者先布以苧始，棉花至元始入中國，古者無是也。所為布，皆是苧，上自端冕，下訖草服」。而史料中所提到的「苧」就是苧麻。苧麻是中國古代重要的纖維作物之一。新石器時代長江中下游一些地方就已有種植。早在春秋戰國時期，江西古越族先民就已經開始從事苧麻耕種和使用手工織布。

　　植物纖維是人類生活中不可或缺的重要物品，台灣位於亞熱帶地區，適合苧麻生長的地點。苧麻播種，最簡便的方法是分根法。由苧麻手工織造的平紋布、羅紋布，又名苧布、生布、麻布等。

　　栽種了苧麻（kri rungay），也必須勤於管理有效除草，則一年可以收穫三到四次。

　　賽德克族昔日以種植原生種的苧麻做為紡織的主要材料，織成生活所需的布疋與衣料，但首要工作是婦女如何從栽培苧麻開始，到管理及採收的過程。再經由剝麻、刮麻、績麻、紡線、軒線、煮線、染色、理經處理手續。始能夠將苧麻的纖維製成線，以木灰、薯榔的塊莖，九芎樹的葉子，烏黑的泥漿做成染色的顏料，染成白、茶褐、黑的線材後，經理經的程序，再以傳統肩帶水平織布機，將族人精巧的手工藝一一展現在織成的布料上。植麻、採麻的工作，是婦女的工作項目之一，一般而言，婦女會選在春天 3 至 5 月份的季節來取苧麻的根莖種植，由於適逢梅雨季節，苧麻性喜多水，約三個月後即可採收。不過，纖維處理的工作，過去對部落

男性而言是禁忌，且不能參與。男人除了獵首、狩獵、擔任保衛家園與聚落的職責之外，如果從事婦女紡織作業的生產，是會被族人視為沒有男子氣魄而受取笑、排斥及 Waya / Gaya 的責罰。目前部落因經濟生產的方式、宗教信仰的改變及現今社會接觸後的變化，已不受 Waya / Gaya 的約束與規範。註 17

採收苧麻 / 田哲益提供

（二）台灣苧麻的特性

苧麻纖維長、強度大，熱傳導性能好，吸濕透氣性是棉纖維的 3 到 5 倍左右，是世界公認的「天然纖維之王」。苧麻的莖皮纖維細長、強韌、潔白，有光澤，拉力強，耐水濕，富彈力和絕緣性。

（三）苧麻布之製作

賽德克族人在苧麻編織的工作上，性別分工是十分明確的，通常由男性負責製作工具，而關於纖維處理的工作，則都是女性的工作，男性一律不碰觸。

關於纖維處理，會經過割麻→剝麻取纖→洗麻→晒麻→捻紗→捲紗→紡紗→煮紗→晒紗→染紗→洗紗→晒紗→捲線→整經等十多道工序後才開始織作。註18

由種植苧麻到織成布疋，其過程是一個複雜而繁瑣費時又辛勞的過程：

1. **苧麻採收之徵兆：**註19

   (1) 收割苧麻時用的工具是鐮刀。

   (2) 一旦苧麻有開花的現象，則代表已成熟可採收。

   (3) 在苧麻上端葉子顏色呈現黃色，則代表已成熟可採收。

   (4) 葉炳的顏色變黃，就可以採收。

   (5) 莖從綠色變成黃褐色，就可以採收。

   (6) 根的邊緣長出嫩新芽，各節之間開花結實，還有木質部與韌皮部容易分離，即可採收。

   (7) 割下來後葉子先剝掉，整理好再進行刮青。

2. **收割苧麻：**苧麻多由賽德克族的女性們親自栽植，挑選適宜長度（長得高於人）的苧麻，而且不能分岔，摒除枝條過短的苧麻。收割下的苧麻枝條，不可長時間曝曬於日光下，要置放於日蔭處，以免苧麻乾枯影響刮麻及苧麻品質。收割下來的苧麻枝條，當日刮麻完成為佳，當天來不及刮麻的苧麻枝條，可以將其置於水中避免乾枯，第二日再進行剮麻程序。註20

3. **去枝葉：**把採割下的苧麻，去除枝葉。

4. **杆心和外皮分離：**割下的苧麻，趁濕潤時，折斷苧麻莖條，剝下整條的外皮，即將杆心和外皮分離。

5. **刮青取出纖維：**

   (1) 將青色表皮刮掉，可得淡青色的苧麻纖維，稱刮青。

   (2) 以刮麻器（qataq／gesak／gisak／wisak）進行刮青：剮麻器之製作，應選用 3 到 4 年生的竹子，過老及過於年輕的竹子在刮麻過程中易斷裂，不宜選用做為製作刮麻器。

   刮麻器是取一根長約 1 公尺的桂竹，一端為前端，以刀刃從中剖開至第一節前的位置，在此以小刀，把剖開的兩邊取一邊，以中間為頂，斜削往兩側，在這兒稱「谷」，頂到谷之間有 3 到 5 公分的差距，再將另一邊以同樣的方式，把它削好呈弧

型。刮麻器由前端側面看過去，形成 V 字，刮麻器的谷底就是早先剖開的縫隙到第一節前，在此以「牙」稱之。註21

在刮麻（snkri / smkeguy）前，婦女會取一塊布置於地上為蓆，待婦女坐定時，右手拿剾麻器，左手拿苧麻，將苧麻皮夾在剾麻器用力推出，把莖肉去除掉，以得韌性的苧麻纖維。

進行刮麻的操作如下：註22

A. 兩手握緊苧麻，左手心向上、右手心向下，握緊麻的根莖部，以右手做支點向下施壓，左手用力往上對折。

B. 依前（1）要領將麻莖往下對折，這時麻莖木心部分會被折斷，但表皮纖維不會折斷。

C. 左手緊握根部的麻莖，將以折斷根莖的部分做為支點，右手輕握著麻莖，把拇指伸入表皮纖維內，向麻莖的末梢方向撕去。

D. 為了使其與木心分離，不能單靠手的力量，還必須藉住兩腳幫忙，以（3）同樣的方式將另一側的表層纖維撕去。

E. 此時將撕開的表皮拉直，放置在兩腳下以腳指夾緊，左手取刮麻器，將表皮纖維插入刮麻器前端縫隙處夾緊，左手握緊另一端做為支點，右手握緊刮麻器向下，向前刮去至腳指處，再將另一端握著苧麻的根莖部，同前把木心撕去，以刮麻器刮除表層，留下可使用的苧麻纖維，刮好的纖維則放置於婦女左後方呈半月型。

F. 每次刮麻均以 2 到 5 株為一單位，通常是依照麻的粗、細來決定刮麻的量，積兩個單位綁一個結成一束，12 束為一把（春陽），大多婦女還是採取以 20 束為一把。

6. **曬麻（Mhidaw nuqah / Mhido nwqah / Mhidaw nuqih）**：以刮麻器刮除苧麻莖表皮無用的纖維與雜質去除後，所留下（一次所刮麻的量）可用的纖維稱 Tci，積兩個單位，綁一個結，也稱一束（Kingal Pungu），而一把族人稱 Kingal Khkus，但仍以一束綁好，分放竹竿上日曬。曬乾後，就將其收集放在倉庫裡。
註23

要曬的苧麻必須捆綁，生苧麻經過太陽曝曬後，並未真正完成，還有許多非常繁瑣的手續和處理過程。

7. **洗麻（Mahu nuqah）**：由於苧麻纖維含有膠質，經日曬後會變硬。因膠質會溶解於水中，所以經由清水沖洗過後的苧麻，纖維會更為柔軟。

8. **米糠 （Psanan tnabuy / Psaan tnabus）揉搓**：清洗好一把苧麻的纖維，置於盛線筐中，倒入米糠一同搓揉，米糠的功用，是將殘留的膠質與水分迅速吸收。再以甩打的方式，使纖維變的更柔軟，最後經由日曬後，仍以一把的單位捆綁起來放置。註24
   苧麻線要先洗過才不會粗糙，用米糠搓揉素線，清淨粘著於麻絲上的膠質粘液，織布時會很滑潤（mdhriq）。

9. **煮麻**：此時的苧麻線纖維仍很粗糙，還得經過烹煮將纖維煮軟。

10. **漂白**：麻線在大鐵鍋中蒸煮，同時加上苧麻皮燒成的灰，將苧麻線顏色漂白。

11. **曝曬**：起鍋後的苧麻，經過長時間的曝曬，讓纖維更為堅韌。

12. **染色**：為了增加色彩上的變化，賽德克族以植物或礦物為染料，豐富了麻線的色彩，更織出富有美麗圖紋的服飾。
    取部分線材染色後再曬乾，做為配色用的線材。賽德克族人從大自然中擷取各種顏色的植物，為苧麻線進行植物染。染過的線，洗乾淨後曬乾，才能捲成線球用來織布。賽德克族染色用植物，如Tplaq（薯榔）、Rngung（山黃麻）、Wasaw sraw（九芎木葉），也有用黑泥巴染色者。
    紅色是賽德克族人的最愛。紅色代表血液，也代表力量。在賽德克族各群的服飾型式或用色上，大致可分為七個系統，呈現了多彩多姿的風貌。註25

13. **捻線（mnuqah / mnuqih）**：註26
    (1) 曬乾後的苧麻線，取一條繞在頸部，長度適中不宜過短。
    (2) 再將麻線與掛在頸部的線結合，如項鍊一般。
    (3) 要捻線時，一手固定繞麻線。
    (4) 另以大拇指與食指正一反動作，把麻線纏繞一起。
    (5) 固定交叉後，麻線繞在手掌上，直到手掌繞滿麻線。
    (6) 麻線繞滿手掌後取下，在中間處綁住才不易脫落。
    捻線時，要經過扭轉的動作。老織師在捻線時，會把手用口水沾

溼，將苧麻線以大拇指與食指互相交叉連結，若不用口水，可用濕紙巾替代。要捻線需要常常練習，苧麻線才會纏繞一起不易脫落。

14. **續麻** （Mnuqah / Mnuqih）：婦女會搓一點麻，套在脖子上，就像一條項鍊一樣，再拿一束 Kingal Pungu 的麻，綁好並套在脖子上的麻線上，這主要是方便取拿，然後將一根根的麻銜接起來，亦把較細的地方，補些麻使其均勻，再把兩根接好的麻，置於左手掌上纏繞至滿便拿下來，放在盛線筐內。續麻的量不定，以個人手掌的大小能容納的多寡來判定續麻的量，有些婦女可績到四個 Pungu 的量，也有只能績好二、三個 Pungu 的量，但最後都會以績完一把的量，來集中放置盛線筐內。續麻的過程相當耗時，婦女除了忙碌農事與家務，經常還見到婦女在上工的路途上，或是親友閒聊談天的同時，進行續麻的工作，直到一把又一把的苧麻纖維績好成線時才進行下一個步驟。註 27

15. **紡線**：工具及使用方法如下：註 28

    (1) **工具**：紡捶、筵：紡捶（Surun）最早是採用石器做為紡捶，後來又用到鐵器、牛的大腿骨、番薯，只要是有重量之物體，皆可利用做為紡捶的材料，其中央有洞，是方便讓筵子（Tiyadan）插入而固定。筵子是用竹子所製成，長約 30 到 35 公分，頂端有個倒勾，可用來掛在牆上，而最下端再往下量 3 公分為較粗處，整體呈圓椎型。

    (2) **使用方法**：將筵子插入紡捶的洞內予以固定，把績好的麻線先繫在筵子倒勾處，再用雙手急搓筵子，使線頭更緊密。拆掉筵子倒勾處的麻線，再將麻線繫在筵子中央，紡線者用雙手急搓筵子，使紡線器在空中轉動。紡線者姿勢不定，站坐均可。待筵子纏滿，便可將紡捶取下，換筵子；重新再紡線。

    (3) **用途**：可使續麻成線的纖維經紡線更結實、光滑，成為好的麻線。

16. **軒線**：軒架（Tosan）：是用木頭或竹子製作而成的，型如橫 H，也像公字，其上、下兩端橫木較短且細，我們稱為軒邊，中央豎木較寬，可支撐兩端橫木的支柱，稱為軒隔。軒架長約 120 公分左右，中央有個洞呈橢圓形，是做為握把操作之用，約有 10 公分長，

上下端各有一個小孔，可插上軖邊，有 65 公分長，其作用是軖線時繞線之用。註29

17.**織成布疋**：傳統織布，族語稱之為 tminun，女性用的織布，用的織材，主要是得自苧麻纖維的麻絲，經過繁瑣費時的製造過程後，才能織造出各色交織的布匹。 最常見的顏色有綠、紅、黃、黑、白色等，而賽德克族人對紅色卻情有獨鍾。人與織布機是一體，隨著雙腿的屈膝、伸直，桂竹製的梭子，在上下二層織線間來回遊走。

（四）苧麻之成品及服飾

織布的材料以苧麻線（Nuqah / Nuqih）為主，在工具上主要有 ubun（水平腰機）及弓織，織品則包含衣飾與蓋被。

精細的苧麻絲，可以純紡，也可和棉、絲、毛、化纖等混紡，用紡出的苧麻紗織出的布稱之為苧麻布。苧麻的韌皮纖維，也可製作細麻繩，或編為繩索、麻袋、漁網的材料等。

大部分上衣都是以白色為底，紅、黑相間，而長老服飾以紅色為底，藍、紫色織出圖紋。

賽德克族服飾最大的特色是紅色風格，男女傳統服裝都有苧麻製作的披肩，常見的男子服裝以白色長袖長衣為主，長衣上面有帶狀紅色條紋。女子長袖短上衣為紅色多條紋長袖上衣，下身穿著單片長裙。

日本殖民統治時期之後，印花棉布逐漸普及，長袖上衣以紅色棉布為底，在袖、肩部縫上藍色印花布，下擺縫綴小銅鈴，以立領形式為主要特色。 近年來，這些服飾的特色，大多以改良傳統服飾來推廣，做為彰顯民族文化的元素。註30

在賽德克族群的傳統服飾裡，較常見的要以長袖長衣最為普及，而無袖上衣較為少見。因生活環境的關係與實用性，居住於中高海拔的族人，常因奔跑於山林之中耕作或狩獵而遠離村落，獵場臨時所搭設的獵寮與耕地的工寮，夜宿其中，霧重、寒冷的天候，自然長袖長衣較能夠禦寒；除此之外，山區布滿長刺的植物，族人也必須要劈荊斬棘的來開路，故長袖長衣為族人所使用。註31

賽德克族的服飾組件：註32

1. **男性**：頭戴藤帽，上半身是長袖上衣，下半身只穿著遮陰部，隨身配刀、菸草袋以及耳飾、頸飾、腕飾等，在平時，還會多加披肩。

2. **女性**：女性服飾上半身穿著長袖短袖上衣，外有胸兜，下半身穿著片裙，並繫上腰帶，膝蓋下方有綁腿布，搭配飾品有耳飾、頸飾及腕飾。

在日人《番族調查報告書》中，說明的各部族事物圖案，雖有些差異，但其形式及縫製方法幾乎完全相同。常見的服飾組件如下：

Lukus waha（男無袖上衣，盛裝用）。

Lukus tdsaan（男無袖上衣，盛裝用）。

Bdagic bnarah（女用護腿，盛裝用）。

Bdawic / Bdagic（女用護腿，平時用）。

Ratang / Litan（女用上衣）。

Limubuli / tapar（女用腰布）。

Psili / pusil（單件式腰布）。

Kmabuh pala（披肩用麻布）。

Towrah（女用護胸）。

Lukus pnsanan / Lukus pnsaan（毛線織袖男上衣）。

Lukus balay（男用有袖上衣）。

Lukus mpusu / Lukus empusu（男用無袖上衣）。

Habuk（男用腰帶）。

Pala paru（大型麻布）。

Pala pungu（中型麻布）。

Pala cikuh（小型麻布）。

Pala pniri（菱形麻布）。

Pala skikus（菱形麻布）。

Kjiwan（女用帶，加織麻絲）。

賽德克族基本的服飾包括上衣、腰裙、胸兜、披風、頭飾、冠帽以及首飾等，不過因為地理環境的因素，各地的服飾就會有些許差異。以日治時期學術界的分法，霧社群（德固達雅群）的賽德克人，以女性的服飾較為豐富，除了上衣與圍裙之外，還加了綁腿和一大片方塊布，披在身上，實用且保暖。在男性來說，這一大塊方巾會斜向披在身上，形成菱形狀，

同樣也有保暖的作用。註33

六、傳統服飾的式微與再現

　　日治後期，總督府對台實施皇民化運動，以及戰後國民政府對台實施漢化政策，都對原住民有所影響。近幾年來，台灣越來越重視多元文化，而相繼出現原住民的電視節目及影集等大眾媒體，也都讓大家更加瞭解。註34

　　在過去的歷史中，原住民是一群不被重視的民族，而其文化也被視為一種野蠻的象徵，所以在日治時期，除了實施皇民化運動之外，且強迫他們接受日本教育，因而也吸收了一些日本文化，而穿著日本服飾。此外，在國民政府遷台之初，實行漢化政策，不允許原住民講自己的語言，並穿著漢服。隨著時代的變遷，大家對於多元文化，更加互相的尊重及瞭解，而原住民也懂得捍衛自己的文化，並且爭取自己在社會上的認同，讓大家更加知道他們文化的精神及意義。雖然原住民文化一直受到打壓，但是他們心中對自己的文化還是堅定不移，如今他們的堅持被看見了。服飾對他們來說，不單單只是一件衣服而已，而是一件能讓祖靈保佑的戰袍，不管織一件服飾要花多少的心力，未來仍會繼續揮灑汗水，繼續推動那笨重的織布機，織出一匹匹使他們驕矜自傲的彩虹布匹。註35

七、打破男獵女織禁忌

　　傳統賽德克族織布的禁忌：男子不可碰觸織布工具，否則會打不到獵物；女子則不可碰觸男人打獵的武器，否則會帶來災難。

　　賽德克族原住民傳統講究男獵女織，男性更視觸碰織布機為禁忌，但隨著時代進步與傳統技藝面臨失傳之際，南投縣仁愛鄉春陽部落青年瓦歷斯‧督薩恩，不僅 8 歲就隨祖母學編織，更在部落開了工作室，與非原住民的工作伙伴李宥昌分工合作，編織、打板、縫紉都難不倒他們，除了傳統服飾，還有現代感十足的原住民小禮服，都讓人難以相信是出自兩個大男生之手。瓦歷斯‧督薩恩及李宥昌，大學唸的是傳播設計與化學，與服

裝科系無關，卻都熱愛原住民傳統編織工藝，目前在仁愛鄉春陽部落成立工作室圓夢，也是鄉內第一家由男性所開設的編織工作室。

　　做編織、服飾，打破傳統男性不能碰織布機的習俗，瓦歷斯・督薩恩織布，李宥昌就做打板、剪裁、縫紉，合作無間，除了傳統服飾，也融入現代風格，製作童裝小禮服，讓人看了愛不釋手。瓦歷斯・督薩恩也坦言，當時部落仍有男性長輩無法接受，相傳會導致上山狩獵時招來厄運，認為不該觸犯男性不織布的傳統，但祖母都會為他解圍，誇讚他的編織手藝，也鼓吹為了傳承將失傳的文化，更要打破性別的藩籬，部落的國寶編織師張胡愛妹，也對他的表現讚譽有加，更支持他在傳統編織之路繼續邁進。他則是透過編織懷念深愛的祖母，也織起永不斷的祖孫情。註36

八、山里道賽部落編織技藝

　　東華大學賴淑娟教授著作《道賽迴聲：山里編織故事與圖錄》一書，對於山里部落編織文化、苧麻製線十二道工序、整經與織布、織藝傳承、技法與織紋等，都有詳盡的敘論，並紀錄這本織布村的回音：花蓮山里部落耆老編織圖錄與生命故事，對於本部落的織布藝師徐真美、王雪玉、杜紅妹、戴美妹、武阿花、顏月雪、周菊、巫瑞珠、巫惠、川玉桃、柯美妹、吳周妹、張淑貞、李花美、巫瑞貞、李月娥、馬鳳珠、李美花、胡正昌等十九位，都有詳細的介紹。還收錄柯真光校長〈灣彎曲流中的賽德克族部落：我們是 Tuda〉和勞翁・屋敏〈漫漫歷程看山里社造與編織復振〉兩篇文章。

　　本書的書名《道賽迴聲：山里編織故事與圖錄》，所謂「道賽」，是 Tawsay 的音譯，指的是從陶塞溪流這邊遷徙過來山里這邊的 Tuda 族人。一般山里部落以外的人，都稱山里這邊的人是「Sejiq mk Tawsay」，意指屬於道賽的人。在一般文獻通取「陶塞」的中文用詞，但山里族人認為「道賽」的發音是更接近 Tawsay，因此以「道賽」為名；迴聲則意味編織時發出的蹦蹦聲響，也意味 ppayi 們娓娓道出生命故事的聲音。這本書不僅讓 ppayi 們看到自己多年編織不輟的成果，也能讓這迴聲縈繞於後輩族人，使傳統的文化資產繼續傳承下去。本書的構想，主要是從部落歷

史與個人生命歷程交錯的視角，記錄山里部落苧麻製線過程與工序、編織圖紋，以及織作者的生命歷程。書中紀錄的耆老，其中有一位是男性胡正昌先生。在賽德克傳統編織工藝中，有相輔相成的性別分工，女性從事苧麻的編織，男性則是負責製作女性編織的工具，同時也編製以藤、竹為材料的背簍，為完整記錄山里部落編織工藝現況，性別分工的呈顯亦是重要的。而編排的順序，是以耆老的年齡為原則，年紀較長的為首，依序排下去，最後則是以男性耆老為結束。註37

九、賽德克族織布的工具

賽德克族經挑的工具如下：wikus / gikus（梭子）、qataq（中空木棒，夾棒）、bgiya / bwiya（半刀板）、hntur truma（固定織布機袋子）、knisul（挑花線棒）、kuwan（分線棒）、kusuc（中提線棒）、cida / sida（分線木夾）、pntwiya / pntgiya（捲線棒）、kikuc（布軸）、dosan（理經架）、ubung（捲經桶）、dsayan（理經架）、budi / buji（弓織）、ciyadan（紡紗桿）、rawa（置放紗線球的簍子）、wahug（腰帶）等。註38

十、賽德克族織布技藝之傳承

傳統織布工藝也加入了部落的 Gygaya（文化習俗）、gaya（祖訓規範）、kndikilan knklaan 生態環境知識等面向，是傳統織布工藝文化智慧的深沉底蘊，與社會運作與規範制約息息相關，為賽德克族傳統民族文化之重要項目。註39

花蓮縣卓溪鄉陶賽部落（山里部落）仍然保有傳統圖案而且技藝精湛。就技術層面而言，社區仍會使用地織機，並且保有織布過程之工序知識，從割苧麻、剝麻皮、打紗、日曬、捻紗、捲紗、紡紗、煮線、洗紗、浸漬、日曬、理線、理經到織布等。其中，理經極為重要，婦女需先算好幾針、大小、樣式，並且默記下來，才能順利完成織布。至於織布的紋路，

包括平紋織、斜紋織、菱形織、花織、米粒織或浮織，耆老都還能靠著記憶製作出來。設色以桃紅為主，呈現系統文化，具有鮮明特色，而且布幅寬達 45 公分甚至 60 公分，難度頗高。仍保有從陶賽溪流域延續下來的傳統，並且持續傳承，成為山里部落重要的文化。編織（tminun）傳統布（pala）不僅是生產行為，亦代表著一種生活觀、一種與土地的連結。與編織有關的 Waya（宗教禁忌、道德規範和社會規則），從很早以前就開始流傳，每一位賽德克族婦女就是這項傳統的守護者。花蓮縣卓溪鄉山里社區發展協會具整合內部之力量，能使 20 至 30 位老藝師承先啟後的重要性獲得發揮，同時也到學校傳授技術，將賽德克族編織技藝推廣至年輕世代。註40

近年來，部落成立了許多「織布工坊」，倡導生態、生活、生產平衡的永續性，走出部落、邁向世界，不僅有利於社區的永續發展，對傳統工藝文化具有傳承與創新的正面效用，同時也是厚植台灣文化多樣性的具體行動。

（一）Bakan Nawi 張胡愛妹藝師

南投縣政府於 101 年 10 月 1 日府授文資字第 10101939181 號公告，登錄「賽德克族傳統織布工藝」為本縣傳統藝術，並認定其保存者張胡愛妹。上述事項經 107 年 12 月 6 日公告、重新登錄其文化資產類別為傳統工藝。

賽德克編織老師張胡愛妹，八歲開始學織布，而她在操作的傳統織布機，可是有兩百多年的歷史。織布機的主體是一塊重達 3、40 公斤的大木頭，用久了表面變得光滑。織出來的每一種花紋都有不同意義，祖靈的眼睛是最難織出的圖形。張胡愛妹為了傳承賽德克族傳統的織布技術，成立了教學工作室，要讓賽德克族好幾百年的文化歷史，可以一直流傳下去。註41

（二）張貴珠、張鳳英藝師

賽德克族傳統織布工藝——puniri（經挑）技法，具有強烈藝術特色與價值。puniri（經挑）技法為南投縣賽德克族之特色，紋樣、用色均有其文化意義及信仰內涵，深具族群識別的功能。puniri（經挑）技法複雜獨特，張貴珠（Bakan Nawi，1936 年生）、張鳳英（Seta Bakan）母女為族群內碩果僅存之技藝保存者。符合傳統藝術民俗登錄基準。

張貴珠女士的母親張玉英（Seta Iban，1919-2008，Tgdaya 群 Paran〔巴蘭社〕人），為賽德克族國寶級織女，精通織布技藝。據引述：「張玉英 2003 年參加行政院原住民族委員會原住民技藝競賽，獲織品服裝設計傳統服飾類第二名，累積數十載傳統技法，方受重視。張玉英擅長在傳統規範下，運用挑織技法展現個人織藝風格，所製傳統女子服飾（ratang qupaxan），上衣依日本統治時代所見形制，以棉布作無腰身、圓領、倒 T 字型剪裁。ratang 底下披肩與護腳布則以傳統苧麻為線材，運用傳統織機以 Puniri 技法，逐一挑經穿緯，構織不同斜紋（Ulin）與菱形紋飾（Doriq）組合，織品織工細膩，浮經厚實且富變化，無論形制、色彩與工藝技法，充分凸顯傳統服飾特色及文化意義，為賽德克婦女織藝之極致表現。」註42

張貴珠女士熟悉完整全套的賽德克族傳統織布工藝，舉凡製作線材乃至織作之各式技法，無不精通。張貴珠女士堅持自己種植苧麻，經過剝麻、撕麻、搓麻，久煮一天一夜後，再利用植物染色完成，工序繁複。這正是一種對傳統織布技法永續傳承的精神。註43

台灣原住民使用織機為「水平式背帶腰織機」，使用時坐於地面，簡稱「地機」。由於席地而織，需綁繫腰帶，行動受限，且長期久坐易對腰部形成壓迫，不少婦女因而怯步。1960 年間，美籍莊天德神父自紐西蘭引進立式織布機（簡稱高機），並超越傳統家戶內女性相傳方式，以集體教學共享國外少數民族織布圖案，教導婦女織作出極具異國風情的布料與商品，再利用教會管道銷往歐美，因而掀起學習織布風潮。張貴珠不僅習得現代織法，更積極購置新式織具，投入觀光織品製造工作。註44

張貴珠工作室位於春陽部落，除小米、藤編、背簍等傳統生活器具擺設，並保留傳統 Ubung、早期神父引進立式織布機、西式縫紉機與晚近發

展的桌上型織帶機，還有以「織」為軸線的各階段工具元素，皆留存於生活空間與文化記憶。註45

　　張鳳英（Seta Bakan），1957年出生，中科院製圖員。2012年，與母親張貴珠共同被登錄為「賽德克傳統織布技藝保存者」、賽德克族傳統織布工藝傳承教師，專長賽德克經挑技法。張鳳英承襲了外婆張玉英的織布技藝及獨門的經挑技法，將賽德克族的傳統織布工藝完美傳承並發揚光大。

　　張鳳英女士自幼跟隨外婆張玉英（賽德克族國寶級織女）學習織布，多年來，一直將外婆的各項繁複技法做成筆記，也歸納梳理出規律，加上精通現代裁縫技術，她逐項整理puniri技法，讓這項傳統織布技藝能夠傳之久遠。註46

　　張鳳英為了紀念外婆，於2013年在外婆出生地春陽部落成立「英英工作坊」，推動賽德克族傳統織布工藝。文資局希望賽德克族傳統織布工藝在部落裡更發揚光大，張鳳英也提供春陽部落老家土地籌建「春陽部落賽德克族織布工藝園區」，在部落裡傳承織布工藝，希望部落的年輕人能留下來，也希望這珍貴的無形文化資產能夠永續留傳。註47

（三）林喜美、高雪珠藝師

　　2020年7月3日，第一屆南投縣原住民族文化資產審議會第三次會議，通過新增認定本縣林喜美（Uma Pering）、高雪珠（Rabo Nawi）二位女士，提報為「Tninun na Seediq bale（賽德克族傳統織布工藝）」技藝保存者。

　　林喜美女士擅長賽德克（Tgdaya）織布，其技藝美妙，紋飾多樣，在基本知識精熟後，進而精巧出神入化，已將緹花、緯挑、經挑融合，昇華形塑三度空間的美麗。並能依據族群部落的慣習，對顏色的應用在平織、緯挑、經挑創新時有顯著的表現，展現賽德克族織布文化。高雪珠老師在族群（編）織布工藝之菱形紋、彩虹橋、祖靈眼、豆紋、穀紋、花紋等呈現精銳，顯著反映傳統與現代美之特色。林喜美及高雪珠女士，兩位均熟穩傳統織藝工序，由苧麻纖維製線、染煮、織作，過程及工法，有別於目前部落內大多數族人以買來的現成線材織作，完整保存工序、工法技術，

且織藝精湛多元，深具地方族群特色。水平腰機織作是賽德克、太魯閣、泰雅民族文化圈的工藝表現方式，但區域間的織紋、用色、技法雖有共通性，亦有地方特色技法的區別。兩位擅長的 puniri 經挑、latu 緯挑，是賽德克族織藝最上乘織藝代表。林喜美及高雪珠女士對於傳統知識、技藝熟稔，不論於文化脈絡與表現形式皆具代表性，且具傳習能力與意願，是賽德克族最有能力且具代表性之織藝保存者。註48

十一、文化資產保存之空間發展

目前，文化資產被登錄的原住民傳統工藝一共有十二項，內容主要集中在編織類的有八項，其他三項也以竹編為多，只有一項木作類工藝，相較於豐富多元的原住民工藝，這樣的保存情況，顯然不足以保障原住民傳統文化的多樣性。註49

從 UNESCO 看台灣的文化資產保存，1975 年，聯合國科教文組織《世界文化遺產暨自然遺產保護公約》正式生效，確立了人類應以跨族羣、宗教、國界以共同合作的方法保存重要文化遺產的觀念。台灣於 1982 年正式成立文化建設委員會，主掌各項文化建設業務，以有效保存文化資產，並分別於 1982 及 1984 年完成〈文化資產保存法〉及〈文化資產保存法施行細則〉。在確立保護文化遺產的法律和觀念上，台灣是依循著聯合國的脈絡在探索和前進，但由於台灣並非聯合國自然遺產公約的締約國，因此在文化資產領域接受國際合作與協助上，也產生隔離現象，許多申登世界遺產的過程中，都面臨著需要與跨境、跨國聯合申登的情況，〈文化資產保存法〉自施行以來效果並不十分彰顯。目前文資法對文化資產保存者還處於「登錄以茲鼓勵」的階段，許多面向的傳統工藝也沒有得到均衡的保存，針對這些現象，姚瑜教授有以下的建議：文化資產保存的法律方案給予優秀的保存者一定的物質條件獎勵，保障文化資產保存者能夠進行較為純粹的創作、教學。提升傳統工藝品的審美品位，與時代結合，將原住民傳統工藝與當代藝術作結合，使其有更大和更高的創新空間發展，也可以一定程度避免被產業化裏挾後變得氾濫粗製。文化資產保存法能夠做的，是提供一個保存文化的正確方法，並為這群保存者們提供更多的便利。註50

〈賽德克織女〉

田哲益

賽德克織女呀
靈巧的雙手
穿梭在經緯絲線間
絲線彼此交錯　織出家庭的經緯情
經箱的聲響　日夜迴盪
在家屋裡　在部落間
一聲長　一聲短
宛如美妙的天籟
是部落最溫暖的聲音
是家裡最動聽的旋律

賽德克織女呀
妳帶給了家人溫暖
每當看到妳雙手厚厚的繭
為妳難過與不捨
織女呀　妳在實踐 gaya 的使命
凜冽的嚴冬　不可以讓家人受凍
經年累月　經歷多少寒暑
織　織　織
織出溫暖　鞏固傳統文化
美麗偉大的織女　讓我向妳致敬

註釋

註 1　參原民巧藝賽德克公主網站。

註 2　曾麗芬〈賽德克族傳統織藝：Puniri〉，《原住民族文獻》9 期，2013 年 6 月。

註 3　台灣原住民族資訊資源網。

註 4　同註 3。

註 5　同註 2。

註 6　張雲清〈編織祖孫情——賽德克傳統織布技藝再現〉，《新紀元》552 期，2017 年 10 月 12 日。

註 7　郭明正〈認識賽德克族〉，國立仁愛高農《中投區輔導中心學校辦理 105 年度教師認識原住民文化研習手冊》，105 年 11 月 29-30 日。

註 8　南投縣文化局網站。

註 9　同註 6。

註 10　同註 6。

註 11　南投縣政府網站。

註 12　同註 2。

註 13　同註 6。

註 14　原民巧藝賽德克公主網站。

註 15　同註 14。

註 16　沈明仁〈南投縣賽德克族 Tgdaya 群傳統織布工藝文化資產價值評估報告〉。

註 17　南投縣仁愛鄉公所網站。

註 18　同註 6。

註 19　余秀娥，靜宜大學碩士班學期作業報告。

註 20　同註 19。

註 21　同註 17。

註 22　同註 17。

註 23　同註 17。

註 24　同註 17。

註 25　https://sites.google.com/site/50913saidekezu/home/fu-shi。

註 26　同註 19。

註 27　同註 17。

註 28　同註 17。

註 29　同註 17。

註 30　原住民族委員會網站。

註 31　同註 17。

註 32　陳芝庭、蔡淑雯、李悅萍〈織起一座彩虹橋——賽德克族的服飾文化〉。

註 33　國立台北藝術大學《活出歷史——台灣原住民觀點》網站。

註 34　同註 32。

註 35　同註 32。

註 36　佟振國〈男人也織布——賽德克族青年打破禁忌〉，2019 年 10 月 31 日。

註 37　賴淑娟《道賽迴聲：山里編織故事與圖錄》，花蓮縣山里社區發展協會出版，2018 年 10 月。

註 38　同註 16。

註 39　同註 16。

註 40　花蓮縣文化局《賽德克族陶賽（山里）部落傳統編織工藝》網站。

註 41　參徐孟蘭、張春峰、周大翔〈保存部落文化傳承賽德克編織工藝〉。

註 42　同註 2。

註 43　同註 8。

註 44　同註 2。

註 45　同註 2。

註 46　同註 43。

註 47　同註 6。

註 48　2020 年 7 月 3 日，第一屆南投縣原住民族文化資產審議會第三次會議會議紀錄。

註 49　姚瑜〈從台灣文資法看賽德克族穀倉工藝之保存〉。

註 50　同註 49。

第十八章
Chapter 18

賽德克族的編器
與工藝藝術

編器工藝存在於人類生活已久，且廣泛的將藤竹編技巧應用於生活之中，以藤竹編織製作各式各樣的日用品。

一、賽德克族的編器

賽德克族除了女子織布技術之外，男子則以編籃及藤帽編製最出名。而男女追求情愛的口簧琴舞，也使口簧琴的製作盛行。

對賽德克族而言，編織工藝可區分為「編」與「織」。編，是指屬於男性傳統的編藝技能；織，則屬女性的傳統織布技藝。不過，在賽德克族語兩者皆稱之為 tminun。編製品製作需要較大的拉力，因此大都由男性來完成。傳統藤編工藝，就文物作品之造形與工法，雖然樸拙，但是保有傳統工法的藝術性。

傳統上，織布是婦女專屬的工作，而男子在餘暇則須以黃藤或竹皮（長枝竹）、麻線等編製生活用具，例如：編織女用背籃（brunguy）、男用背籃（tokan）、置衣物衣籃、魚網、魚籠（kobu）、魚蔞、籬筐及圓箕（btuku）等，以及建築上綁樑柱的材料。依生活用具所需進行藤編、竹編、繩編等。

賽德克族的工藝，主要以生活上使用的器具為主，在表現上亦充分顯露出男、女的分工特性。在賽德克族的神話中，男人與女人都要善盡自己

對家人的職責，照顧與保護家人，死後手上才會有紅色的印記，才可以走過 Hakaw Utux（神靈橋）到達祖靈的家。因此，男性要準備好自己的弓箭、背籃等工作用的器具，做為狩獵與農耕的準備，好讓耕種與狩獵期有好的收獲；而女人則必須辛勤的織布，好讓家人時刻都能有衣物保暖。註1

藤編亦反映賽德克族男性工藝實踐的文化。花蓮縣卓溪鄉山里部落工藝師胡正昌的作品，有裝東西的 Brunguy、裝獵物的 rawa，brunguy 的上方有「反摺」編法加強強度，連接背帶、頭帶的扣環，收編非常漂亮精美，保存古陶賽的傳統樣式，與太魯閣族人的技法樣式不同。

賽德克族的編器，主要材料是黃藤和竹。「藤」是自古以來用途廣泛的編織材料，藤材能夠製作成生活中的藤器，還有實用美觀的家器。竹編器物自古以來，也是族人生活上是不可缺少的實用物品，竹編所用材料以三年生的桂竹、長枝竹、麻竹（qowan）、刺竹等為主。

二、賽德克族的藤編材料與工具

方口藤製籃（Tokan / Towkan rawa）：男人上山工作都用背簍。

穀物乾燥簍（Wiwan / Gigan）：藤編，天氣不佳時，將小米放在乾燥簍上用火烘乾。

頭帶（Wahu）：藤編，是女用背藍的頭帶，很結實。

女用背簍（Brunguy）：藤編，女子上山工作時，會隨時背著背簍，下午工作完畢，返家時順便採集野菜，裝入背簍中。

簸箕：（Btuku）：藤編，是搗米、揚米糠之物。

置衣籃：置放衣物用的衣籃。

黃藤編織，是台灣各族原住民日常用品中常常可見的器物，舉凡籃子、盤子、魚簍，甚至是帽子都可以看到。黃藤帶刺的外皮，常讓人退避三舍。在野外尋找黃藤，會現場用刀子去除黃藤葉，剝掉滿是刺的外皮。黃藤運載回家後，先刮除外皮修乾淨，再把藤條剖開，一分為二，然後再對分成適合編織的寬度。將莖肉的部分去除，藤皮越薄，編織時就更容易操作。賽德克族藤編工具：（一）ddima / Djima（竹子）、（二）Wasil（繩子）、（三）Qnawan（鐵絲）、（四）Wasil kri / Krig wasil（苧麻線）、

（五）Wikus / Gikus 編網針；（梭子）、（六）Snuyuk（繩索）、（七）Bhniq aga（弓）、（八）Saqic（剪刀）。註2

男子狩獵網袋 / 田哲益提供

三、賽德克族竹編與基本編法

　　賽德克族竹編器物包括有：食具、武器、樂器、紡織工具、農具、漁具等，例如：竹簍、竹酒杯、竹水桶、竹箭、竹口琴、竹笛、魚籠（kobu）、魚蔞、紡織的筵子、織布的梭子、竹桿煙斗、趕鳥器（會響的竹片），用以驅趕小米田裡啄食的麻雀。

　　圓形竹簍（Bluku / Btuku）：有竹編也有藤編，可以裝置食物或器物等，織布時需要常用到這個竹容器。

　　賽德克族竹編整體加工程序大致為：註3

　　選竹材：以三年生的桂竹、長枝竹、麻竹、刺竹等為佳。

　　除青：用刮刀刮去竹青。

　　剖薄：緩緩細心剝剖竹篾到所需厚度為止。

　　定寬：篾片逐漸修削至所要的寬度。

修篾：將篾片修平，直到厚薄均勻時為止。

起底（編底）：起底是編作的第一步，通常由平面開始編作，而編作的方法種類繁多，常用的有：方格編法、六角編法、三角編法、斜紋編法等。

編器身：常用的編法有三條絞編、壓一或壓二編法、六角編法、三角編法等。

收緣口：也稱為收邊或收口，以防止緣口竹篾鬆散脫落。

竹編基本編法有密編和鏤空編二種，在密編與鏤空編之下，又有無數的編法。

四、賽德克族製作紡鎚

製作紡鎚（smmalu dowsan / dsayan），是用於將麻絲纖維紡成紗線。紡鎚（dowsan / dsayan）指紡紗、線或麻用的手工工具（小圓木棒），紡錘兩端尖，中間粗，把麻紗的一端固定在上面，藉由紡錘的旋轉力，將一段段的線捻緊。準備製作之材料與工具：竹子和刀子；其製作過程如下：（一）將竹子剖開一半來製作。（二）竹子先記點需要的形狀。（三）用刀子慢慢把 dowsan（紡鎚）型修飾。（四）竹子兩端中間挖洞，中間則挖四方型。註 4

五、賽德克族製作蜂蠟

蜂蠟，又稱黃蠟、蜜蠟，是由蜂群內適齡工蜂腹部的四對蠟腺分泌出來的一種脂肪性物質。蜂蠟是蜂蜜加工之後所得的一種東西，蜂蠟的價值很高，人們常常會將它用在工業、化妝品、醫藥裡面。蜂蠟因其天然的防潮耐水性，可以應用於生活各處。在賽德克族甚至應用在織布上，婦女在刺繡時，做為潤線或插針之用，可防細小的針頭丟失。其他用途還有抹磨織布工具，織苧麻線的時候，打緯棒抹磨一層蜂蠟再刮在苧麻線上。製作蜂蠟的方式：註 5

（一）蜂蠟（Gluq walu / Weluq walu）的外表黑黑的表示不乾淨，所以要清乾淨。用刀子慢慢去除髒東西。

（二）清乾淨後，放入鍋子，開火爐讓蜂蠟慢慢融化，滾至均勻。

（三）為使顏色美觀，蜂蠟，煮滾後，加上紅色的蠟燭，原來的黃色即成美麗的酒紅色。

（四）煮滾後的蜂蠟，用碗一個一個裝盛冷卻，待其凝固就可收藏起來。

六、賽德克族製作捲線桿與捲線器

賽德克族製作捲線桿與捲線器（Smmalu tiyadan）：註6

（一）材料有竹子、刀子。捲線桿是用竹子製成，大約 40 到 50 公分左右。

（二）將竹子剖開寬約 5 公分左右。

（三）竹子由方形用刀子慢慢修飾成圓形。

（四）竹子另一端修成能扣住線，另一端則要插在 Buc surun / Buuc surun（牛髁骨）。

（五）在使用刀子整理時，注意力氣別太重，否則會斷掉。

（六）已做好的捲線桿要加上 Buuc surun（牛髁骨），並試試看合不合。

（七）在沒有 Buc surun / Buuc surun（牛髁骨）用時，可以用佛手瓜替代。

（八）在捲線桿的尾端，有一個用來扣住苧麻線的扣結。

（九）Buuc surun / Buuc surun（牛髁骨）乾燥後，中間挖洞，把捲線桿的根部插在 Buc surun / Buuc surun（牛髁骨）。

七、賽德克族製作織機

「織機」即織布機，用為織造布料的工具。台灣原住民的織布機，多

為水平足撐式背帶織機，因織作時經線與地面是保持水平，捲布夾兩端掛於織婦腰際，布的張力靠腰帶的綁繫，席地而坐，腳撐經卷箱而織，故有「腰機、地機」簡稱。織布機的附件多，有經卷箱、隔棒、固定棒、刀狀打棒、捲布夾及背帶等。最重要的部分為經卷箱、捲布夾及打緯刀，這些工具具有開口、引緯、打緯等基本織造功能。製作織布機的材料大都以梧桐木、梓木、竹子及藤篾等製成，因製造費時，故顯珍貴。織婦對著經卷而坐，將織機上預織的經線呈水平排列，以藤篾編成的腰帶，把捲布夾繫於腰間，兩腿平身，或臥鋪上平展雙腿，腳踏住並撐緊經卷箱，從織軸或捲布夾的一端開始，即可織布。註7

該地機織布機組件功用：（一）腰固定帶：以苧麻或藤類編製，背帶圍於腰背，綁帶繫於夾布軸兩側，以撐張經線做為布織固定支點。（二）夾布軸：將布匹夾於兩塊木板凹凸契合間固定，腰帶繫繩將布綁緊即可撐張經線。（三）梭子：兩端開口的長條竹片纏繞經緯相交。（四）打緯板：為刀狀的扁木板，以打緊緯線，使緯線間緊密相連。（五）固定棒：細長竹子，用以固定經線的序列及其間的疏密相關位置。（六）開口棒：長條型中間鑿空的木製長棒，可將經線分成組，便於製造梭路。（七）經卷箱：厚緻密實樹幹挖空一體成型，踏腳經卷以撐住經線，打緊緯線時會發出「砰、砰」織布聲。註8

賽德克族製作梭子（Wikus / Gikus）的材料：Ddima / Djima（竹子）、鐮刀、Kaul / Kruc（鋸子）、Qnawal（鐵絲）等。

八、賽德克族編織背帶

純手作的編織，從挑選工具→製作 Bhniq aga（弓）→ prading smalu wahu / wahul（開始製做背帶）等。在編時要注意小細節，小小錯誤必大大修改（拆線重編），一條線、兩條線、正面、反面、轉與不轉都要記住。編織 wahu / wahul（背帶）之程序：註9

（一）開始要編時，將麻繩取中間線穿過，線頭要固定好且預留約線尾端 5 公分。

（二）編時由中間方向開始，Wikus / Gikus（梭子）穿過二條麻繩，

再穿過正二條線、反二條線來回（緯線、經線）。

（三）弓織線在編織時因有左、右兩邊（經線）。

（四）編至右方若只剩二條經線時，wikus / gikus（梭子）要轉過來且繞過一條經線（注意：在正面的緯線梭子要穿過），主要是要包住邊緣的線及固定。

（五）製作過程看起來簡單，手腳並用而不認真時容易出差錯。

（六）梭子過經線時若只剩一條線，把 Bhniq aga（弓）反過來讓緯線穿過經線，正二、反二、正二、反二的編織。

編織時有些操作部分做錯或方向不對，要拆線來釐清編織法，織出有斜線的紋路，並隨時注意方向對不對。

1. 取用兩個竹片固定與弓織線並接近做出 Wahul birac（背帶的耳朵）的點固定。

2. 編織時留多餘的線由中間部分開始，固定好由右邊方向穿過二條線（緯線）。

3. 編織到最邊緣時會有兩個狀況，會剩一條線及兩條線，要確定包袱方向。

（七）在面對經線與緯線的交叉編織，以及帶有斜線紋形圖，所以在編織時，要注意有沒有漏掉或多取了條經線，若錯誤須及時更改。

1. 線（wasil）要穿過緯線時，到最邊緣處，經線若剩一條，就要繞過一圈並確定方向。

2. 其一邊若是剩兩條經線，則要同時繞過並包住 wasil（線）。

3. 編到二分之一處，最邊緣線要注意鬆緊度，並檢查有沒有繞錯。

在製作 Wahul（背帶）編織時，編織出斜線的型，會有固定的方向，最邊緣繞線時會有不同的繞線方向，一邊會剩一條線，另一邊會有兩條線，在包覆一條經線時，要往內繞過，線的方向才會順著斜線，另經線有兩條線一起往內包覆，同樣順著編在中間部分，取二正二反的編織。

（八）Smalu wahul birac（背帶的耳朵）：

1. Wahu / Wahul 收尾時，要做 Wahu / Wahul birac（背帶的耳朵），準備針，由正面穿至背面，固定一個結。

2. 在編織 Wahu / Wahul birac（背帶的耳朵）時，共有四個

環節（四個角），第一條線接第二條線做一個結，第二條線接第三條線做一個結，第三條線接第四條線做一個結，第四條線接第一條線做一個結，如四角形，每個角都有一個節才會把 Wasil（線）固定，編織時要注意 Wasil（線）的鬆緊度而不致變形。

3. 在做環節時，wasil（線）在轉彎處要固定跟著走線，wasil 鬆掉不宜調整。

4. 將兩片竹片拆開，由編織的線繼續編織 Wahu / Wahul birac（背帶的耳朵），由一邊開始並調整繞 wasil（線）的動作。

5. 編織時左、右兩邊有固定走向，並依 wasil（線）的弧度編織。

6. 編織時注意 Wasil（線）的鬆緊度，不宜過鬆。

（九）wahu / wahul（背帶）收尾：

1. 編到尾端處，留約 20 公分長的黃騰，分兩部分實作，第一部分在左、右各兩邊留兩片黃騰，第二部分繼續編約 10 公分 wahu / wahul（背帶），留尾端數公分帶收尾。

2. 將左、右兩邊的黃騰，先穿過編織過的線，並固定。

3. 編好的 10 公分 wahu / wahul（背帶）反摺，與留有左、右兩邊處做收尾的動作，依固定的走向編織，順著編過的線一一串過。

九、Smalu brunguy（做背簍）的背袋

準備使用材料：黃騰（扁形狀）、剪刀、水。製作過程：註10

（一）黃騰取 19 條，以直線與橫線交叉作編織的動作。

（二）19 條線對折取中間線，折橫適當勿折斷。

（三）10：9 的線，再對交叉處，並從中間線開始編，一正一反。

（四）10 條為經線，9 條為緯線，固定編，把黃騰一條一條作交叉動作。

（五）　在製作過程中，注意線條有無漏掉或方式不對。

（六）　一正一反編織的型式作完整交叉線。

（七）　邊緣分左右，在右邊時取一條黃藤往內（正）編織，只過一條
　　　　線。同樣在右邊時，黃藤往內（正）編織，為相同的型。

（八）　過完第一條再過第二條時，取兩條至中間線，再編另一邊。

小背簍編器／田哲益提供

十、賽德克族藤編米罐

　　藤編米罐（sbwaxan），是用以盛裝小米、稻穀等穀物容器。賽德克族編製米罐，使用材料有：黃藤：圓形狀、黃藤：扁形狀、扁鑽、小刀。米罐的製作過程：註11

（一）　取圓形黃藤，把開頭用美工刀削薄長度約 10 公分。

（二）　做小圈圈的形狀並用鐵絲固定。

（三）　拿扁形黃藤繞住圓形黃藤，將圈圈繞至看不到隙縫。

（四）　因繞了好幾圈，會緊實也沒出口，所以黃藤要穿過不易，這時要拿針引出口，黃藤線才會把圓形黃藤與扁形黃藤做繞線的動作。

（五）　繞線時，圓黃藤線與扁黃藤線在製作時，要注意依圓型的形狀來製作。

（六）　扁形黃藤要隨著圓形黃藤的走向並包住，一圈一圈的型，由小而大，且扁形黃藤則順圓形黃藤繞。

（七）　圓形狀的型做好時會緊實，要穿過不易，這時要用針穿過扁形黃藤才好繞。圓圈做好依序製作，注意拉的動作。

（八）　圓形黃藤接第二條時，圓形狀的黃藤在開頭處用美工刀削成扁型。

（九）　扁型黃藤接第二條時，扁型黃藤開頭處削肩再繞過的圈圈串成半圓，勿鬆。

（十）　在製作中，一邊繞圈圈一邊將藤心穿過時要小心翼翼，若拉太緊會把藤心穿破或扯壞，藤心斷了不容易補。

（十一）　藤心使用廣泛，可編出 Rawa（籃子）、tokan / towkan（男用背帶）等。

（十二）　製作米罐時要織圓弧狀，其形狀繞完一圈要慢慢往外推（一點點），因外型宛如橢圓形，如果沒固定會編織成直筒型。

（十三）　繞完一圈又一圈，可看出正面製作的形是圓且往外。

（十四）　反過來看製作的有點像帽子，藤心在一拉一進中慢慢的編，線條一致而不亂，所以要用心製作。

（十五）　做底盤，先拿一條圓形藤心，找出起點並把藤心削尖，穿數個編製好的藤心固定。

（十六）　固定好後，沿著圓形狀穿過一個縫慢慢拉藤心線。

（十七）　第一圈繞完繼續編第二、三圈，藤心若穿不過時，先用針穿過一次藤心，接著再穿過就會很順。

十一、賽德克族木工工藝

　　賽德克族木工工藝有食具、紡織工具、農具、刳木器、砍削器、裝飾物，例如：杵臼、蒸籠、撈飯捧、木盤、繃線框、理經架、織機、背薪架、木皿、木桶、木槽、木柄、木枕、煙斗、耳飾。

　　杵臼是早期搗小米的器具，也是製作麻糬的器物。男用背薪架（Pawa / Paga）：背負架是木頭製作成的，用以背木頭、木柴，是男子的專利。每當黃昏族人耕作完畢，就準備要回部落，男子會順便背木頭回家，做為煮飯煮菜的柴薪。

原住民搗米用的杵臼／田哲益提供

十二、賽德克族結網與瓢工工藝

賽德克族結網工藝有藤編器物、帽飾、食器、漁撈等，例如：網袋、背簍、穀簍、肉簍、圓箕、藤帽、煙草藤包、藤製糧食盒、魚網、魚荃等。瓢工盛器則有瓢水壺、瓢杯、水瓢等。

男用網袋（Tokan balay / Towkan balay），是男子必備之背帶，網袋也是上山狩獵背負野獸最佳的運輸工具。

十三、賽德克族皮革工藝

台灣原住民族都是狩獵民族，因此都有製革技藝。將獸皮從野獸身上剝下，把皮革曬乾或烘乾，即可製作帽子、雨衣、墊皮、皮衣、佩袋等生活用具。羌皮可以製作背包，用來裝盛獵物，攤開來就變成雨衣，也可以當作睡袋。

十四、賽德克族編器與宗教信仰

賽德克族的主要的織布工藝，是以他們在部落裡的生活（kndusan）、生存（kndkilan）、生命（knkwasan）上使用的器具為主，在表現上充分顯露出男、女的 qqpahun（分工）的特性。在賽德克族的神話（kari bi utux seejiq）中，男人與女人都要做好祖靈（utux rdrudan）賦予自己對家人的職責（qrpahun su gaya），照顧與保護家人，死後手上才會有紅色的印記，才可以走過 Hako utux（彩虹橋）到達祖靈的家（Tuxan）。因此，男性要知曉風神與靈（brixur utux ni phring）的象徵意義，準備好自己的弓箭（budi / buji）、男性背籃（toka rawa）等工作用器具，做為狩獵與農耕的準備，並祈求祖靈有安全的耕種與狩獵期，並有好收獲；而女人在家裡則必須辛勤的織布，好讓祖靈保佑家人在外，時時刻刻都擁有保暖的衣物。註12

註釋

註 1　南投縣政府文化局網站。

註 2　余秀娥，靜宜大學碩士班學期作業報告。

註 3　同註 2。

註 4　同註 2。

註 5　同註 2。

註 6　同註 2。

註 7　同註 2。

註 8　何仁佑、郭妍君〈水平式背帶腰織機〉，2019 年 12 月 4 日。

註 9　同註 2。

註 10　同註 2。

註 11　同註 2。

註 12　沈明仁〈南投縣賽德克族 Tgdaya 群傳統織布工藝文化資產價值評估報告〉。

第十九章
Chapter 19

賽德克族自然資源之利用與應用

一個族群對於植物的利用方式，即代表一個族群的民俗植物文化。傳統山居的賽德克族，除了主食、蔬菜及織布的苧麻用栽培種植外，其餘日常所需多半就地取材。

賽德克族為依賴山林維生的民族，藉由山田燒墾和狩獵、採集與漁撈來獲得生活所需的食物與器用、藥材等，為他們傳統的生活方式。

原住民族長久以來在居地生活，其食、衣、住、行、育、樂，以及生、老、病、死等，都與當地環境及其資源，特別是植物，發生密切的關係，因此民族植物學可以說是原住民族生存之所賴。 註1

與人類食衣住行育樂、精神信仰寄託等，產生關聯的植物，稱為「民族植物」。傳統生態知識是人類在適應環境的過程中，嘗試千百種方法後，留下幾種適合當地環境、帶有當時生活步調的自然資源利用之道。 註2

台灣的原住民族分布地區廣泛，不同的地理環境或時空，會影響族人對植物的利用與應用，也會隨著不同的環境而選擇合適的物種。

傳統原住民族會從生活環境中獲得需要的資源，生活中會用到的民俗植物，大致可以分為「食」、「衣」、「住」、「行」、「藥用」或「祭儀」這幾類。

一、賽德克族傳統食物資源

其實，在土地被人類開墾種植之前，早就存在多到數不清的可食資源。

（一）**主食**：小米、樹薯、甘藷為傳統的食糧作物，稻米和糯米則是日治時期才開始種植。小米則有在來小米和糯小米，稻作也有水稻及旱稻米。

結實纍纍的小米代表豐收，對多數原住民族來說，小米象徵著神聖作物。目前在南投縣仁愛鄉海拔較高的春陽、精英等地，仍有小米的零星栽種。傳統上耕種為女性的責任，但是粗重的工作則由男性來做。

稻又稱稻穀、稻米，俗稱大米，常簡稱為米，是人類重要的糧食作物之一。台灣原住民族與漢族人接觸之後才開始引進種植稻米。

（二）**副食**：栽種食物例如藜、高粱（burisan）、黍、瓜類（南瓜）、豆類（樹豆）、玉米、芋頭、蕗蕎等。

賽德克族傳統食物藜／田哲益提供

「樹豆」：賽德克族人稱為「susungut」，這是他們對傳說中小黑人的稱呼。據說，因為小黑人常爬到樹豆之上，故名。另有一說，是因其體型矮小如樹豆之意。註3

樹豆在台灣是山地旱作農業及生活必須的重要作物。樹豆起源於非洲，於史前時期，傳抵印度後，成為西印度地區的重要豆類食物。之後，隨著原住民族先民輾轉遷移，與小米等古老作物，被帶到台灣，成為原鄉豆類史祖之一。由於耐旱、採收期長、多年生及高營養價值等特性，久之遂成為原住民口耳相傳的威爾鋼食材。其意，強調過去糧食營養不足條件下，樹豆提供了蛋白質的補充。由於過去台灣原鄉居民所需蛋白質，倚賴狩獵及漁撈所獲，因此樹豆的料理方式，也多與獸肉、排骨及生薑熬煮食用，成為與薯芋及小米齊驅的豆類飲食。註4

經不同時期的移民及引種，原鄉栽培食用豆類約 21 種，經常可見的種類如鵲豆、豇豆、米豆、刀豆、萊豆、菜豆及樹豆等。除了食用豆類外，原鄉對於台灣原生豆科植物的食用，目前僅見於賽德克族群，有假菜豆（Pueraria phaseoloides）及台灣山黑扁豆（Dumasia villosa ssp. bicolor）食用嫩果莢的報導。註5

「蕗蕎」（Qocun / Qowsun，又稱小蒜）：與小洋蔥（Pixil / Pixin），皆為嗆辣食物。

採集食物：野菜的採集和食用，是原住民部落族人的習慣，也頗具特色，族人輪流在不同地方採集。

採集植物通常以嫩葉、嫩芽、嫩莖為食用部位。採集的野生食物，如山蘇花、過溝菜蕨、土肉桂（cakus）、瓦氏鳳尾蕨、廣葉鋸齒雙蓋蕨、昭和草、鴨兒芹、馬告、龍葵、鵝兒菜、竹筍、香菇、芭蕉心、藤、大白菌菇、野小金菇、鋸菇、小顆粒白色菌菇、木耳、羊齒蕨、粗蕨、苦賈菜、金色嫩樹葉、山野蔥、箭竹、棕櫚樹等。

「山蘇花」（crihung / sruhing）：又稱鳥巢蕨，鐵角蕨科。

「過溝菜蕨」：又稱過山貓，屬於地生性蕨類，含豐富纖維質、鐵質。

「土肉桂」（cakus）：根的皮可做為零嘴。

「瓦氏鳳尾蕨」：採其捲曲（螺旋造型）之嫩葉頂端，以水煮或涼拌，味苦略甘，或以沙拉醬或醬油調味。

「廣葉鋸齒雙蓋蕨」：採嫩葉，水煮川燙、涼拌或炒食。

「昭和草」：春夏間部落附近的田邊、路旁、荒地上隨處可見，採其嫩葉食用，烹煮時有茼蒿味，又稱山茼蒿，是常見的野菜。

「鴨兒芹」：路旁空曠潮濕地皆有分布，植株有芹菜的香味，俗稱山芹菜。

採集野果：例如山枇杷、構樹（bsrux）、杜英（curung）、草莓、刺莓、蛇莓的果實。殼斗科、桑科和薔薇科植物是野果的重要來源。殼斗科的長尾尖葉櫧、大葉石櫟等提供了可食堅果。小葉桑（tediyoq）的椹果、牛奶榕（nunoh dapa）的無花果、山櫻花（snuwil）的漿果，還有各種懸鉤子，包括橙葉懸鉤子、台灣懸鉤子（cumiq）、小梣葉懸鉤子等的集生果，是屬於多汁的野果。桔梗科的土黨參，是多汁且味美的野果。

「山枇杷」（witu / gitu）：別名台灣山枇杷、夏梅、夏粥。成熟的果實汁多味甜，也是很好的山中野味，可惜果肉不多。台灣枇杷是薔薇科枇杷屬的植物，是台灣特有植物。

「構樹」（bsrux）：又叫鹿仔樹，成熟長成小紅果，具有甜味，過去小朋友沒有零食吃，會摘構樹的果實當做零食。在阿美族會利用構樹的樹皮做樹皮布衣，在布農族會煮構樹的葉子給豬吃，賽德克族也把構樹的葉子做為牲畜的食物。所以構樹是相當實用的民族植物。

「杜英」（curung）：核果卵形，熟時呈紫黑色。橢圓形的果實似橄欖可食，惟果肉較少且吃起來澀澀的。

「草莓」：屬於集生果，一朵花中有很多雌蕊，每個雌蕊的子房都發育成一個小果，所有的小果集中在一個花托上。

「蛇莓」（rhnuk utux）：台灣廣泛生於低海拔至高海拔平野、山麓陰涼的路旁、草地。果實為瘦果，細小、粒狀、色鮮紅，成熟時散布在球形的海綿質花托表面，形成集生果，似小型草莓，可以生食。註6

「刺莓」：花瓣為白色五瓣，花形美麗，果實由多數小核果所組成，成熟時紅色，是野外採摘食用的野生水果之一。

(三) 咀嚼食用植物：例如水鴨腳秋海棠、腎蕨（wirin qemulung）。

「水鴨腳秋海棠」：葉莖和葉柄肥厚多汁，有酸味，是路途中常順手摘採用以解渴的植物。

「腎蕨」：地下的球形貯水器，挖取後，搓去表面鱗片，即可咀嚼解渴。

(四) 嗜好物：如煙、酒、茶等。

菸草為菸絲材料，將黃化之老葉曬乾，葉捲成煙後吸食。早期原住民的菸草，通常是自己栽種，所採收的菸葉曬乾後，切成煙絲就可以捲吸。

賽德克族釀酒多用糯米或粟糯使其發酵製成，釀酒是婦女的知識實踐。此外，台灣原住民族高山地區，目前有許多茶產業，為部落現有的經濟收入來源。

（五）調味料：調味植物可增加食物風味。採集的有食茱萸、羅氏鹽膚木（purihuc）、山胡椒（mqri／mao），還有種植的小辣椒等。

「食茱萸」（sangas）是透過小鳥傳播，也稱為「刺蔥」或紅刺蔥，特徵是枝幹有刺，所以又有「鳥不踏」的俗名。具有特殊香味，是原住民部落傳統的香料作物。食茱萸的葉子，在料理中可增加食物風味。食茱萸為芸香科落葉大喬木，由於葉片具有獨特香味，原住民喜歡拿嫩葉做為佐料，或取新鮮的枝葉或曬乾的枝葉煮水飲用。

「羅氏鹽膚木」（purihuc）：漆樹科，又叫做山鹽青，果實含有乳脂狀之物質，可代替食鹽食用，為傳統鹽巴的代用品。

「山胡椒」（馬告）：果實在料理中可增加食物風味。山胡椒，樟科，青色未熟至半成熟的果實極具香氣，將果實壓碎，可泡在開水中飲用。

（六）肉類蛋白：包括森林中的各種野獸、飼養的家畜、漁撈漁獲等。

狩獵是僅次於農耕的活動，也是過去族人動物性蛋白的主要來源。野生獸類包括山豬、台灣山鹿、山羌、長鬃山羊、熊、雲豹、穿山甲、飛鼠、松鼠、果子狸、野兔、大田鼠、雉鳥等各類。

飼養家畜類包括豬、雞、鴨、鵝、水牛、家兔、火雞、羊等。

從溪流中捕抓的漁撈漁獲，有苦花、鰍魚、鯉魚、香魚、石伏魚、鰻魚、鼈石、蝦子、螃蟹等。

賽德克族人為長期保存獵獲的肉類，會燻烤之，魚類則醃漬之。家中飼養的豬仔，僅於慶典、結婚宴客時，才會與部落的族人一起宰殺分享。

其中比較奇特的是烤食蝗蟲、蟋蟀及生吃蜂蛹，但是不吃蛇類和蛙類。

（七）包裹植物：姑婆芋（brayaw）、山芋與月桃（bsiyaw）的葉子可用來包裹食物。

（八）植物食具：姑婆芋（brayaw）、血桐葉子可當作餐盤或鍋蓋材料。

二、賽德族衣飾材料資源

傳統賽德克族女性以織布的精粗技巧，做為評判女人優秀與否的標準。

織布材料與工具：

（一）苧麻（krig / keguy）：傳統賽德克族以苧麻搓成線織布，到日治時期才引入棉線。賽德克族婦女精於紡織工藝，在台灣原住民族中最為發達者之一。古代都以自己織成之麻布為衣料，以植物或礦物為染料，喜歡紅、白兩色。

（二）泡桐：可製作織布箱。

（三）樟樹（cakus）：木材也可製作織布箱。

（四）台灣櫸：可當作分經棒和打壓棒材料。

（五）小米糠：柔軟麻線，將麻絲放進舂米的臼，加入小米糠揉搓混合，並用杵舂麻線，讓麻線吸入小米糠的油份，會變得更柔軟光滑。

賽德克或太魯閣族人會兩次使用米糠，一在苧麻纖維清洗後與米糠一起搓揉；二為木灰漂白或染色完畢後，也使用米糠。其目的皆使纖維軟化，線更柔軟。註7

麻線染色：

（一）山黃麻（remuung）：木材燃燒後的灰燼與麻線混煮，可以將麻線漂白。炭灰水煮麻線，完全去除麻線晒乾後粘著的粘液，使麻線變成白色的線。麻線先漂白再染色。山黃麻是中低海拔次生林的常見樹種。

（二）黑色泥土：可染成黑色的麻絲，用以織布。要找到黑色泥土染料，就相當不容易了。靜觀部落的人都到溪流去找，據耆老說，現在已經找不到了。溪水有很多葉子，埋在土裡久了就會變黑，並變盛黑土。

（三）九芎（suraw）：葉子打爛可為織布染料。九芎十分光亮平滑，好像塗上一層蠟，連善於爬樹的猴子都會滑下來，所以又叫做猴滑樹。賽德克族人將樹皮和葉子取下後，經過燃燒和蒸煮，做成黑、白顏色的染料。九芎（suraw）的葉子搗爛後，與麻線混合埋於黑色泥巴中，可將麻線染成黑色。

（四）裡白葉薯榔（Qmawas / Tberaq）：用大鐵鍋煮，可釋出褐色、紅色汁液，用以染布。薯榔為原住民族群最主要且普遍的褐色或紅色染材，其色彩偏為咖啡色系。將薯榔切片成塊狀煮沸，與線材合煮二至三

小時，並不停地翻動，使線材染色均勻。裡白葉薯蕷，薯蕷科，莖肉質肥大，地下莖含有褚紅色素，富單寧酸及膠質。賽德克婦女將其根莖的皮削除，切成小塊搗碎，做成暗紅色染料。

南投賽德克族人尚紅色，象徵生命、力量，不論男女，正式服裝皆以紅色紗線佐以編織。紅色也代表族人在世勤勞，盡到社會責任的文化意涵，女性若勤於織布，雙手被紅色染料薯榔染紅，代表受祖靈眷顧，可順利通過彩虹橋。另因傳說中的惡鬼懼怕紅色，所以族人喜將衣服染成紅色，具有保護、驅鬼作用，日後服飾多採用紅色夾織亦是同樣道理（李莎莉，1998：87）。霧社事件後，日本人為切斷賽德克族人對傳統文化的連結，曾嚴禁族人織作紅色布料。註8

（五）香葉樹：樹皮可提供黃色染料。

三、賽德克族薪柴植物

薪材植物是指煮食用的木柴。「引火材」為很容易點燃的木柴，通常因為植物體中含有樹脂或精油等。例如：台灣山桂花、黑星紫金牛及竹片、紅檜樹皮、艾草、台灣芭蕉的纖維等，都是很好的引火材。引火材雖用在引火，但是不耐燒，很快就燒光了。

真正煮食用的是「燃燒材」，指耐燒的木柴。以質地緊實的木材為主，能夠持續燃燒，例如：長尾尖葉櫧、青剛櫟（raus）、大葉石櫟、土楠、香葉樹、長葉木橿子、大葉楠（lemukas）、紅楠（lemukas）、雅楠、九芎（suraw）、白雞油（sunkuhuyun）等。

「九芎」（suraw）：是良好的薪炭材。

「烏皮九芎」：因木材質密，燃燒時間較長，是良好的薪材。

四、賽德克族建材資源

賽德克族的建築材料，例如：柱材、樑材、木板材、石板材，都是取材於大自然。

　　柱材的使用，必須有支撐性及耐久性，在柱材選擇上常以闊葉樹為主，例如：台灣赤楊（sbiyuk）、青剛櫟（raus）、大葉石櫟、長尾尖葉櫧、大葉楠（lemukas）、紅檜（qulic balay）、扁柏（qulic balay）、柳杉（qulic）、台灣杉（qulic pakaw）、刺竹、麻竹（qowan）和桂竹等。其他如筆筒樹和台灣杪欏，也有人使用為柱材。

　　樑材的選擇，必須考慮支撐性和承載力，主要是用紅檜（qulic balay）、扁柏、大葉楠（lemukas）、柳杉（qulic）、烏皮九芎、烏葉竹等。

　　日治時期開始有鋸子等切割工具，建造房屋也有了板材，使用的樹種，例如：紅檜（qulic balay）、扁柏、柳杉（qulic）等，又如桂竹（dima），也可以當作住屋的牆壁。

　　「台灣赤楊」（sbiyuk）：落葉大喬木，又稱台灣榿木、水冬瓜、水柯仔、水柯柳、台北赤楊、水柳柯，可用做支柱材。

　　「栓皮櫟」：殼斗科櫟屬，別名栓皮櫟，軟木櫟，猴櫟、綿櫟、大葉櫟、大葉橡、粗皮櫟、青杠碗、老櫟、花櫟、粗皮青剛、厚殼仔。木材紋理平直，結構較粗，供建築用。

　　「烏皮九芎」：安息香科安息香屬，別稱白樹、葉下白、烏雞母樹、台灣野茉莉。可當樑柱用。

　　「烏葉竹」：可做建材，拿來做房屋的橫樑。烏葉竹長得很直，所以賽德克族稱它為「直竹」。烏葉竹較桂竹粗長，竿高 3 至 14 公尺，徑 2 至 7 公分，節間長 15 至 50 公分，籜厚革質。

　　「刺竹」：有大刺，因為刺竹很堅固，所以取它做為建材，可做屋樑和支柱。刺竹是高大、竹桿密集叢生的竹子，竹桿基部的小枝條會變成刺，因此得名。

　　「麻竹」（qowan）和「桂竹」：也是建造竹屋的主要建材。

　　賽德克族最常用的屋頂材料有「頁岩石板」及「白茅草」（demiya）兩種。

　　「白茅草」：禾本科白茅屬。生命力很旺盛，似乎哪裡都可以生長。形體細細長長的，一眼看上去像長著小尾巴。白茅草比起五節芒（bhngin）較不易腐爛，自古即為搭蓋屋頂的材料。

　　「頁岩石板」：是一種由黏土、粉砂硬化而成的沉積岩。常見者為灰

色，岩質緻密。由水中泥質物沉澱堆積，先形成泥岩，再漸次成為頁岩。因沉澱時間先後不同，物質成分亦有差異，而呈現出如一片片書頁般的薄層紋理，故稱為「頁岩」。

「桂竹」（ddima）：屋頂是使用桂竹建造，將桂竹剖開，竹節挖空，再將竹子正反相接即成屋頂，亦有做雙層的。

五、賽德克族現代農業種植

賽德克族在日治後，以及戰後與漢人接觸後，族人的飲食文化有很大的轉變。賽德克族經濟作物種類，因各地地勢及氣候的不同而異，目前在農業經濟作物種植上，有竹類、佛手瓜、絲瓜、韭菜、小黃瓜、芥菜、蕷薯、落花生（trabus）、紅豆、綠豆、長豆、扁豆、黃豆、葫蘆、菜瓜、胡瓜（ciyak）、甘蔗（sibus）、桂竹（ddima）、麻竹（qowan）、綠竹、西米、紅薯、馬鈴薯（bunga tumun）、蘿蔔（bunga wasi）、甘藍、甜椒、敏豆、青蒜、生薑（ucik qapal）、紅辣椒、長辣椒、溫帶果樹（蘋果、桃、梨）、高冷花卉（玫瑰）、及高山茶葉（ociya，以烏龍茶為主）等經濟作物為大宗，亦種植梅、李（bnuwan）、苦茶等。

竹類除了可以提供日常生活所需之外，其最大的附加價值，就是有美味的竹筍可以食用與買賣。

六、賽德克族狩獵資源

狩獵植物：指野獸取食植物及製作獵具的植物。

（一）**野獸取食植物**：如台灣八角金盤、江某、蓮草（bruling payis）、血桐、野桐（tamun）、蟲屎、長尾尖葉櫧、青剛櫟（raus）、牛奶榕、稜果榕、雀榕、姑婆芋（brayaw）、山芋、申跋等，都是獵人熟悉的動物取食植物。

（二）**陷阱植物**：獵人會以野獸取食植物為線索，選擇適當的地點設置陷阱，而陷阱的取材，則是就地取材。陷阱是由吊繩和吊桿製成，用作吊

桿的材料，必須是韌性和彈性很好的樹材，例如：黑星櫻、銳葉柃木和包籜矢竹、小梗木薑子、呂宋莢蒾等枝條。

（三）**製弓植物**：弓材需要韌性好、有彈性、不易變形的特性，過去最常用的弓材，例如：大丁黃、呂宋莢蒾的莖和桂竹（ddima）枝幹等。

（四）**箭材植物**：如包籜矢竹成熟的桿。但現在已無人用弓箭打獵。

（五）**槍托的樹材**：如大葉石櫟、台灣糊樗、樟等樹種，皆材質堅硬，不易變形，可做槍托。

七、賽德克族漁獵植物

過去族人會用毒魚來捕魚，將「魚藤」的莖和根搗碎後，倒入流速較緩的溪水中，等魚昏迷時撈起。

八、賽德克族飼養牲畜的飼料植物

「山葛」：是飼養牲畜的植物，為豆科葛藤屬下的一個種，又名葛麻姆，也稱台灣葛藤、葛藤、山肉豆。葛藤的葉可用來餵養牲畜。地瓜葉和地瓜、構樹的嫩莖葉和五節芒、象草（lepiyux）等，也都是家畜的飼料。

九、賽德克族醫療植物

世界各地原住民族在至少幾千年的生活當中，逐漸累積利用以植物為主的用藥常識。雖然利用植物的知識，缺乏較為系統性的醫學理論基礎，然而這些較為民俗的知識，長久以來，多能減輕或治療原住民族的病痛。註9

獵人們在獵場狩獵，往往不是一、二天可以回到家，如果生病、受傷了，就得找到適合的藥草處理傷口和病情。

過去若被認定為因觸犯 Waya / Gaya 受到 Utux 責罰的病痛，就要找巫師治療。而巫醫占卜用的法器，是截取一段長約 15 公分中空的桂竹（ddima）竹管製成。

十、賽德克族樂器植物

　　傳統樂器「口簧琴」，是利用桂竹（ddima）生長的側枝處，截一段約 10 到 15 公分的竹桿，於竹桿上挖出一處放置竹片或銅片的凹槽製成。

　　竹口簧琴以 3 至 4 年桂竹的竹片製成，最常見的有單簧、雙簧等，而多簧現今已很少人會吹奏與製作了。

　　「竹口簧琴」的製作：鋸竹成小竹片，削薄，約十公分長，刨薄竹肉，其中央挖細長之孔，即可完成單簧竹口簧琴。竹口簧琴介於吹和彈之間，以唇的震動，代替手的彈奏，其高低音階，乃以右手拉線之長短發生變化。口簧琴是屬於繩振樂器的一種，利用繩子振動簧片，使得簧片振動時的波動，在口腔裡產生共鳴。簧片長度不同的口簧琴，會影響聲音的高低，簧片長度越長，聲音越高。簧片厚度也會影響聲音的高低，簧片厚度越薄，聲音越高。註10

　　「木琴」：為傳統打擊樂器，主要由四根琴鍵組成，長短不一，音皆為 Rei、 Mi、Sol、La。製作琴鍵的木材，有食茱萸（sangas）、羅氏鹽膚木（purihuc）、廣東油桐等，而敲擊棒則是用黃連木製成。

　　「笛子」：是取口徑 3 公分，長約 30 公分的綠竹側枝，在竹桿上挖孔製成。

十一、賽德克族童玩植物

　　童玩植物最常見的是陀螺和竹槍。

　　「陀螺」（tiyang）：長尾尖葉櫧和大葉石櫟等呈錐形的果實，從果實基部用竹籤貫穿，即可成為簡單的陀螺。

　　「竹槍」：用桂竹或包籜矢竹作槍筒，口徑約 3 公分的一段竹桿，兩端去節後，再取竹筷子做推桿，以能自由回動為宜，通條木的種子可做子彈。

十二、賽德克族清潔用植物

絲瓜（ciyak rudu）：乾燥後用以清洗東西。

無患子（baciq）：種皮含有皂素，具有清潔的功能與效果。另，野棉花，台語別稱「虱母子」，葉子打爛，可做為洗髮精的材料。

十三、賽德克族清掃用具植物

採集山棕、台灣蘆竹、五節芒、開卡蘆等，捆綁成束，可製作掃帚。

山棕（sksik）：用於農業、狩獵、建材、器用、衣飾等，屬於多樣性利用植物。

十四、賽德克族繩索植物

利用植物本身纖維的韌性可充當繩索，藉以綑綁東西之用。

「山葛」：其莖曬乾後，可捆綁物品。

「構樹」：莖皮取下，可以做為繩索綑綁東西。

「苧麻」：加工後，取其纖維，可製成繩索綑綁東西。

十五、賽德克族苧麻之應用

苧麻的應用，如製作細麻繩、或編為繩索、麻袋、漁網、狩獵網袋、馘首袋等。狩獵網袋（Tokan balay / Towkan balay），是男子上山狩獵背負野獸最佳的運輸工具。漁網以苧麻編織，並把白色的麻線染成深咖啡色，此舉一則可延長漁網使用年限，二則白色易被魚察覺，咖啡色較不易被魚察覺。

十六、賽德克族竹之應用

竹類提供了人類食、衣、住、行、育、樂等資源。竹子是一種生長快速、產量高，且是利用廣泛的自然資源，對於人類的生活、文化、經濟等方面，都有重要的價值。

賽德克族利用的竹類，有綠竹、麻竹（qowan）、桂竹、孟宗竹、包籜矢竹、玉山箭竹、長枝竹、刺竹等。是賽德克族人生活上重要的資源，也是製作家具不可缺少的植物。

賽德克族的竹器，例如：竹桿煙斗、圓形竹簍、雞籠、趕鳥器、竹筒、耳飾、竹水管、升火器、杓子、杯子、筷子、竹簍、竹酒杯、竹水桶、竹箭、竹口琴、竹笛、肉簍、魚籠（kobu）、魚蔞、魚筌、紡織用的筵子和梭子（wikus / gikus）、紡錘（smmalu dowsan）、竹製捲線桿與捲線器（Smmalu tiyadan）、軒架（Dusayan / Tosan）等，皆是用木頭或竹子製作而成。

「煙斗」：「圓形竹簍」：（Bluku / Btuku）：可以裝置食物或器物等。

「雞籠」：以孟宗竹、桂竹的竿竹片，枝桿皆是編製雞籠與蓋雞舍的材料。

「趕鳥器」：會響的竹片，用以驅趕小米田裡啄食的麻雀。

「竹筒」：竹製筒狀容器，用以儲存食鹽或醃漬物。

「耳飾」：過去裝飾身體用的耳管，是截取玉山箭竹的地下走莖約 10 公分所製成。

「竹水管」：過去沒有水管時，會將麻竹（qowan）對剖，把節間挖除，做為部落從山上引水的管道。

「升火器」：升火時會取一段頭尾都有節的桂竹，在兩端節上打洞，製成升火用的吹管。

廚房用具中的杓子、杯子、筷子等，是取孟宗竹約 10 到 15 公分，並保留底部竹節的部分製成，或將孟宗竹竹削成長約 15 公分、寬 1 公分的竹片製成筷子。

「麻竹」：嫩筍可以食用，竹材可供建築，亦可製作農業器用器物，也可用在製作童玩等，屬於多樣性利用植物。

「桂竹」：用於食用、狩獵、建材、器用、童玩等，屬於多樣性利用植物。

十七、賽德克族木之應用

賽德克族應用木材的器物，例如：杵臼、背薪架、杓、湯匙、鋤頭柄、刀柄、木容器、切菜板、蒸籠、穀簍、撈飯捧、木盤、繃線框、理經架、織機、木琴（tatuk）、背薪架、木皿、木桶、木槽、木柄、木枕、煙斗、耳飾、筷子等。

「杵」：是早期搗小米的器具，也是製作麻糬的器物。搗米用的杵，要用硬質的木材，既不會龜裂，又不會太重，常用做杵的植物有樟葉槭、月橘、大頭茶等。

「臼」：也是要用硬質的木材製作，例如：茄苳、黃土樹的幹材，中間挖空做臼。

「背薪架」（Paga）：是男性專用，用以背負木頭、木柴。

「杓」（飯匙）：以梧桐、檜木削製，

「湯匙」：以易鑿質輕的雜木所製。

「鋤頭柄」：用堅硬材質的殼斗科木材，如青剛櫟（raus）、油葉石櫟等製作。

「刀柄」：可用山枇杷、黑星櫻、台灣糊樗、軟毛柿、九芎（suraw）、月橘等硬木製作。

「木容器」：木頭鑿空容器，用以儲存食鹽或醃漬物。

「切菜板」：烏心石（cikacu）木材材質堅硬，可做為切菜板使用。烏心石也是主要的建材。

十八、賽德克族藤之應用

藤編主要材料是黃藤編器，例如：方口藤製籃（tokan），是男子的背簍，除了背負農作物外，也可以背負小孩；女用藤背簍（brunguy），女子背負的器物，比男用背簍稍小；還有小孩用的小背簍。藤編頭帶（wahu），是背簍頭頂用的頭帶；藤編簸箕（btuku），是搗米揚米糠之器；藤編穀物乾燥簍（wiwan / gigan），天候陰溼，將食物如小米放在乾燥簍上用火晾乾；藤編置衣籃，置放衣物用的衣籃；藤編籮筐，置放物品；

藤編米罐（sbwaxan），用以盛裝小米、稻穀等穀物；藤帽，用藤材製作的帽子；藤製糧食盒（便當盒），攜帶方便；煙草藤包，裝放菸草之用。魚筌，捕魚、蝦之用，多使用黃藤皮或桂竹編織而成。

黃藤，又稱假黃藤、五脈剛毛省藤、闊葉省藤，棕櫚科，台灣特有的藤本植物，分布海拔森林內，其莖幹可編製各種家器，極具經濟價值。「假黃藤」用於食用、狩獵、藥用、建材、器用等，屬於多樣性利用植物。

十九、賽德克族瓠之應用

「瓠瓜」就是扁蒲、蒲瓜、瓠子、蒲仔、匏仔，是屬於葫蘆科葫蘆屬的一種植物，它是爬藤植物，其果實也被稱為葫蘆。乾燥後挖取出種子並對剖，可以做為舀水的水瓢、瓢杯、酒壺、水壺使用。此外，成熟乾燥的瓜果挖空後，可做儲種子罐。

二十、賽德克族皮革之應用

台灣原住民族都是狩獵民族，因此都有製革技藝。將獸皮從野獸身上剝下，把皮革曬乾或烘乾，即可製作帽子、雨衣、墊皮、皮衣、佩袋等生活用具。其中，羌皮可以製作背包，用來裝盛獵物，攤開來就變成雨衣，也可以當作睡袋。皮革也可製作菸草袋、獵靈袋、子彈袋、火藥袋等。

二一、賽德克族蜂蠟之應用

蜂蠟（Weluq walu / Gluq walu），又稱黃蠟、蜜蠟，是由蜂群內工蜂腹部的四對蠟腺分泌出來的一種脂肪性物質。賽德克族應用在織布上，刺繡時做為潤線或插針之用，可防細小的針頭丟失。

植物利用的傳統知識，是過去人們長期和自然環境相處得知的珍貴經驗，如今現代社會發展快速，生活越趨便利，許多知識可能已不再使用，

隨著著老的的凋零，這些經驗也隨之消失。因此透過民族植物調查的進行，能為當地部落保存相關的植物利用知識，並進一步瞭解現今的保存情況，以做為未來部落文化傳承的參考依據。註11

註釋

註1　郭華仁、嚴新富、陳昭華、鴻義章〈台灣民族藥學知識及其保護〉，《生物科技法的保護與生命倫理國際研討會》，北海道大學，2005 年 2 月 22-23 日。

註2　廖靜蕙〈島嶼植被——當原住民遇見植物等候刺桐花〉，《經典》244 期，2018 年 11 月。

註3　林志忠〈豆豆不簡單：一「豆」一世界 窺見原鄉豆文化〉，環境資訊中心，2016 年 11 月 30 日。

註4　同註 3。

註5　同註 3。

註6　https://teia.tw/zh-hant/natural-valley/species/19392。

註7　原住民數位館網站。

註8　同註 7。

註9　同註 1

註10　〈賽德克族研究報告〉。

註11　廖學儀、曾彥學、曾喜育〈南投縣賽德克族中原部落民族植物之調查研究〉，《林業研究季刊》33（1），2011 年。

第二十章
Chapter 20

賽德克族語文特色

　　據傳，在四、五百年以前，賽德克族就已經在濁水溪及其支流建立許多群落，因部落分散各處，加上交通不便，所以各社群封閉，形成各自的文化習俗，並且發展獨特的語言。也因語言的差異，賽德克族就分出三種語群，包含德路固（Truku）、都達（Toda）、德固達雅（Tgdaya）。

　　賽德克族遷徙方式可以區分為「縱向發展」和「橫向發展」。縱向發展是遊耕式農業所帶來的自然遷徙方式；橫向發展則肇因於天災人禍的侵襲，使族人無法留在祖居地，但又無力尋找新居地的情形下，弱勢部落必須投靠強勢部落以維持生存，造成部落合併現象。這兩種發展在歷史進程中交錯進行，形成各部落間語言混雜現象。約 250 至 400 年前，賽德克族內掀起東遷風潮，於不同時期，分別翻越中央山脈遷入花蓮與宜蘭地區，以致形成今日賽德克族分布於祖居地南投仁愛鄉，移居地東部花蓮秀林鄉、卓溪鄉及萬榮鄉，以及宜蘭大同鄉與南澳鄉等山區之現況。註1

　　台灣原住民各族，自從開始進入使用語音符號來書寫各部落的口述傳統時，賽德克族傳統的書寫系統一直都在整合當中。常被使用的符號系統主要是兩種：長老教會羅馬拼音系統和學術機構拼音的系統。這兩種拼音方法，前者可參考流傳於賽德克族部落的太魯閣語《聖經》；後者可參考如張永利所著《賽德克族語參考語法》的拼音系統。兩者所使用的語料，在教會系統方面以 Truku 語料為主，學術單位以 Tgdaya 語料為主。在書寫上面也有不同的地方：因為 Tgdaya 的「E／e」音，在 Truku 語彙裡通常讀成「ㄜ」音，且書寫上會省略「ㄜ」音；「-le」則讀成「-lay」。且 Tgdaya 的母音「u」，常會在 Truku 語彙變成「ㄜ」音。從語言學來

看，更無法將「賽德克族」語言，混入「泰雅族」語言來共同研究，因為，本身這兩個族群的語言，明顯的無法相互溝通，且是有所區別。特別在用自己的族語相互溝通上，只能侷限於「賽德克族」內的各語群交談；而泰雅族也僅能侷限在自己泰雅的語群裡相互溝通。學界常使用「泰雅族」與「賽德克族」字彙和語構相近為由，將這兩個族群放在一起，但在研究上又明顯的加以區別。學界常主張，在語言上使用，泰雅族和賽德克族兩族群相近所引用的數據，然而這種僅是語彙相近或相同，就視為族群相似的邏輯，並不符現況。如日本語彙裡大量引用了外來語（英語），我們卻不會用語彙相近或相似的理由，來認定日本人和使用英語的民族為同一族群。而從這些相似的的語彙裡，反而可以看到「泰雅」族與「賽德克」族，長時間相鄰而互動的情形。這種相似的語言交流，也可以從布農族語彙裡找到賽德克族的語彙是一樣的道理，雖然，相似的語彙比較少。因此，用語料的相似或語法結構相似的理由，強把「賽德克族」消音，實在很不公義，也很不妥。註2

語言復振是文化傳承最重要的事項 / 田哲益提供

　　賽德克族語文的最大特色就是多元又能彼此包容，就如本族陳情正名時，以「Sediq Toda / Seediq Tgdaya / Seejiq Truku 賽德克族」為族名，

就是最好的實例，雖然「Sediq / Seediq / Seejiq」的發音略有差異，書寫方式也稍有不同，但在語意及使用上是完全相同的，做為專有名詞時，即為三語群的自稱用語，做為普通名詞時，則有「人、別人、他人」之意。註3

　　賽德克族自稱時的形容詞，是 msediq bay / mseediq ba / masejiq bi，即「很美的女子或非常英俊瀟灑的男子」、「真正的人」的意思。註4

　　賽德克族三語群之間的方言，聲調、聲韻各有各的地方色彩，三語群之間或有完全不同的單語（單字），但常出現二同一不同的現象，如漢語的「麵」，德路固語是「waray」、德固克達雅語為「ware」，都達語是「bicul」，其中 waray 與 ware，指的是賽德克族人織布用的白色麻線，而 bicul 是漢語裡的蚯蚓。對賽德克族而言，麵屬外來食品，德路固與德固達雅的族人取其外觀的顏色來命名；都達的族人則取其滑溜的特性而命名，可謂各具特色，這是賽德克族創造新詞彙的傳統思維模式。註5

　　賽德克族語在發音和書寫上，祖居地賽德克族語與移居地賽德克族語有顯著不同。以下舉出實例：祖居地賽德克族都達語之「賽德克族、人、一樣、他們、是、不是、麵」，與移居地賽德克族都達語之「賽德克族、人、一樣、他們、是、不是、麵」；兩者發音與書寫不同。祖居地賽德克族德固達雅語之「賽德克族、人、一樣、他們、是、不是、麵」，與移居地賽德克族德固達雅語之「賽德克族、人、一樣、他們、是、不是、麵」；兩者發音與書寫也有顯著不同。祖居地賽德克族德路固語之「賽德克族、人、一樣、他們、是、不是、麵」，與移居地賽德克族德路固語之「賽德克族、人、一樣、他們、是、不是、麵」；兩者發音與書寫有些不同。太魯閣族語之「人、一樣、他們、是、不是、麵」，與祖居地賽德克族語也有其差異性。移居地賽德克族人，自祖居地遷徙後，已發展出許多嶄新的語言文化，其主要強勢語言文化為移居地賽德克族德路固語，以及太魯閣族語。綜觀賽德克族語言文化之發展，因著早期移居地賽德克族以及太魯閣族部落與教會積極、大力且有效推動族語文化發展，賽德克族部落與教會，長年皆受到太魯閣族語言文化之同化，影響甚遠。註6

族語之推展必須從家庭教育開始／田哲益提供

　　以下列三項賽德克族語與泰雅族語兩方的比照供參考：註7

　　（一）**賽德克族與泰雅族的自稱用語**：賽德克族自稱 Sediq / Seediq / Seejiq，泰雅族則自稱 Tayal / Tayan / Atayal。賽德克語 Sediq / Seediq / Seejiq 同時含有普通名詞與專有名詞的詞性，當賽德克族人自稱為「人」時 Sediq / Seediq / Seejiq 屬專有名詞，在其他的情境皆屬普通名詞；而 Tayal / Tayan / Atayal 是泰雅族人自稱為「人」時的專有名詞，而普通名詞的「人、別人、他人」，泰雅語則有 squliq / suuli / cuuli 等詞彙。

　　（二）**賽德克族語的語助詞**：賽德克族三語群的方言中，其語尾助詞最具特殊性，例如：都達 Toda 語的「pa」、德克達雅語的「peni」以及德路固語的「pini」，皆屬語尾助詞卻各有特色。換句話說，在賽德克族人交談的情境中，出現「peni」語助詞者，一定是德克達雅的族人，出現「pa」語助詞者，則是都達的族人，而出現「pini」的則是德路固族人。以上此類的語助詞，並不會出現在泰雅語系中。

　　（三）**漢語中的「再見」或「一路順風」**：Knbeyax / Knbiyax 是賽德克族人傳統上表達漢語中的「再見」或「一路順風」；泰雅族人則以 Lokah 表達「再見」或「一路順風」。賽德克語的 Knbeyax / Knbiyax，

可對應漢語中的用力、努力、加油，所以賽德克族人在道別時，會以 Knbeyax / Knbiyax 表達珍重與保重，泰雅語的 Lokah 也具等同的意涵。

　　德路固群語腔有些與都達群語腔相同，如尾音「aw，ay」的語腔用語，如詞彙「Tadaw（男性名字），idaw（飯），balay（真的），payay（稻穀），dmsay（織布理經）」。都達群與德固達雅群也有許多詞彙用語相同，如詞彙「timu（鹽巴），tikuh（少），Tiwas（女性名字），Cili（男性名字），camac（獵物）」，而德路固群是「cimu（鹽巴），cikuh（少），Ciwas（女性名字），Sili（男性名字），samac（獵物）」。都達群傳統詞彙中，除了外來語的使用外，沒有「g，j」。德固達雅群語腔與德路固群語腔相同，特別是同樣有「g」的詞彙，如「gaya（律法），gnaalu / gnealu（愛），galiq（布），tgibu / twibu（楊梅），gisu / wisu（正要前來）」。

註釋

註 1　國立台北藝術大學〈活出歷史——台灣原住民觀點〉網站。

註 2　《賽德克族誓師正名大會大會手冊》。

註 3　郭明正〈認識賽德克族〉，國立仁愛高農《中投區輔導中心學校辦理 105 年度教師認識原住民文化研習手冊》，105 年 11 月 29-30 日。

註 4　林宸儀、徐尚靈〈重返波瓦倫廬山部落賽德克族生活文化場域規劃設計〉，朝陽科技大學景觀及都市設計系畢業專題，2015 年 6 月。

註 5　同註 3。

註 6　Watan Diro《賽德克族文化與福音轉化》，台南，財團法人台灣基督長老教會台灣教會公報社，2020 年 9 月。

註 7　同註 3。

第二一章
Chapter 21

賽德克族戰役

莫那魯道造型花燈 / 田哲益提供

一、馬哈旺戰役

郭明正老師曾大膽推測，「賽德克族」與「泰雅族」最有可能一分為二的時段，就在洪水氾濫成災的年代，自此賽德克族即進入德鹿灣（Truwan）時代，泰雅族則進入斯巴揚（Sbayan）時期。由賽德克族的傳說故事及口說歷史的脈絡中，其始祖誕生於 Pusu Qhuni 並繁衍後，不知過了多少年代才遷徙到德鹿灣（Truwan）之地綿延茁壯，在抵達「德鹿灣」之前的遷移史，是賽德克族歷史的灰色地帶，幾乎可說是空白一片，因此銜接困難、循述不易。德固達雅的耆老，除賽德克族 Pusu Qhuni 的起始傳說外，就常以德鹿灣時期做為賽德克族口傳歷史的參考點。註1

馬哈旺（Mahawang）戰役，是布農族與德固達雅人的初次戰役。布農族、鄒族、泰雅族及賽德克族，堪稱台灣原住民中的高山民族。因此，不論是為了族群的遷徙或是為了開拓新獵區，無可避免的，常於交錯的領域裡引起衝突。今信義鄉的布農族同胞與阿里山鄉的鄒族同胞，過去多年的爭戰，是大家所耳熟能詳的實例。其實，賽德克族德固達雅群與布農同胞之間，亦曾有類似的交戰經歷，只因戰事沒有繼續蔓延擴大，以致被後世的兩方族人所淡忘，馬哈旺（Mahawang）戰役即為其中之一。

當賽德克族居住於德鹿灣地區而尚未擴散的年代裡。有一天，布農族的同胞一行近 50 人，來到德鹿灣部落附近的馬哈旺山頭，不知是獵首隊或是獵場新領域的探勘隊，他們白晝時遠離部落而藏匿著，夜裡則潛入部落裡四周查探（rumuyuk）。原住民之間攻擊對方的策略，雖然不曾交流切磋，雙方卻都心知肚明；我方不動聲色，但禁止族人外出並停止一切日常工作事宜，尤其不得往對方的隱身處招搖挑釁。一來時間拖的越久，對其越不利，因遠攻能攜帶的食物有限；二來我方對地形地物瞭若指掌，因這裡是我方生長的地方，再說他方是長途跋涉而來，我方是以逸待勞。果然，第三天破曉時分，對方發動攻擊，交戰至當天正午左右（mbeyax hido），布農同胞已招架乏力，主要是後援無力之故。雙方除各有人員傷亡之外，首當其衝的魯固達雅部落，有五、六間住屋遭焚毀，但我方佔盡地利之便，以及可戰鬥人員數倍於對方，在採用包抄戰術下，結果是略勝一籌。經此一役，德克達雅人初識布農族同胞的強悍難鬥，尤其布農同胞所穿戴的毛皮衣物（lukus benac），弓箭不易射穿、長矛難以刺破，猶如

盾甲一般。這種現象令我先祖們嘖嘖稱奇、印象深刻，因而近身搏鬥的場面多於使用武器，為該戰役較為特殊之處。另外，來自被族人隔離的固那果合部落（alang kunaguh）之壯士們，在此戰役中，表現出勇猛過人的戰鬥力，戰績遠勝於其他部落的族人。因此，經馬哈旺之役，固那果合部落的族人不再受隔離的約束，重新融入了德鹿灣社會的正常作息。當時所謂的隔離制約包括：不與之通婚、不與之共用同一水源、不與之共用同一出入部落耕作地的道路、不互借一切日常生活用具。註2

二、深堀大尉事件

日治時期，與賽德克族德路固群相關的重大歷史事件，莫過於「深堀大尉事件」。1897 年 1 月，日本總督府派深堀安一郎大尉率領一行 14 人，前往德路固地區調查深山內諸族的分布情形，14 人於合歡瀑布一地，全數遭到殺害，事後日本政府封鎖能高越嶺十年，限制了族人的生計；此事件可能亦為日後族人被迫遷離原居住地的原因。1904 年與 1908 年，日本派兵討伐此地失敗；1909 年，德路固群與德固達雅群下山突襲埔里的腦寮隘勇線，殺害腦丁（上山採製樟腦的人）；而後，1,881 名日警從三角峰、立鷹（松崗）砲擊各社，造成德路固嚴重傷亡，德路固於 1911 年投降；同年，日人亦於 Sadu（靜觀）設置駐在所統治五社。自深堀大尉事件後，種種衝突醞釀，最終成為霧社事件爆發的導火線之一。註3

三、人止關戰役

日治初期，台灣平地的抗日事件大勢抵定，日本人開始積極整頓霧社地區原住民事務。1902 年，派警備隊強行進入霧社山區。日本警備隊在人止關時，開槍掃射德固塔雅人，引起激戰，又因人止關地勢顯要，易守難攻，日人不熟悉地形，死傷慘重，節節敗退，史稱「人止關之役」。「人止關戰役」是由巴蘭社部落領袖「瓦歷斯布尼」（Walis Buni）所領導。

人止關為眉溪上游處的狹谷地形，於台 14 號公路上，介於埔霧公路大

觀橋與仁愛橋之間，短短數百公尺二側峭壁千仞，相傳昔日是原住民與平地人的分野處，稱「人止關」，指平地人應止步之意。過去因原住民與平地漢人易起爭端，官方為了防止事端擴大，於是在此設立關口。1902 年 4月 29 日，日軍埔里守備隊約百餘人欲進入霧社地區偵查，卻遭受到霧社群約二百人阻擋，在人止關附近發生戰鬥，由於受到來自高地的攻擊，日軍中山中尉、大村少尉等 18 人受到輕重傷。註4

此役日軍士兵頭戴紅色軍帽，日後原住民也稱日本人為紅頭人 Tanah Tunnx。註5

四、姊妹原事件

「姊妹原」曾發現曲冰史前遺址，現今為曲冰舊部落遺址。人止關事件之後，日人實施經濟封鎖，徹底斷絕德固達雅群在埔里交易的火藥、鹽巴、鐵器等日常生活用品，另一方面則利用平埔族、布農族，誘使德固達雅群至兩族交界的「姊妹原」進行交易。結果德固達雅群派出百名勇士赴約，干卓萬社布農族以酒食宴請德固達雅人，並在其勸說下卸下武裝，僅有部分族人不願繳械。下午三點左右，一位布農領袖一聲令下，布農族人持刀發動攻擊，屋內所有的 Tgdaya 勇士因缺乏武器而多數遇害，史稱「姊妹原事件」。文獻記載時間是明治 36 年 （1903）10 月 5 日，這次事件中的布農族人，只是被日本人利用的計謀而已。經過這次事件後，德固達雅群元氣大傷，勢力銳減，終無力反抗日人的入侵。姊妹原事件的影響鉅大，直接影響到德固達雅對日本的無條件歸順，並進而影響到 27 年後的霧社事件。

在埔里，平地人稱「姊妹原事件」為「南（布農）北（賽德克）蕃大戰」，日本官方紀錄為「霧社蕃膺懲事件」。

1903 年，日軍利用布農族的干卓萬社「以蕃制蕃」，以假意與賽德克人貿易資源為名，誘殺二百多位巴蘭社的壯丁，世稱「姊妹原事件」。在此役之後，巴蘭社勢力大減，且因長期經濟封鎖，造成部落生活困難，瓦歷斯布尼在 1910 年代，向日方降服，日本人得以進入仁愛鄉山區。日本人對瓦歷斯布尼極為敬畏，也曾在 1920 年代，招待山區原住民部落頭目，至

日本東京、京都、名古屋等地遊覽，參訪兵工廠、軍校、軍隊等，瓦歷斯.
布尼對日本軍隊的強盛留下深刻印象，後開始主張與日本人和平共存。註6

　　1930 年，莫那魯道（Mona Rudo）發動霧社事件，邀集原住民各社
一同加入。瓦歷斯布尼認為賽德克族的實力不足與日軍抗衡，拒絕加入，
保持中立。他以外交方式，與日本人進行談判，保全未加入抗日的賽德克
族部落。日軍原計劃將參與霧社事件的六社成員全部屠殺，以避免後患。
瓦歷斯布尼與日方談判之後，保全了這些遺族，將他們移居到清流部落看
管。註7

　　瓦歷斯布尼原是巴蘭社主祭司，1931 年後，瓦歷斯布尼被族人推選為
賽德克族德固達雅群的總領袖（總頭目）。

五、味方蕃與抗日蕃

　　所謂「味方蕃」，就是親日部落，以別於「抗日蕃」。日本殖民政府，
把服從日本的部落稱為味方蕃，極盡籠絡之手段，協助日本建設，給予他
們獵場的優惠，子弟可以到山下、甚至到日本就學，學成回鄉擔任官職。
唯一的條件是要協助日本政府，鎮壓反抗的族人。味方蕃受日人攏絡，配
合日人的施政，幫助日人攻擊不服從日人的部落。

　　如 1903 年，德固達雅群的巴蘭社，就曾被與官方合作的布農族干卓萬
社屠殺，史稱「姊妹原事件」。

　　發動霧社事件的馬赫坡社領袖莫那魯道，在起義抗日前，也曾經是日
本殖民政府口中的味方蕃，曾協助日本殖民政府鎮壓反抗的族人。如 1920
年，參與了台中泰雅族烏來歷馬部落「薩拉矛事件」的征伐。莫那魯道從
南投帶著族人及日本人偷襲、屠殺 26 名老弱婦孺，緣由是當時日本人要報
復因西班牙流感而對外籍人士大肆出草的泰雅族原住民族。但最後，莫那
魯道領導德固達雅群六社發動霧社事件，成了「抗日蕃」。

　　薩拉矛事件發生前，日人利用馬赫坡社領袖莫那魯道和其他部落爭奪
獵場的嫌隙，以提供賞金和槍枝彈藥為條件，脅迫利誘都達、德路固、萬
大、馬力巴、白狗等社，強制組成味方蕃襲擊隊，以協助日人軍警部隊參
與戰鬥，對原住民極盡分化，使其自相殘殺。

　　另外，第二次霧社事件（屠殺事件）的都達群，即為味方蕃。古代，台灣原住民族各部落，因為長期有爭奪獵場而互相出草馘首的習俗，即便是同族群而語言互通的不同部落，也不乏敵對者。這種部落之間的積怨，也被日人乘虛而入加以操控，與投向親日的部落，合作討伐反日的部落。

霧社事件中為日軍作戰的味方蕃 / 田哲益提供

六、霧社事件與戰役

　　台灣在日治時期中期發生的霧社事件，即是賽德克族人對日本當局的高壓統治不滿而爆發。賽德克族人在日治時期曾多次群起反抗，造成日軍不少的損失，其中，1930 年 10 月 27 日，以德固塔雅群為主的 Mahebu 馬赫坡（現今盧山溫泉）、Truwan 德鹿灣（現今春陽溫泉區）、Buwarung 布瓦隆（現今盧山部落）、Suku 斯庫（現今雲龍橋旁上方）、Gungu（現今春陽部落）、Drodux 德羅度乎（現今仁愛國中）六社抗日霧社事件為最大，當時震驚全台與世界。

　　依據旅居日本的寫作家盧千惠（許世楷之妻），於 2004 年 10 月 27 日投書《中國時報》的〈永誌台灣英雄莫那魯道〉一文中，提及事件發生後，

日本帝國議會的議員河野密，來台灣調查真相，並在 1931 年 3 月號的《中央公論》，發表一篇〈調查霧社事件的真相〉。文章說：事件的多數當事人，不論原住民或是日方警察，因為在事件中消失，無法判斷事件的是非；事件後，最早進入霧社的記者受到限制，無法報導真相，致使霧社事件到現在還是「謎」。註8

（一）霧社事件抗日的背景

霧社事件的發生，其實是累積在一連串的日原衝突事件上，前因可推至 1897 年，日人為勘查東西橫貫公路路線，侵入霧社原住民生活領域，而遭殺害的「深堀大尉事件」。

1901 年，日本巡察田邊文七率領隘勇線員 670 名，與霧社原住民交戰，日軍被擊退。

1902 年 4 月 29 日，日軍埔里守備隊約百餘人欲進入霧社地區偵查，卻遭受德固達雅群約二百人抵擋，在人止關附近發生戰鬥，由於受到來自高地的攻擊，日軍中山中尉、大村少尉等 18 人受到輕重傷。導致日人對霧社原住民的大規模封鎖（生計大封鎖）。

1903 年，日人唆使布農族干卓萬社「以原制原」，屠殺賽德克族德固達雅群人。

1914 到 1917 年間，日人採鐵腕策略，對不願歸順的原住民部落展開猛烈攻擊，原住民死傷慘重。德固達雅群原住民，面對日人野蠻的侵略行為，表面上被制伏，但心有不甘，伺機一決死戰。

1915 年，日本對台灣原住民的強力鎮壓之後，霧社就成為日本的山地模範部落。當地風景優美，位處台灣中部，交通四通八達，為日本人控制中央山脈地區的重要基地。日本人在霧社設立學校、警察局、郵局、旅館、醫療所、樟腦會社等機構。1930 年發生霧社事件之前，當地除了原住民之外，還有 157 位日本人、111 位漢人，以及 144 位採樟腦的工人。當時住在霧社地區的原住民有 11 個社，共有 2,178 人。在 11 個社當中，直接參與霧社事件的有布瓦隆（Buwarung）、荷歌（Gungu）、德羅度乎（Drodux）、馬赫坡（Mhebu）、舒固（Sukn）、德鹿灣（Truwan）等六個社，另外，都達（Toda）和德路固（Truku）兩個社後來成為親日

的「味方蕃」，此社會和賽德克族其他的社發生對立，是有原因的。1897年，日本的深堀大尉率領一個探險隊進入中央山脈，被德路固社所殺，日本就利用馬赫坡社來壓制德路固社，以製造不同部落之間的敵對，巴蘭（Paran）社則保持中立。霧社事件發生後，巴蘭社曾扮演和平使者勸莫那魯道投降。至於萬大社和白狗社，因為距離較遠而沒有參加。註9

馬赫坡社的領袖莫那魯道，在 1920 年與 1925 年策劃兩次大規模的抗日行動，但都因消息走漏而告失敗。莫那魯道的第三次抗日行動，也就是霧社事件。

造成霧社事件的原因，是賽德克族德固達雅群人，不堪日本殖民政府極權統治，反奴役、反霸權、寧為玉碎之大無畏精神，展現族人恪遵祖先遺訓、維護 Gaya，締造了台灣原住民族群在日治時期最大規模的抗日事件；莫那魯道和抗日烈士反暴政、爭自由、爭人權的精神名留青史，令人敬仰。註10

1895 年，日人在台灣始政後，台灣總督府為了礦產、樟腦與木材，在山區大肆開發。樟腦是台灣總督府的重要財源，因此台灣總督府便積極的推行柔剛並濟的「理番」政策。於柔的方面，霧社設置蕃人公學校或蕃童教育所，圖消弭原住民出草等習慣；剛的方面，則是為了開發山地資源、修築道路而派駐軍警。註11

日人殖民化政策、掠取山地的資源勞役、賽德克人傳統狩獵生活與編織經濟生產的改變、「合蕃婚姻」政策的失敗及「以原制原」的策略等，都是霧社事件的引線。

日治時期，在建設教化的同時，日人對原住民原有的生活多加限制，禁止傳統的出草、文面、斷齒等習俗，不得私自持有槍械，狩獵需向日本警察局或派出所、駐在所等申請領取槍枝彈藥，傳統的織布原料種植也受到管制。失去傳統生計方式的原住民，只能轉而充當入山日人的勞工與傭人，常受到部分日人歧視與苛待，聯姻政策大多因文化差異悲劇收場（曾發生被日本政府強迫結婚的日籍警察拋棄原住民婦女，至該事件後，強迫聯姻的對象才改為原住民警察與頭目之女）。結果原住民於社會、經濟、文化等諸層面中，均置於弱勢地位，使其對日本當局深感不滿。註12

（二）霧社事件發生的原因與臨界點

首先，山地資源被日本人掠奪：台灣的原住民沒有土地所有權的觀念，他們採用游耕，打獵時又跟著獵物跑，所以重視的是土地使用權。而日本是個現代體制的國家，認為台灣歸屬日本，人民就要變成日本人，土地也是日本的。土地的資源如果認定不是私人所有，就要成為公有。這樣一來，對原住民生活的空間、經濟的領域就是一種掠奪，日本對山林資源的開發，使原住民的獵場大量減少。其次，日本殖民政府與部落社會產生嚴重衝突：日本派很多警察駐在山地，警察的權威超越了原來部落的領袖，對原住民部落造成很大的衝擊。

由於日本殖民政府自 1925 年（大正 14 年）調整統治政策，裁撤台灣地區的駐衛軍警人數，霧社地區的駐警人數減少了約五分之一；未被裁撤的員額也充斥大量經驗不足的新任警察。自 1928 年（昭和 4 年）至 1930年間，日方為進行霧社與林業資源的開發，先後九次動員德固達雅群、都達群人進行工程，頻繁的「奉公」，影響了原住民自身的農獵時程與收穫，而奉公的薪資發放也有欠公平（以 1928 年進行的霧社神社工程為例，族人參與伐木與興建所得被扣除工程時期的便當費，還強制捐獻了部分薪資做為興建神社的捐款）。至事件發生前半年，娶鄰近部落公主為妻的警察佐塚愛祐就任霧社分室主任，但佐塚有發放薪資不實的傳聞，其他山地警察也有以日薪計酬等名目苛扣原住民薪資的問題，同時開始進行的霧社小學校擴建工程，也發生木材搬運方式糾紛等事件，引起當地原住民不滿情緒。當地警察發現拒絕出工的人數開始增加，似乎僅視為原住民反覆性格的表現而未加警戒。註 13

為了在霧社大肆砍伐林木，台灣總督府優待入山工作人員，除正式警察外，其他入山勞工日人，皆一律給以警察或隘勇名義；曾有一日，因砍伐不當導致五個正在工作的原住民被壓死，且有許多族人在搬運木頭時被日人毆打的事件。註 14

「敬酒風波」、「理原」政策之失當、日警之跋扈等，都造成了霧社事件的直接近因。不過，一般被視為霧社事件導火線，則是發生在 10 月 7 日的「敬酒風波」。

根據日本警方 1930 年 10 月 7 日的紀錄，馬赫坡社的一對青年結婚，

日警吉村恰巧路過巡察，此時，莫那魯道的長子達多莫那（Tado Mona）正在殺牛，原欲把酒與吉村共飲，卻因手上染血漬而遭拒絕，兩人在拉扯之中，把酒灑在吉村的警服上，令吉村暴怒不已，以警棍毆打達多莫那兩次，其弟巴索莫那（Baso Mona）亦不甘示弱回毆（有謂族人憤而群起圍毆日警），致使吉村受傷，狼狽離去，表示要將兄弟倆嚴辦，襲警罪可處死。

當時族人憂懼日警報復，莫那魯道乃表面上向吉村致歉，實積極策劃抗日行動，私底下四方奔走，招募族人，在 11 社領袖中有六個部落領袖願意配合揭竿起義，並一致選定霧社運動會舉辦日為最佳時機，時乃 1930 年 10 月 27 日。此日是台灣總督府為紀念北白川宮能久親王陣亡而舉行的台灣神社祭，霧社地區照例舉行聯合運動會，此時警備鬆弛。

（三）霧社起義之策劃

由於策劃者皆於事件中身亡，實際上難以判斷策劃起義正式的時間，但一般相信，1930 年 10 月 24 日舉行的一場婚宴，為開始計畫起事的時間，近年主流見解認為，荷戈社的比荷沙布與比荷瓦歷斯兩人是主要的鼓吹者，但也有莫那魯道為策劃者的說法。比荷瓦歷斯與比荷沙布為堂兄弟關係，且均為日本警察登記在案的「不良分子」（對警察持反抗態度，不配合出工），兩人都有家人因與日本警察起衝突而遭到殺害的經歷（比荷瓦歷斯一家更因父親殺害日本人而遭到滅門），成年後的婚姻生活亦都不圓滿。莫那魯道則為霧社群賽德克有力人物，年輕時即有勇名。他靠著獵捕的山產買賣，擁當地最多的肉牛（肉牛被賽德克人視為財產計算單位），在當地擁有很高的威望。由於莫那魯道曾於 1920 年與 1925 年兩度參與當地對抗日本統治的計畫，日方亦將之視為危險人物，出於安撫與威嚇之雙重目的，日本當局乃以「以原制原」的方式，於 1920 年及 1929 年要求莫那魯道率眾參與對其他部落的討伐行動以示忠順（即「薩拉矛事件」與「青山事件」），但親眼目睹軍警居於後方指使原住民作戰之事，卻可能進一步加深了莫那魯道對日方的敵意與輕視；此外在薩拉矛事件時，莫那魯道更曾遭非敵對勢力的白狗社狙擊，莫那魯道相信，這是受到當時的駐白狗社巡查佐塚愛佑指使，也因此對日本警察懷有敵意。註15

1930 年 10 月 25 至 26 兩日，起義的原住民開始進行秘密的聯絡與串連活動，比荷沙布似乎在此階段扮演了主要連絡人的角色，向霧社群的 11 個社進行遊說的動作。最後共獲得賽德克族霧社群（即德固達雅群）之馬赫坡社（Mhebu）、德鹿灣社（Truwan）、布瓦隆（Buwarung）、斯庫社（Suku）、荷歌社（Gungu）及德羅度乎社（Drodux）等六部落的支持。然而，各社中人口最多的巴蘭社，卻因為領袖瓦歷斯布尼的反對而沒有參與，最後僅有少數男子以個人身分加入。另一方面，由於決定起義的過程倉促，各社並未作出相應的備戰與儲糧準備，僅有馬赫坡社駐在所曾回報，莫那魯道將所植之旱稻搬進倉庫的行為。另 10 月 26 日傍晚，波瓦倫社駐在所小谷巡察，有接獲原住民將起義的密告，但卻未加重視。最後參與的賽德克族計六社 1,236 人（其中具戰鬥力的青壯年男性共 300 餘人），打算利用 10 月 27 日，於霧社公學校舉行聯合運動會，警備鬆弛的機會，襲殺日本人，舉行大出草。註16

（四）霧社事件領袖莫那魯道

莫那魯道，1882 年出生於馬赫坡部落，為馬赫波首領魯道巴伊（Rudo Bai）的長子。

1930 年 10 月 27 日，他領導發動賽德克族人起義抗日，爆發震驚島內外的「霧社事件」，他的兩個兒子達多莫那和巴索莫那也是起義軍的戰將。1930 年 12 月 1 日，莫那魯道自殺身亡（確切的死亡日期，至今仍是個謎）。

組織賽德克族的部落領袖，由部落推舉聰明、正直的人擔任，負責對外事務的聯繫、協商，對內則是仲裁糾紛、維持部落安寧和諧。賽德克族的部落領袖，若有子承父或弟承兄繼任頭目者，都是部落族人對於前任頭目的認同與信任所致，除了需要相當的能力外，也需要被族人認同，最具代表性的人物是帶領霧社事件的馬赫坡社領袖莫那魯道。莫那魯道被選為頭目，是因為聰明、優秀又具有膽識，受到前任領袖鐵木羅勃（Temu Robo）的賞識，並獲得馬赫坡部落族人的擁戴而繼任領袖。註17

莫那魯道繼任頭目後，受日本政府邀請到日本觀光參訪，曾說過：「日本人比濁水溪的石頭還多，他們有專門教殺人的學校（指軍校），每日製造機關槍、大砲、炸彈（指兵工廠）……」，分析給他的族人聽。雖深知

日本統治者的進步與強大，但部落裡的警察傲慢無理、剝削族人，他們不願意永被奴役，選擇拚死的決心，表達出活就要活得有尊嚴的信念。因此，莫那魯道率領一群願為尊嚴玉碎的勇士，共赴慘烈的義舉。

1930 年 10 月 27 日，莫那魯道領導族人，在霧社公學校運動會時起義抗日，震驚日本政府與國際社會。

霧社事件領袖莫那魯道（中）／田哲益提供

霧社事件與戰役平息後，莫那魯道的遺體，在 1933 年才被尋獲。但未將莫那魯道遺體交給莫那魯道家族唯一倖存的女兒馬紅莫那處理與安葬，而且數度公開展示，當成標本。1934 年 6 月 13 日，能高郡役所新落成紀念展，即曾公開展示，日當局亦要求霧社部落代表下山觀賞。同年 7 月「警察展覽會」上，莫那魯道的遺骸，第二度被公開展示，地點轉至台北。之後又送到台北帝國大學當作人類學標本，1973 年才被送回霧社安葬。

　　第二次世界大戰後，國民政府將台灣總督府於霧社所設立的日本人殉難紀念碑拆除，改立原住民抗日紀念碑。1973 年，將莫那魯道遺骸歸葬於紀念碑後方。台灣中央銀行更在 2001 年 7 月，發行以莫那魯道為肖像的 20 元紀念硬幣。正面圖案為莫那魯道半側面肖像。

霧社事件抗日紀念碑 / 田哲益提供

　　莫那魯道體軀強壯，以饒武善戰聞名，娶都達群巴丹瓦歷斯（Batan Walis）為妻子，生有二男三女。莫那魯道深知日人強大，故一直隱忍。但因其妹嫁給日警卻遭遺棄，以及長子達多莫那「敬酒風波」遭恥辱，在二子強力勸說下，聯合德固達雅群六部落起義，最後彈盡援絕，遁入馬赫坡岩窟。日人並脅迫馬紅莫那前來勸降其兄長達多莫那，不被所動，完成「最後酒祭」後，壯烈自殺成仁。莫那魯道次子巴索莫那，霧社事件發生時，

與兄長達多莫那率領族人與日軍展開激戰，不幸下顎被日軍子彈貫穿，後傷口嚴重發炎生命垂危，要求兄長幫其砍首，壯烈成仁。莫那魯道長女馬紅莫那（Mahung Mona），事件發生後，丈夫與子女全死在戰爭中。由於她的長兄達多莫那率領族人在馬赫坡岩窟堅持奮戰，日人計窮，逼馬紅莫那攜酒前往勸降，其兄不降，但喝完酒後，從容自殺。她也是莫那魯道家族事件後唯一生還者，因思念家人痛不欲生，在保護蕃收容所及移居川中島後，數度上吊自殺皆倖獲救。後領養張呈妹為女，並招劉宗仁為女婿，子孫繁衍。後以 65 高齡辭世。註 18

莫那魯道烈士之墓 / 田哲益提供

（五）霧社蜂起

　　事件當日，反日的賽德克族，趁霧社地區晚秋季節之破曉時分，由馬赫坡社領袖莫那魯道首先發難，分隊襲擊附近的警察分駐所 13 處。並同時進襲霧社警察分室、學校、郵政局、日本人官舍等。註 19

　　霧社事件的主要地點，是在霧社小學的運動場（時值運動大會），以及藏有大量武器、槍枝、彈藥的霧社警察分室。作戰分為三個階段：第一階段在 27 日凌晨一時許，首先攻擊霧社山區日本警察在各社的駐在所，戰

士組成三隊，無人傷亡。第二階段，竊取武器並切斷霧社地區所有的電話線，以斷絕日人對外聯繫。第三階段，突襲運動會現場。

1930 年 10 月 27 日凌晨，賽德克族人自馬赫坡社開始行動，首先殺死了馬赫坡駐在所與製材所（原木廠）的駐警三人，之後沿路集結各社人馬，並襲擊往霧社方向的布瓦隆、櫻、荷歌三座駐在所（殺死全部日警及家屬，奪取駐在所內槍彈並焚毀駐在所），之後朝霧社前進。期間雖有自都達群前往霧社的原住民籍警察發現事態，並趕回部落駐在所回報，但由於都達至霧社段的電話線因預算刪減而裁撤，而未能作出及時通報。族人於接近早上 8 點時攻抵霧社，對霧社警察分室、學校、郵局、官吏宿舍展開攻擊。前來參加典禮的台中州理蕃課顧問管野政衛、能高郡郡守小笠原敬太郎均死於襲擊。混亂中，霧社公學校校長新原重志曾打開宿舍供日本人進入避難，自己持武士刀在外與賽德克族人搏鬥，族人見新原重志抵抗，隨改從遠處擲竹槍擊殺，遭攻破的校長宿舍反成為攻擊事件中死傷最密集之處（44 人死亡，其中 36 人為兒童），就連在霧社診療所擔任醫師多年，與賽德克人關係良好的志柿源次郎，亦在宿舍遇害（不過其妻在花岡二郎之妻初子的幫助下逃過一劫）。佐塚愛祐以下多數日本籍警察，也在數量懸殊的混戰中死亡。稍後，賽德克族人持續對霧社週邊的日警駐在所展開襲擊。距霧社較遠的屯原（Tnbarah，屯巴拉）、尾上、能高三處駐在所，僅有一名警察殺出重圍逃生，攻擊行動約持續到下午 3 點左右才告一段落。起義軍表現出很強的針對性，明確的是以日籍人士為攻擊對象，共有 134 名日人死亡、重傷 26 名，誤殺二位著和服的漢人李彩雲與劉才良，一名著和服的泰雅族女性也遭刺傷（後來死於傷口感染）。起義軍並從警察分室及駐在所等單位，獲得槍枝 180 支和彈藥 23,037 發。註20

10 月 27 日為台灣神社大祭典的日子，賽德克族人利用運動會升旗唱日本國歌為信號，霧社事件剎時引爆，事先埋伏的二百多位義士衝進會場，發動總攻擊，將日本警察、官員們，以及在場所有日本男女老幼全數殲滅，無一倖免。當時住在霧社的二百多個漢人當中，只有兩個被誤殺。事件發生之後，起義軍就切斷對外交通的吊橋以及電話線。並且守住霧社通往埔里各要道，以切斷日人退路。

當時同為賽德克族人的警察花岡一郎、花岡二郎，則沒有參加起義，而是選擇帶著家人自殺。

霧社襲擊發生後約一小時，自公學校僥倖逃出的能高郡視學菊川孝，行抵距霧社約四公里處的眉溪屯駐所，報告霧社發生的事態，消息經由電報於當天下午傳至台中州廳以及台北的總督府。事件爆發後，震驚日本統治當局，時任台灣總督石塚英藏下令，緊急調派台灣各地之軍、憲、警部隊進攻霧社，由台灣守備隊鎌田彌彥少將擔任總司令。除派屏東第八飛行連隊之飛機，到霧社山區實施偵察和威嚇飛行外，並調派台北州、台中州、台南州、花蓮港廳的駐軍及警察編成隊往埔里、霧社前進，進攻發起事件的原住民起義軍。註21

10月28日，戰事繼續蔓延，日人緊急增援，對起義軍的情勢轉趨不利。此日，巴丹瓦歷斯（莫那魯道之妻）曾拜訪都達群諸社，以提供槍支為條件進行勸誘，但擁有全群領袖地位的屯巴拉社部落領袖鐵木瓦歷斯（Temu Walis）立場親日，反協助社內日警避難。註22

（六）起義軍與日軍交戰

日軍在進入霧社後，曾遭到起義軍的騷擾性攻擊，但抗日六社族人的主要戰略係利用山區天險，分成「德鹿灣」及「馬赫坡」二條戰線與日軍對抗。

10月29日，日本軍警協同大軍壓境，在上午先占領霧社，台中警察隊也奪回三角峰駐在所（有炮台），阻止了都達群人可能參與反抗的機會。賽德克族英勇的武士，曾堅守霧社全區達三日之久，經激戰後，終因寡不敵眾，在29日始被日軍擊退。起義軍撤出霧社，攜帶著糧食武器，轉戰於Gungu（谷努，Hogo 荷歌）、Drodux（德羅度乎社）附近，繼續周旋殲敵。

時任都達巡查部長的小島源治，對都達部落進行遊說，最後利用日軍偵察機飛過部落，造成社內恐慌的機會，成功拉攏都達群支持日方。並於29日日軍收復霧社後，加入日方編制之「味方蕃」。

10月30日，日人後援部隊陸續抵達霧社，都達群人開始從事偵查、勸降、破壞抗日方農作、捕殺抗日方原住民的工作。

10月31日，日人鎮壓起義的抗日軍，格殺勿論。善於突擊戰的原住民族難擋現代武器的攻擊，死傷者重。抗日族人徹回部落後，分成「德鹿

灣」及「馬赫坡」二條戰線。德鹿灣戰線由 Gungu 社領袖達多諾幹（Tado Nokan）率領，馬赫坡戰線由莫那魯道率領。

達多諾幹，荷歌社總領袖，高山初子之父。三個兄長都曾任頭目，卻都死在對日戰爭或是被日人打死。繼任頭目後，曾參與「薩拉茅事件」，襲擊薩拉矛社（Sramau）泰雅族。起初擔心被日人報復未響應莫那魯道，事件爆發後卻英勇的率領族人與日軍激戰，最後戰死沙場。近年，其後人曾回舊戰場，撿拾泥土製成墓塋，敬奉其英靈。註23

日軍的大砲、機槍，步步挺進，先後占領了德羅度乎社、荷歌社、舒固社、布瓦隆社、德鹿灣社。被占領的五社族人為免被日軍殘殺，紛紛上吊自殺，其於或被俘虜。

而深受日人栽培的花岡一郎、花岡二郎，身陷民族情結與恩義糾葛的矛盾中，帶著一族二十餘人切腹、自縊於小富世山（今稱花岡山）。

10 月 31 日，日軍以各部落為目標發起總攻擊，雖遭到起義軍有力反擊，但至 11 月 1 日，除馬赫坡社外其他各社外，均被軍警占領。抗日主力退到馬赫坡社，其餘散在各溪溪谷。

10 月 31 日晨，Gungu 領袖達多諾幹戰死。Gungu 社即今日春陽部落，位在春陽溫泉上方的山嶺，為霧社事件中著名的「德鹿灣（Truwan）之役」地點，日稱「松井高地戰役」之處。抗暴族人在 Gungu 社領袖達多諾幹領導下，和日軍發生激戰，是一場和日方軍警部隊正面交鋒的規模性戰役。因此次賽德克族人迎戰的日軍是松井大隊，所以日方稱此役為「松井高地戰役」。然而，賽德克族人不敵日軍先進的武器，領袖達多諾幹在此役中陣亡，抗暴族人遂改以游擊隊與日軍纏鬥。

11 月 2 日，馬赫坡社亦被軍警占領（日方同時在村中發現了大量儲存的黑色火藥），起義軍完全退入山中，大部分退至馬赫坡、德鹿灣兩溪溪谷，利用懸崖絕壁的有利地勢與日方作戰。

日人將駐台的精銳部隊全部調集過來，並調派台北、台南各州的警察聯隊，軍隊的機槍隊和野戰砲，及軍部的飛機做為後援，向起義軍發起瘋狂進攻。另又派一隊軍警，由東勢越山夾攻。還把鹿港空軍基地也移到了埔里，用飛機、大砲對著馬赫波瘋狂射擊。賽德克族人不畏強勢，誓與日軍血戰到底，以報復日本人掠奪原住民族資源以及施展武力壓榨之仇。

日人在埔里街築飛機場，做為屏東飛行第八連隊的基地。由四架飛機

擔任偵察、空襲、空投心戰招降傳單及施放毒瓦斯。尤其轟炸行動配合地上砲兵部隊的砲擊，造成抗日族人慘重的傷亡。註24

日方久攻不下，雙方對峙，日人挫敗之餘，用「以原制原」策略，使親日原住民（味方蕃）與起義原住民（反抗蕃）互相殘殺。

日本「以原制原」的策略，積極驅使其他和莫那魯道敵對的部落，如屯巴拉社（今台 14 線道路終點，能高越嶺道起點，屯原）擔任第一線鎮壓武裝部隊。註25

11 月中，日本軍警部隊於討伐抗日族人的戰役中，屢遭抗日族人強力抵抗，雖然一再出動大量軍警部隊，配置精銳武器，亦屢嘗敗績，遂組成「味方蕃襲擊隊」投入戰場。「味方蕃襲擊隊」是以都達群、德路固群為戰鬥主力，其次是萬大群和未參與抗日的部落，再其次是泰雅族白狗群。其他未投入戰鬥的部落，則擔任道路開拓、橋樑架設、物資糧食輸送等工作。被迫投入日方陣營的族人，適用日本軍警之「戰地救令」，若有違命或不遵從者，施以嚴刑拷打或就地槍決。若建有戰功者，則適用台灣總督府頒令之「官役人伕貸」規定，給予獎賞。在此威脅利誘下，這些被日人稱為「味方蕃」的族人，只得任日人操縱。註26

日人甚至違反了自己所訂立的出草禁令，並鼓勵出草。日本政府利用賽德克族群間，因為爭奪獵場等產生的敵對，以夷制夷，鼓勵味方蕃出草，定出獎金以獎勵親日部落去殺害起義的部落：殺掉頭目可得 200 元；殺壯丁得 100 元；殺婦女得 30 元；幼兒 20 元（當時一位山地巡察月薪約 35 元上下）；莫那魯道之首級更被懸賞為特別獎。

後來，日方在總督府限期鎮壓起義軍的壓力下，違反國際「禁用芥子氣彈」（yperite）的規定，造成起義軍重大傷亡。芥子彈一旦擴散為毒氣，會致使皮膚潰爛，極其痛苦，被毒害的起義者不堪折磨，紛紛集體自縊。

日軍使用毒氣彈，證據之一為 11 月 3 日，台灣軍司令官寄予陸軍大臣的「有關兵器送附之文件」中，有「有鑒於叛徒的躲藏區域為有斷崖的森林地，希望能使用腐蝕性投下，及山砲，並請盡快交付」的記錄。

11 月 5 日，台灣軍台南安達大隊第三中隊在馬赫坡社東南方高地附近與賽德克族人爆發激戰，兩小時的戰鬥中受到 15 人戰死，13 人負傷之大損傷。原住民方亦有傷亡，莫那魯道次子巴索莫那於此戰身負重傷，痛苦

萬分，最後由族人為之介錯（斬首）。由於此戰傷亡過大，且原住民已退至素有天險之稱的馬赫坡絕壁，日方因此改變策略，改以防線封鎖、炮兵炮擊及以飛機投擲炸彈的方式對岩窟進行圍攻。期間並以山砲發射疑似「糜爛性毒氣彈」（路易斯毒氣彈）之瓦斯彈，及讓飛機投擲白磷燃燒彈等違反國際公約的「科學的攻擊法」，對躲藏在密林中的原住民進行攻擊。

施放毒氣的日本屏東飛行第八聯隊／田哲益提供

　　同時，日人利用「以夷制夷」的策略，以提供賞金和槍枝彈藥為條件，利用週邊原本即因爭奪獵場、既有糾紛而與抗日各社存有嫌隙之都達、德路固、萬大、馬力巴、白狗諸部落，組成「味方蕃」襲擊隊，協助日人軍警部隊作戰。由於起義時秋季農作大多尚未收穫，村落也遭日軍攻占，起義的原住民很快就陷入糧食不繼的狀態，對日方的反抗活動，自 11 月中旬後規模日漸縮小，並喪失組織性，許多起義部落的婦孺不願拖累戰士，於起義及包圍期間，循傳統就義方式，於巨樹下自縊，殘存者則在日軍飛機空投勸降傳單的宣傳戰攻勢下，陸續向當局投降。至當月下旬，僅剩下數十名原住民，仍潛伏以游擊戰方式苦撐，日方也在月底宣布任務達成並撤走大部分軍隊，進入殘敵掃蕩階段。註27

　　由於日軍採取對平民與起義族人無差別的屠殺、攻擊不設防村落

（undefended towns, villages,hibitantions and buildings）、使用化武毒氣等手段進行鎮壓，已經嚴重違反 1899 年海牙公約、1907 年第二次海牙公約（The Hague Convention respecting the laws and customs of war on land / Hague Convention）等規範作戰手段，以及維護人道的國際法、國際戰爭法（TheLaws of War）相關條文規定，因而引發國際，甚至日本國會的強烈譴責，後導致台灣總督石塚英藏、總督府總務長官（昔稱民政長官）人見次郎遭日本內閣撤換；而繼任總務長官的高橋守雄出身警務系統，於三個月後亦因處理不當，發生二次霧社事件而去職。註 28

霧社事件發生後，台灣總督和台灣軍司令商量是否派軍隊鎮壓，經過行政程序，最後決定派兵鎮壓，並於來往文書中明定，毒氣、瓦斯等化學物質以代號表示（1930 年 11 月 5 日，陸軍省與台灣軍往返電報，曾出現瓦斯彈須使用代號表示的發文）。三日後，參謀部《陣中日誌》即開始顯示毒瓦斯加註代號的使用記錄。致日後部分研究學者，試圖以日本官方文件否定使用毒氣，以「掩蓋」使用毒氣、瓦斯等化學物質之實。註 29

起義軍最後彈盡援絕，在糧食彈藥皆有限的情況下，抗日族人退守馬赫坡岩窟，不是戰死就是在巨木上自縊殘死。最後莫那魯道眼見大勢已去，持三八式騎銃飲彈自殺。在內山巖窟的兒子達多莫那不接受招降，也自縊身亡。

莫那魯道的屍首四年（1934 年）後才被人尋獲，屍體沒有完全腐化，有一半變成木乃伊，送到台北帝國大學當作人類學標本，後來才被送回霧社安葬。

日人以飛機、砲擊，更脅逼「味方蕃襲擊隊」投入殘殺族人，抗日族人因此陷入困境。族人相信祖先是從巨木中誕生（即波索康夫尼 Poso Kofuni），或不願意被生擒獵首，因此於討伐情勢下，許多族人選擇於樹上自縊，讓靈魂歸向祖靈地。因此抗日族人在面對圍剿時，不是奮力作戰，就是自縊殉死；許多婦女為了留下有限的糧食，並讓抗日族人無後顧之憂，帶著幼兒一起上吊自縊。事件後，對抗日族人進行的死亡調查，644人中 296 人選擇自殺身死，顯示視死如歸的決心。註 30

12 月 8 日，日人威逼莫那魯道女兒馬紅莫那，向兄長達多莫那為首的最後一批族人勸降，但志節堅定的達多莫那不為所誘，與其他四名勇士，進行完最後酒祭，奔向內山上吊自縊，壯烈成仁。註 31

莫那魯道長子達多莫那帶領最後的五、六名戰士，在回絕了妹妹馬紅莫那及熟識警部樺澤重次郎的勸降後，於 12 月 8 號在山中自縊；比荷瓦里斯於包圍期間因毒氣傷害自縊；比荷沙波則於 12 月 12 日為味方蕃捕獲，隔年 3 月死於日方看守所。註32

霧社戰役中，日軍曾損失兩挺輕機關槍且為起義軍擄獲，依台灣總督府警察署所編《霧社事件誌》之說法，損失的機槍係台南安達大隊於 11 月 5 日，馬赫坡高地之戰中，因傷亡過大而拋棄並為起義軍所奪，損失槍款為槍身編號 1418 及 4801 的大正十一式輕機槍，日軍霧社指揮部於 10 月 31 日發布的軍令中，卻已提及原住民擁有兩挺機關槍，並要求第一線部隊提高警戒的內容。由於《霧社事件誌》同樣曾提及起義原住民於霧社分室奪取的軍火中，包括若干山砲用藥包這類非警察編制物品，因此，亦無法否定兩把輕機槍乃原住民從霧社警察單位方面繳獲之可能性。不過，相對於日方對原住民持有機槍的緊張態度，兩挺機槍卻因槍支故障與起義軍不熟悉操作法等因素，未能發揮戰力，後來分別於 11 月下旬及 12 月初被尋獲。註33

攻擊馬赫坡岩窟的日軍砲隊／田哲益提供

（七）霧社事件與戰役之傷亡

關於霧社事件與戰役的傷亡數據，各家紀錄不盡一致，茲全部臚列，

以供日後繼續研究。

其一，到 12 月 8 日霧社事件告一段落為止，日本動員軍隊 1,563 人，警察 1,231 人，軍伕 1,381 人，並且動員了親日的「味方蕃」共 5,311 人次，甚至動用飛機，據說曾施放毒氣彈，並散發傳單，呼籲抗日義士投降。有的婦女為了讓男子沒有後顧之憂而勇敢作戰，就先自殺，十分悲壯。霧社事件起義的六社當中，能作戰的壯丁共 1,236 人，最後有 644 人死亡，其中 267 人被殺，290 人自殺。莫那魯道退到馬赫坡後面的洞穴之後，日本用炸彈炸不到那個洞穴，但是他們實在沒有辦法反抗，最後就全部自殺。賽德克族人都是以上吊的方式自殺，從當時日本人所拍下來的照片可以看到，一棵樹吊了很多人，以至於樹枝都彎曲下垂。莫那魯道後來看到大勢已去，也在山上洞穴內自殺。在起義的六個部落一千多人當中，有五百多人投降，其中包括老弱婦孺，共 514 人，日本人稱他們為「保護蕃」，將他們收容在霧社。1931 年 4 月 25 日，日本又縱容陶渣社去屠殺那些保護蕃，共殺了 216 人，有的逃走，最後只剩下 298 人，被遷移到北港溪上游的川中島（現在仁愛鄉互助村清流部落）。因此，霧社事件起義的六社族人，目前已經不住在霧社。註 34

其二，事件結束後的統計：遭日軍攻擊致死者 364 名，自殺者 225 人，被拘禁者 265 名，另外有約 500 名投降。日人出動包含台灣軍司令部、守備隊司令部、台北步兵第一聯隊等軍隊，約 1,194 名，另外還有 1,306 名警察部隊。根據事後日方戰報顯示，軍警共戰死者 28 名、受傷 26 名，協助日軍的原住民戰死 22 名、受傷 19 名。在進行了為期四十餘日的大小戰鬥後，始將事件弭平。註 35

其三，發動事件之初，抗日六社的族人共計 1,236 名，至事件結束後的統計：死於刀槍者 85 名、被飛機轟炸死者 137 名、砲彈炸死 34 名、被「味方蕃」襲擊隊獵首集者 87 名、自縊身亡者 296 名、俘虜者 265 名，另外有約 500 名原住民投降。註 36

其四，總督府出動包含台灣軍司令部、守備隊司令部、台北步兵第一聯隊等補部隊，約軍人 1,194 員，另外還有警察部隊 1,306 員。根據事後日方戰報宣稱，日本平民死亡 134 人、受傷 215 人。陸軍陣亡 22 員、負傷 25 員。警察陣亡六員，負傷四員。協助日軍的原住民丁勇陣亡 22 員、負傷 19 員。隨軍漢人軍伕，陣亡一員、負傷七員。另外在深秋的山區作戰，

也令日軍飽受凍傷、恙蟲病及痢疾之苦，霧社野戰醫院就留有一日之內治療各類傷病患者超過 200 名的記錄，另外也有傳出漢人軍伕被凍死的狀況。另一方面，賽德克族人的口述歷史，多主張在抵抗過程中，曾造成進攻日軍頗大的傷亡，但難於提出具說服力的證據。反而是日本陸軍省，在 1932 年 4 月 2 日所發布的霧社事件日本陸軍陣亡官兵入祀靖國神社之官報中，人數剛好就符合日軍戰報的 22 人（不含參與鎮壓的六名戰死警察），另外六名在參與鎮壓霧社事件過程中戰死的日本警察，亦於 1932 年 4 月入祀於日本靖國神社，人數同樣相符於日方戰報，而日本陸軍內部醫療紀錄也顯示，至 1930 年 11 月 17 日止，參與鎮壓的日本陸軍已有 21 名日軍戰死，20 名日軍戰傷（不含配合作戰的警察）。足見日本陸軍與警方戰死者很可能僅 28 名，隱藏戰死者機率極低。註37

　　霧社事件發生的原因、經過及其影響，經由台灣和日本的學者長期的努力，皆呈現豐碩的研究成果，霧社事件是賽德克族人不畏強權，犧牲近千人生命，以鮮血所演繹的歷史故事。在歷史的進程中，原住民還沒有發展書寫的年代，賽德克族霧社群六社原住民，用生命寫下美麗的樂章。霧社事件可歌可泣的歷史，是台灣人共同的歷史記憶，也是我們寶貴的文化資產。在歷史的回顧中，族群衝突的超越和解決是現今必須省思的重大課題。歷史的軌跡不斷的往前延伸，但是族群的仇恨與罪贖卻可以不必重演，端視人類的智慧。註38

（八）都達群人其實亦參加了霧社抗日事件

　　在一般認知上，以為霧社抗暴事件是馬赫坡社頭目莫那魯道所領導的德固達雅群六社族人。事實上，都達群人也參與了霧社抗暴與戰役，就是 Alang Buwarung（布瓦隆部落）與 Bkasan（霧卡山）兩個部落，所以，抗日六社，實際上有八個部落參與，包括德固達雅群和都達群。一般認為，莫那魯道是唯一的領袖，事實上也並不如此，各社都有驍勇善戰的起義領袖，但可以這麼說吧，莫那魯道是起義軍的總領袖。

　　Alang Buwarung（布瓦隆部落）原為 Tgdaya（德固達雅群）的傳統領域，但因天災而讓給 Toda（都達群）居住。Alang Buwarung（布瓦隆部落）於日治時期前，與 Bkasan（霧卡山）部落加入 Mhbu（馬赫坡）部

落聯盟，於 1930 年參與霧社事件。1931 年也被迫遷至清流部落。註 39

　　1925 年，鄰近的霧卡山社六戶 20 名族人併入馬赫波社，致人口有 54 戶，231 人，日人於當地設有駐在所、學童教育所及診療所。

　　霧社事件是以馬赫坡社頭目莫那魯道為首的抗暴事件，參加的有德固達雅群和都達群人，包括各社著名的起義領袖：

Mhebu 社 Mona Rudo（莫那魯道）部落領袖

Gungu 社 Tado Nukan（達都諾幹）部落領袖

Suku 社 Pihu Mona（畢互莫那）部落領袖

Truwan 社 Temu Mona（鐵目莫那）部落領袖

Drodux 社 Bagah Pukuh（巴卡哈布果禾）部落領袖（此社很早就與達固達雅群及都達群人相處在一起）

Buwarung 社 Tanah Robay（達那哈拉貝）部落領袖（為都達群人的部落）

　　霧社事件及戰役後，總督府以主謀罪名將起義六社領袖十餘人處死。日本殖民政府出動軍隊、大砲、戰機、毒氣彈等，儼然是戰爭行為，且事後無任何應有的法律審判程序。

　　日方對少年族人可能參加攻擊日本人一事相當嚴厲，凡是承認曾殺死日本人，或於公學校加入攻擊行動的少年均遭到處決。巴萬那威雖一度逃脫嫌疑，但仍於 1936 年被查出參與而被殺，最後僅有阿威赫拔哈因能冷靜回答事發時，郡守及老師所在位置等問題而逃過一劫。註 40

（九）第二次霧社事件（屠殺事件）

　　1930 年 11 月 10 日，都達群總領袖 Teymu Walis 泰目瓦利斯被起義軍殺死，讓都達群懷恨在心。更由於霧社事件，日人使用「以原制原」策略，脅逼組成「味方蕃」襲擊隊，投入戰事，造成霧社各族群之間的仇怨擴大。1931 年 4 月 25 日，都達群的壯丁組成襲擊隊，攻擊霧社事件餘生者居住的收容所，被殺死及自殺者共 216 人，共砍下 101 個首級，提回都達駐在所向日警繳功。此保護蕃收容所襲擊事件被稱作「第二次霧社事件」。101 個首級原葬於都達部落，後來由仁愛鄉公所將之遷於霧社紀念公

圜安置。

第二次霧社事件發生在霧社事件及戰役隔年（1931 年）4 月，第一次事件時擔任味方蕃的都達群，對參與起義的德固達雅群生還者進行攻擊的事件。都達群包括基茲卡、布凱本、魯茲紹、屯巴拉四社，原本相較於白狗群、萬大群，屬於與德固達雅群較為友好的部落，但自 1910 年代，兩者開始發生獵場與婚嫁上的糾紛，霧社事件前數年，莫那魯道甚至曾計畫動員全族，圍殺擅入獵場的 50 名都達狩獵隊，因此兩者日漸交惡。註41

1930 年 11 月 11 日，都達群襲擊隊於哈奔溪谷（Habun，眉溪上游）中被抗日方的德固達雅群埋伏獵首，導致頭目鐵木瓦歷斯及其下十餘人戰死。29 日，又於圍捕兩名德固達雅勇士時，遭受五死七傷之損失。都達群死傷人數居於各味方蕃之冠，總頭目之死更被視為奇恥大辱，都令都達群憤恨不平，自然產生亟欲復仇之心態，而為日方所利用。為了報復總頭目鐵木瓦歷斯戰死之仇，在日本警察的默許下，於 1931 年 4 月 25 日清晨，攻擊「保護蕃收容所」裡的抗日義士遺族，並割下首級提回都達駐在所，向日警繳功及合照，此「保護蕃收容所襲擊事件」被稱為「第二次霧社事件」。註42

抗日六社遺族被集中於五處「保護蕃收容所」內，並在處分不明的情況下滯留至 1931 年春。出於嚴懲起義部落之動機，當時的台中州警務部長三輪幸助、警察課長寶藏寺虎一，共謀利用事件期間之部族仇恨對投降者進行清算，秘令小島源治挑撥都達群情緒攻擊抗日的遺族。小島的居中煽動很快得到迴響，並巧立「因族人正舉行婚禮酒宴」的名目，暫緩回收第一次事件時發配都達群的槍支，使都達群報復隊擁有絕對優勢。4 月 25 日深夜，都達群的壯丁二百餘人組隊，夜襲位於德羅度乎、西巴烏兩地的四處收容所（同樣位於西巴烏的塔羅灣 [德鹿灣] 社收容所因人數稀少未被視為目標）。被殺死及自殺者共 216 人（一說 214 人或 218 人）。日方警衛僅在西巴烏收容所方面，進行過名義上的開槍喝止，都達群則僅有一人死亡，五人重傷，10 人輕傷，且多半是遺族以弓、竹槍等武器反擊造成。事件當天，與日人較為友好的賽德克人（如花崗二郎之妻歐嬪塔道與阿威赫拔哈），都曾被日本警察邀請留宿，或暗示不要返回收容所，可見負責看守的日本警察大多知情。註43

事件隔日，日方前往回收都達群的槍支，且留下和出草首級與都達壯

丁之合照，後將首級集中掩埋。事件後，當地警方隨即以都達群欲報領袖被殺之仇為口實，宣稱第二次霧社事件為部落間的惡鬥、都達群害怕德固達雅群殘存者事後報復等理由做為表面報告，都達除部分與事族人擅自為參與馘首之事進行文面，遭到沒收佩刀與服勞役五天的懲罰外，未被追究任何責任。小島源治則以「未事先察覺都達群報仇行動」之責任，被調離山地警察職務，轉任平地水利警察。事件多年後的 1970 年代，小島源治才在與歷史學家的通信中，承認參與煽動一事，令事件的真相明朗。不過，由於小島源治當時官階不高，因此仍無法釐清事件主謀究竟為台中州警務部，亦或有更高層級的指示、授意。註44

霧社事件時許多抗日族人被日人誘捕，計 561 名拘留於「德羅度乎 Drodux 保護蕃收容所」（今仁愛國中址），及「西寶 Sipo 保護蕃收容所」（今春陽第四班一帶）。日人以嚴密警力對拘留的族人予以監管。族人因夫離子散、人倫破碎，極度悲觀而自縊者時常發生。亦有長期奔馳山林對抗日人的族人，因營養失調而病死於收容所內。從收容所逃脫的族人不是被槍殺，就是被送往霧社分室施以嚴罰。名為「保護蕃」收容所，事實上是集中營，日夜監控。霧社事件爆發時，日警強烈控制都達群、德路固群人，防止加入抗日陣營。事件末期，更使用以夷制夷手段，脅逼此二群組成「味方蕃襲擊隊」，投入戰事。都達群人因前任總頭目鐵木瓦歷斯被殺，在日人默許下，於 1931 年 4 月 25 日清晨時分，分批攻擊監控於西寶（Sipo）、德羅度乎（Drodux）兩收容所的抗日餘生者，被殺死及因恐懼而自殺者 216 人。都達群襲擊隊員砍下其中 101 個首級，提回都達駐在所向日警繳功。此一「保護蕃收容所襲擊事件」被抗日餘生者稱為「第二次霧社事件」。註45

日人慫恿的第二次霧社事件，我們要深思如何重建族群間曾經所造成的歷史誤解與心靈創傷，使深埋內心的瘡疤、仇怨，不再繼續二度傷害現在還活著的人。讓所有族群間的恩怨以同杯共飲祖靈的血液，一笑泯恩仇，用愛與分享，寬容接納異己，重新看待歷史的教訓，共同團結為血祭同盟的兄弟，努力保持「活在當下」的真諦。註46

鐵木瓦歷斯，都達群總領袖。都達群長年來，與德固達雅群因獵場衝突及相互馘首而關係緊張。霧社事件發生時，被脅迫組成「味方蕃襲擊隊」，頭目與抗日蕃對抗時戰死，激起都達群族人的激憤，並發誓報仇。

後在日人暗助下發起「第二次霧社事件」，襲擊抗日族人收容所，殺害二百餘人。小島源治，原擔任都達群蕃童教育所教職工作，後轉任警政工作，成為一名理蕃警察，大部分的時間皆在都達駐在所服務，是公認的「蕃通」。霧社事件時，巧妙化解都達群族人抗日、親日兩派爭執，導引投入親日陣營組織「味方蕃襲擊隊」。霧社事件後，小島源治受當局密飭，下令都達群引爆第二次霧社事件，事件平息後，小島源治以管理不周，遭到革職，戰後返日。此外，在霧社事件之初，救了中山清（高山初子／高彩雲再嫁者），成了中山清家人一世恩人，80年代，中山清一家人還赴日本探視。註47

（十）起義六社遺族遷徙川中島

霧社事件後，造成德固達雅群人元氣大傷。他們從賽德克最強的勢力者，驟然成為最小的一支，甚至險些瀕臨滅族的命運。最後他們被迫離開原居地，遷移到荒蕪貧瘠的川中島。霧社事件對德固達雅群造成極大的傷害。日人為便於集中管理，將霧社事件298名生還者，移居到北港溪與眉原溪交會處之川中島（今南投縣仁愛鄉清流部落）。

第二次霧社事件後，抗日六社遺族僅剩298名（約霧社事件前五分之一）。1931年5月6日，日本官方強制六社全部遷移到川中島，以集中監視，並將六社合成一社改名為「川中島社」（今日的清流部落），不得回原籍，永離祖居。原抗日六社居住的霧社地區，日方則無條件撥給於一、二次霧社事件中協助日方的「味方蕃」（都達群）。從高山遷移至低海拔地區的遺民，初多水土不服，許多人染痢疾、瘧疾而死，亦有因憂恨而自殺身亡者；潛回原居地者四人，三人處死，一人年幼飭回。之後，日方舉行「歸順典禮」，帶走23名遺族壯丁，此23人皆被刑求而死於獄中。約在同時，巴蘭社也被以類似手法，捕殺了16名嫌疑參加事件的男子。

被強制移居川中島這些僅存的老弱婦孺，必須面對低海拔環境的挑戰，因患病致死者比比皆是，亦有因思念親人痛不欲生而自縊，截至1937年殘存230人。蒙當地原居民泰雅族眉原部落雪中送炭，餘生者含辛茹苦，總算重新獲得新生。註48

巴蘭社（巴蘭、塔卡南、卡茲庫）德固達雅群人，雖然在霧社事件中

沒有參與起義，並且救助日人而未遭受處罰，但是在 1939 年（昭和 14 年）時，仍因日本人興建萬大水庫而遷移到北港溪中游台地，取名為中原社。原居霧社地區的德固達雅群人，至此全部被移居到北港溪流域。

七、霧社事件之聲援

　　台灣漢人方面的聲援，以蔣渭水為首的民眾黨，霧社事件發生第四天即使用《台灣新民報》報導事件，直至第二次霧社事件止，並特設霧社事件民意專欄，交流台灣各方意見，亦報導台灣自治聯盟及民眾黨對此事的抗議活動。當時總督府封鎖毒氣屠殺原住民的消息，而台灣自治聯盟上拓務省提出嚴重抗議：指責毒瓦斯使用，並對原住民出兵，理蕃政策錯誤，並要求台灣總督辭職。霧社事件同年 12 月 8 日，民眾黨向拓務大臣等拍發電報：警察對原住民剝削、殘忍處罰造成霧社事件發生，請速免去總督、警務局長、台中州州知事等人之職，保證原住民生活自由，不阻礙民族發展的政策為宜。徹底改革警察制度弊害。除發電日本內閣，同日亦向日本大眾黨及勞農黨發送電報，請其派人來台調查霧社事件，促使大眾黨河野密等抵台調查。1931 年 1 月，民眾黨納入「反對一切妨害原住民民族自由發展」條文。亦向總部位在日內瓦的國際聯盟發電，抗議「日本使用毒瓦斯屠殺台灣霧社人民」，狀告國際。日本內閣終於正視此問題，轉成日本中央政治事件。然也造成總督府強制解散民眾黨。另，當時謝雪紅等台灣共產黨，在霧社事件後，也於「對少數民族的工作」條文中，列「國內民族一律平等」等黨綱。註49

　　除直接抗議外，亦有許多文學作品批判殖民當局對原住民的迫害，例如一得知霧社事件後，吳新榮即題詩〈題霧社暴動畫報〉；《台灣新民報》上發表的陳虛谷雜文〈隨筆〉、新詩〈敵人〉；賴和以筆名安都生寫的〈南國哀歌〉一詩。

吳新榮〈題霧社暴動畫報〉

雖然生蕃也是人，日日強迫無錢工。
古早都敢反一變，這時敢都去投降。

搶我田地占我山，辱我子女做我官。
高山草厝食不食，冬天雪夜叫我寒。

我的一族有二千，雖然無刀也無鎗。
可是天地已寒冷，眼前何有警備兵。

陳虛谷〈敵人〉

拭拭拭！
拭起我們的眼淚，
敵人來了！
不要使他們看見，
他們會曲解我們是垂頭喪氣。
我們便是死屍遍野，
也不願在敵人的跟前表示失意，
表示失意，是我們比死以上的羞恥，
開拓命運，盡在我們自己，
用不著敵人來假慈悲。
拭拭拭！
拭乾我們的眼淚。

止止止！
止住我們的哭聲，
敵人來了！
不要使他們聽見，
他們會越加冷酷驕橫。
我們便是種族滅亡，
也不願在敵人的跟前表示苦情，

表示苦情，是我們比死以上的可憎，
擺脫苦難，全靠我們自己的本領，
用不著敵人來假惺惺。
止止止！
止住我們的哭聲。

賴和〈南國哀歌〉

所有的戰士已都死去，只殘存些婦女小兒，
這天大的奇變，誰敢說是起於一時？
人們最珍重莫如生命，未嘗有人敢自看輕，
這一舉會使種族滅亡，在他們當然早就看明，
但終於覺悟地走向滅亡，這原因就不容妄測。
雖說他們野蠻無知？看見鮮紅的血，便忘卻一切歡躍狂喜，
但是這一番啊！明明和往日出草有異。
在和他們同一境遇，一樣呻吟於不幸的人們，
那些怕死偷生的一群，在這次血祭壇上，
意外地竟得生存，便說這卑怯的生命，神所厭棄本無價值。
但誰敢信這事實裡面，就尋不出別的原因？
「一樣是歹命人！趕快走下山去」！
這是什麼言語？這有什麼含義？
這是如何地悲悽！這是如何的決意！
是怨是讎？雖則不知，
是妄是愚？何須非議。
舉一族自願同赴滅亡，到最後亦無一人降志，
敢因為蠻性的遺留？是怎樣生竟不如其死？
恍惚有這呼聲，這呼聲，在無限空間發生響應，
一絲絲涼爽秋風，忽又急疾地為它傳播，
好久已無聲響的雷，也自隆隆地替它號令。
兄弟們！來……來！來和他們一拚！
憑我們有這一身，我們有這雙腕，

休怕他毒氣、機關槍！休怕他飛機、爆裂彈！

來！和他們一拚！兄弟們！憑這一身！憑這雙腕！

兄弟們到這樣時候，還有我們生的樂趣？

生的糧食儘管豐富，容得我們自由獵取？

已闢農場已築家室，容得我們耕種居住？

刀鎗是生活上必需的器具，現在我們有取得的自由無？

勞動總說是神聖之事，就是牛也只能這樣驅使，

任打任踢也只自忍痛，看我們現在，比狗還輸！

我們婦女竟是消遣品，隨他們任意侮弄蹂躪！

那一個兒童不天真可愛，凶惡的他們忍相虐待，

數一數我們所受痛苦，誰都會感到無限悲哀！

兄弟們來！來！捨此一身和他一拚！

我們處在這樣環境，只是偷生有什麼路用，

眼前的幸福雖享不到，也須為著子孫鬥爭。

在外國方面，1930 年 11 月 9 日，法國出版的 2081 號《小新聞報》，頭版即以〈福爾摩沙的暴動〉為主題，大肆報導此事件。

八、花岡一郎、二郎的歷史悲劇

霧社事件當時，有兩名擔任警察兼任教師的賽德克族人花岡一郎與花岡二郎，由於賽德克族人起義的規劃縝密，政府曾一度懷疑，教育程度較高的兩人為事件領導者；但在日方軍警進入霧社地區進行救護作業時，卻發現兩人皆已自殺身亡，其中花岡一郎不但攜妻兒同死，更以武士道傳統切腹方式自殺。花岡兩人同時留下日文草書的遺書於壁上，說明族人因不堪苦役而起事，兩人無能為力，僅能一死。當時各駐在所尚配屬有數十名的原住民與漢人籍警手（下級警察），不過在襲擊過程中均被放過。註50

當時對花岡一郎、二郎的歷史定位則有不同的評價，特別是同為賽德克族的同胞，對於花岡兩人亦有所疑慮，陷在族人與恩人的複雜矛盾情結下，自殺殉死的花岡情結，是一項值得研究的題材。註51

深受日人裁培的花岡一郎、二郎及其家族，自霧社抗日事發，全家族循入荷歌社東南方通稱「小富士山」的森林避難。除花岡初子因懷孕理由，攜其母及弟妹前往巴蘭社（未參予起義部落）投靠親戚外，餘家族共 21 人集體自縊於小富士山。自縊現場直至 11 月 8 日，始由日本高井警察部隊山形小隊發現，除花岡一郎、川野花子及其長男幸雄成川形橫成一列外，其餘皆上吊身亡。花岡兩人在民族認同與生命價值的抉擇裡，選擇了殉死，他們以死來效忠自己，以死來效命祖靈，更以死來向日人謝罪，他們的命運毋寧說是一種賽德克的民族宿命。註 52

花岡一郎（Dakis Nomin，達奇斯諾賓），荷歌社人。自小聰穎，就讀霧社番童教育所時，被日人教師取名花岡一郎。後保送埔里日人尋常小學校高等科就學，畢業後升台中範學校（今台中教育大學）講習科繼續讀書。生性沉默寡言，性情保守，不善言辭，眼睛炯炯有神，頭腦清晰，反應明快，喜愛劍道與柔道。他自台中師範學校畢業後，奉派到馬赫坡蕃童教育所任職，翌年即被派任波瓦倫（布瓦隆）蕃童教育所繼續教職的工作，並奉當局令，娶川野花子為妻。霧社事件當時，在恩（對日）、義（對族人）糾葛下，與家族集體在花岡山自殺。川野花子（Obing Nawi，娥賓那威），荷歌社人。母親伊莉斯諾幹（Yilis Nokan），荷歌社頭目達多諾幹是其舅舅。在日人撫育政策下，被送進霧社日人尋常小學校就讀，畢業後保送埔里日人尋常小學校高等科就讀。1929 年奉理蕃當局命令，嫁給花岡一郎為妻，婚後生一男，取名幸男。霧社事件爆發後，與夫君花岡一郎同在花岡山上自殺。註 53

花岡二郎（Dakis Nawi，達奇斯那威），荷戈社人。被日人教師取名為花岡二郎，但他不是花岡一郎的弟弟，僅因同部落且年齡較輕。保送埔里日人尋常小學校高等科就讀，畢業後安排於霧社警察官吏駐在所任警丁職務。1929 年，花岡二郎奉命與高山初子結婚。原擬參與日人舉辦普通試驗檢定成為巡查，霧社事件發生後，因恩義糾葛，與家族集體在花岡山自殺。高山初子（Obing Tadao，娥賓塔歐托），為荷戈社頭目達多諾幹之長女，與川野花子為表姊妹，兩人一同就讀霧社日人尋常學校以及埔里日人尋常小學校高等科。1929 年，就學中受令下嫁花岡二郎，霧社事件時，花岡二郎殉死，初子因懷有身孕，自花岡山脫出，「第二次霧社事件」又逃過一劫，後生二郎遺腹子，取名為花岡初男（高光華）。移居川中島（清

流部落），後改嫁中山清（高永清），戰後改名高彩雲，成為一名助產婦，在山上為族人接生，救命無數。後以 82 高齡辭世。註 54

九、馬赫坡古戰場

馬赫坡古戰場，為聞名中之霧社事件領袖莫那魯道的故居地，霧社事件是發生於 1930 年 10 月 27 日在霧社起義的抗日事件，當時，因人力、武器皆無法與日軍抗衡，而退至馬赫坡故居，為守住家園，保護妻兒，做最後的抵抗。馬赫坡最後的戰場，慘狀令人心寒，日軍以夷制夷及空投毒氣彈的戰術。最後致莫那魯道與其族人戰死或自縊身亡，其慘烈壯志，實在令人敬仰，他們的精神，實可成為原住民後裔效法的典範。註 55

霧社事件的馬赫坡古戰場，被南投縣政府登錄為法定文化資產中的「史蹟」。該史蹟是《文化資產保存法》修法後，全台第一處的史蹟類文化資產，所以不少媒體用「全台首處」、「全台第一處」，來形容馬赫坡古戰場。註 56

十、餘生紀念館

1930 年，賽德克族馬赫坡頭目莫那魯道率各部落對抗日本統治，在霧社公學校襲殺日本人，史稱「霧社事件」。戰後餘生的賽德克遺族，被日本政府遷移至「川中島」，即今清流部落（互助村）。

「霧社事件餘生紀念館」，位於南投縣仁愛鄉清流部落，日治時期被稱為「川中島社」，民國後改稱清流。霧社事件後，日人強迫霧社事件起義六社遺民離開霧社周邊的祖居地，1931 年，強制遷移到平地定居，由狩獵生活型態改為農耕生活。六社遺民全部遷移北港溪流域與眉原溪交會處之川中島，以集中監視，並將六社合成一社，改名為川中島社，不得回原籍。於 1939 年時，因日本人興建萬大水庫，又將未參加起義的德固達雅群部落，自霧社遷移到北港溪中游台地，取名為中原社。

「霧社事件餘生紀念館」於 2012 年設立，以文物與圖說等記述當年霧

社事件經過。本館是一座二層樓磚石水泥構造，黑白交雜的圖騰裝飾是建築一大特色。文物與圖說留下了日治時期的歷史點滴，可以更深切、清楚的瞭解整個霧社事件始末，讓更多的人瞭解清流部落祖先可歌可泣的抗日歷史。

　　本館展示的主要內容有：事件的遠因、近因、霧社事件的過程、保護蕃收容所、移居川中島、歸順式、霧社事件的影響等。

十一、日本非法使用毒氣彈

　　霧社事件發生後，日本國會大眾黨議員河野密、川上丈太郎來台調查，1931 年 6 月，在國會嚴詞抨擊拓務大臣、陸軍大臣、總理大臣施用毒氣的情事。日本內閣撤換相關人員。1925 年《日內瓦議定書》明訂禁止使用毒氣，日本是簽字國，但沒有批准，因此公約對日本沒有法律約束力。學術界大多認為日軍使用了毒氣。日軍官方記錄宣稱使用了催淚彈性質的彈頭，而在經歷日軍特殊炮彈攻擊的原住民記憶中，稱炮彈產生的煙霧令人「皮膚發爛、頭疼、非常痛苦、僅想一死了之」。有些描述顯示日軍使用的是 2- 氯苯乙酮，但從有些原住民被毒死在茅屋中來看，也可能是毒性更強的毒氣。霧社事件發生後，11 月 3 日，台灣軍司令官發給陸軍大臣的電報「有關兵器送附之文件」中有「有鑒於叛徒的躲藏區域為有斷崖的森林地帶，希望能使用腐蝕性投下彈及山砲彈並請儘快交付」的記錄。但是，陸軍省在回覆台灣軍上述要求的電報中指示，「糜爛性彈藥的使用不予討論，將來關於瓦斯彈的事項，以暗號表示之」。陸軍省駁回糜爛性彈藥的使用，另指示台灣軍關於將來瓦斯彈的事項，以代號進行連絡。註 57

十二、霧社事件之謎

　　依據旅居日本的作家盧千惠，於 2004 年 10 月 27 日投書《中國時報》的〈永誌台灣英雄莫那魯道〉一文中，提及事件發生後，日本帝國議會的議員河野密，來台灣調查真相，並在 1931 年 3 月號的《中央公論》，發表一篇〈調查霧社事件的真相〉。文章說：事件的多數當事人，不論原住民或是日方警察，因為在事件中消失，無法判斷事件的是非。事件後，最早進入霧社的記者受到限制，無法報導真相。致霧社事件到現在還是「謎」。
註58

　　本書引述各家論述，雖差異頗大，仍將引述並陳，容日後能有更深入的研究。

十三、霧社事件救援傷患行動

　　霧社遭襲擊後，霧社境內仍有數百名漢人居民，由於起義族人早已決定僅以日本人為敵，故全部漢人居民於當天下午，即被護送至巴蘭社方面下山，至此，鎮上僅剩下若干孤立待援的日籍生還者。最早的救援活動是由未參與起義的巴蘭社展開；該社領袖瓦歷斯布尼私下命令數位族人前往霧社搜救日本人，至日軍抵達為止共收容十多人，巴蘭社與瓦歷斯布尼因此舉，日後被日方尊稱為「仁俠」而加以褒揚。日方的主要救助活動，則與軍警單位的收復霧社街行動，一同於 10 月 28 日展開，但因當天傍晚於霧社近郊河畔，遭到起義軍的狙擊，造成漢人軍伕一死五傷，暫停推進，僅在夜間收容了兩名藏身河床的日籍女性服務生。29 號日間，日軍在未遭抵抗的狀況下進入霧社市街，隨即展開收容生還者與回收遺體的工作，收容的生還者中，最大的一群為躲在校長宿舍廁所中的小島源治之妻松野，與她所保護的 17 名兒童，最後在宿舍及街上總計救出 48 名生還者（其中三人後來因傷重或感染不治）。另外與小島夫人在襲擊中失散的三名五歲、三歲與未足歲幼兒，則在兩名都達社女傭的保護下，於同日在 30 公里外的馬利巴社獲救。而日方收容的死者遺體，則被集中在霧社小學校操場進行火化。註59

十四、仁俠 Walis Buni 瓦歷斯布尼

賽德克族巴蘭社,曾是 1902 年與日人發生過「人止關」戰役的部落,1903 年在「姊妹原」,又遭到日本「以原制原」,被布農族屠殺慘重的部落。也曾參與 1920 年的屠殺泰雅族的「斯拉茅事件」,元氣從此大衰。

賽德克族德固達雅群霧社起義的時候,同為德固達雅群巴蘭社領袖瓦歷斯布尼,為了不讓自己的族人再度受到重創與重大犧牲,所以不讓巴蘭社的族人參加霧社抗暴事件,他也偷偷收留過霧社事件中逃難的日本人,因此日人對瓦歷斯布尼領袖很是敬重。

在瓦歷斯布尼死後,台灣總督府為其立碑。日本人在台灣主政五十年,在仁愛鄉只有兩個人被立碑,一位是瓦歷斯布尼,另一位則是鐵木瓦歷斯。

霧社戰役結束後,本來日人有意要將抗暴六社的遺族全部殲滅,在巴蘭社瓦歷斯布尼領袖的居中幹旋下,最後日人同意採取「迫遷川中島」終結。這也是起義烈士子孫絕對不可遺忘的歷史。

2013 年 8 月 15 日,賽德克族人以傳統祭祀儀式,祭祀巴蘭社部落總頭目瓦歷斯布尼,並動土擴建紀念墓園,感念他在霧社事件後居中幹旋,延續德固達雅族人命脈,免遭日軍趕盡殺絕。將荒廢已久的墓園重新整建成紀念墓園,希望讓大家對於瓦歷斯布尼的歷史定位,乃至於整起霧社事件,有重新的認識與了解。

瓦歷斯布尼當時深獲日人及族人尊崇,尊稱他為「仁俠」,死後被立碑厚葬,並舉行追悼會。賽德克後代族人認為他是位大仁大智者,對他的感念,不亞於大勇的莫那魯道。後因年代久遠,瓦歷斯布尼漸被世人忽略遺忘,他的墓園也年久荒蕪。為讓世人了解瓦歷斯布尼的貢獻,在仁愛鄉公所的爭取下,原住民委員會撥下經費,擴建墓園至一分地。2013 年 8 月 15 日上午,賽德克族部落長老洪仁金,率中原部落的巴蘭社後代子孫等族人,回到原巴蘭社所在的霧社高峰地區,舉行破土動工儀式,並以傳統儀式向祖靈及瓦歷斯布尼獻酒祭祀,用唱歌跳舞來緬懷瓦歷斯布尼。註 60

十五、霧社事件文學、影視、舞蹈、音樂作品

　　清帝國自 1684 年起統治台灣，對台灣的移民拓殖並不積極（甚至為避免動亂而多加限制），對台灣的原住民，雖有時亦使用武力進行「開山」，征剿不服公家的原住民部落，方針仍以「畫界封山」為主，將不願承認清帝國統治權的原住民，隔離於界線外的消極政策；即便台灣清治時期末期開始有較積極的「開山撫原」政策，高山原住民仍大體保存了各自的文化與社群。因此，1895 年之後，台灣被政治觀念受西方影響、強調國家領土及對全體國民擁有管理權的日本占領後，日方即稱高山原住民為高砂族，與日本的衝突就不可避免。註61

　　多年來，台灣有許多以霧社事件為題材的文學與影視作品，以紀念這場戰役的人們，緬懷歷史。

　　漢人在西來庵事件後已放棄武力鬥爭，改採社會運動模式。雖然在 1896 年至 1920 年間，台灣原住民死士先後發動 150 餘次武裝抗日行動，但仍以日後發生的霧社事件最為慘烈。後世有不少作品紀念此事件，著名的有邱若龍的漫畫《霧社事件》、鄧相揚的小說《風中緋櫻》，以及魏德聖執導的電影《賽德克・巴萊》。註62

（一）霧社事件文學作品

有關霧社事件的文學作品，在日本及台灣有很多著作：註63
1. 西川滿，1952 年〈蕃歌〉，收錄於《台灣脫出》，東京：新小說社。
2. 坂口零子 1953 年〈ビッキの話〉，收錄於《文學者》，東京：十五日會。
3. 坂口零子 1953 年〈蕃地〉，收錄於《新潮》，東京：新潮社。
4. 坂口零子 1956 年〈蕃地の女〉，收錄於《別冊小說新潮》，東京：新潮社。
5. 坂口零子 1961 年〈蕃婦ロポウの話〉，東京：大和出版。
6. 坂口零子〈時計草〉，2001 年《日本植民地文學精選集 12》，東京：ゆまに書房。
7. 賴和，1931 年〈南國哀歌〉，新時，原載於「台灣新民報」361 號、

362 號。

8. 張深切，1951 年《霧社櫻花遍地紅》影劇小說，1998 年，台北：文經出版。

9. 巫永福，1990 年《霧社緋櫻──永州詩集》，台北：笠詩刊社。

10.向陽，1979 年〈霧社〉，長篇敘事詩，

11.鍾肇政，1973 年《馬黑坡風雲》小說，台北：台灣商務印書館。

12.鍾肇政，1985 年《川中島》，〈高山組曲第一部〉，台北：蘭亭出版社。

13.鍾肇政，1985年《戰火》，〈高山組曲第一部〉，台北：蘭亭出版社。

14.鄧相揚，《霧重雲深──霧社事件後，一個泰雅家庭的故事》，台北：玉山社。

15.鄧相揚，2000 年《風中緋櫻──霧社事件真相及花岡初子的故事》，台北：玉山社。

16.舞鶴，2000 年《餘生》小說，台北：麥田出版社。

17.邱若龍，1990 年，《霧社事件》漫畫。

（二）從口述歷史到報導文學

經由長期的田野調查工作，搜集許多資料，嘗試以台灣人的角度來書寫霧社事件，其後數年間，先後出版有關霧社事件的著作。鄧相揚先生整理如下：註64

《碧血英風》，是為了紀念霧社事件六十週年，由仁愛鄉公所出版發行，鄧相揚另自費印刷此書，取名為《霧社事件初探》，主要贈送給霧社事件餘生者後裔及學界。

《合歡禮讚》，為紀念霧社事件六十五週年而作，鄧相揚撰寫人文編，旨在說明霧社地區的族群分布與文化、族群關係、歷史進程，以及霧社事件等內容，同時邀請埔里文史工作者黃炫星，撰寫仁愛鄉的地理環境與自然資源，本書由南投縣政府及仁愛鄉公所出版發行。

《霧社事件》，經由程士毅的協助整理，從台灣歷史的角度和賽德克族霧社群的歷史變遷，來詮釋霧社事件的前因後果，內容之一為歷史年表和事件日誌，提供研究者瞭解霧社事件的歷史脈絡。

《霧重雲深——霧社事件後，一個泰雅家庭的故事》，原為鄧相揚〈霧重雲深·一位泰雅族女子的故事〉一文，加上文獻資料，包括鄧相揚研究霧社事件的心路歷程整理而成，旨在探討霧社地區日本警察奉命娶原住民主力部落女子為妻，霧社事件後，其家族三代分居台灣、日本兩地的生命故事。

　　《風中緋櫻——霧社事件真相與花岡初子的故事》，以報導文學的書寫方式，貫穿霧社事件的史實脈絡，主要敘述賽德克族裔菁英分子花岡一郎、二郎等人，從賽德克族的傳統社會，在台灣總督府「理原」教化政策下，成為「理原」撫育與教化成功的樣板人物，惟霧社事件爆發後，他們卻夾在 gaya 與義理之間的迷惘。花岡家族與二郎，以賽德克族的殉死方式集體自殺，回歸祖先靈域，而花岡一郎慘殺妻小後，以武士道的方式自殺而死。揚棄了非善即惡、非親即仇的簡易二分法，而從人性與文化的面向去探討霧社事件，並且延展到事件當事人的家族及後代，藉以呈現歷史餘波對生命所造成的影響。

　　《霧社事件》、《霧重雲深》、《風中緋櫻》三本書，由玉山社出版後，獲得許多讀者的垂愛，特別是各級學校老師，多指定為教材。後此三本書，經由天理大學國際文化學部下村作次郎教授監修、日本國際交流基金專門委員魚住悅子研究員翻譯成日文，由日本機關紙協會出版中心出版發行，獲得迴響，被日本學界稱為「霧社事件三部曲」。

（三）霧社事件影視作品

　　對影視界而言，霧社事件是深具普世價值的歷史教育題材，自戰後以來，一直是台灣和日本電影界亟想拍攝的主題。1957 年，正當台語片崛起的第二年，何基明導演便開拍了第一部以霧社事件為背景的電影《青山碧血》，導演透過歷史遺跡來傳達霧社事件的故事，藉以喚起觀眾的感情共鳴。1965 年，三環有限公司由洪信德執導《霧社風雲》，亦以霧社事件為背景拍攝電影。1993 年，台灣電視公司曾以霧社事件為主題，由陳震雷導演，拍攝「碧血英風——莫那·魯道」五集的傳記電視連續劇。註65

　　王信攝影家，1972 年《訪霧社》系列攝影，為瞭解賽德克族人時代變遷的重要影像。

畫家邱若龍，於 1998 年製作《Gaya 與 1930 霧社事件》紀錄片。

報導文學《風中緋櫻》演繹：《風中緋櫻》一書所闡述的史實內容，故事淒美，令人動容，英雄當為信仰賽德克族的 Gaya 而戰，當苦難降臨時，他們不惜拋頭顱，灑熱血，肉體雖然遭到毀滅，可是他們的精神，卻自災難中發揚出來，不僅有內在的悲哀之美，更有衝突的超越的悲壯之美，可說具備了戲劇的條件，是連續劇或是電影的絕佳題材。近八十年來霧社事件的研究，在台灣與日本學者的努力下，已獲得相當豐碩的學術成果，並經由轉化為文學、戲劇、音樂、舞劇、漫畫、電影、媒體藝術等領域，亦呈現多元的發展。為尊重台灣原住民的歷史與文化，同時藉由電視媒體無遠弗屆的特性與教育功能，文建會與公共電視台於 2003 年共同籌拍《霧社事件——風中緋櫻》電視連續劇，以鄧相揚的報導文學著作《風中緋櫻》為藍本，由萬仁導演，並以原住民籍演員為主體進行拍攝。此片於 2004 年春季在公共電視台頻道播出，並引起廣大的迴響與評價。要從嚴肅的歷史事件提高到普遍的影音傳達，顯然是本片必須面對的課題所在，特別是族群文化、歷史真相與創作、審美兼具之間的問題，是本片最難處理的部分。註 66

《風中緋櫻——霧社事件》電視連續劇，是台灣官方出資拍攝的首部原住民電視劇，說明了政府尊重原住民歷史、文化的一面，其目的乃期待國人從戲劇當中，去瞭解台灣的歷史文化，藉以不忘根本，並重視台灣多元族群文化的多樣面貌。電視原著《風中緋櫻——霧社事件真相與花岡初子的故事》，係經由原作者鄧相揚長期文獻解讀、田野調查、採集口述歷史，再經報導文學形式轉化而成，涉及人類學、民族學、歷史學、文學等領域；以影視的製作來說，這齣悲愴的歷史，是一部相當困難拍攝的戲劇，經由文字轉製為影像戲劇，要從歷史長河轉化成為二十集可以感動觀眾的戲劇故事，更增加拍攝上的困難，需要耗費相當大的毅力和技巧始能完成。註 67

2003 年，萬仁導演《風中緋櫻：霧社事件》電視劇之後，繼有 2011 年，魏德聖導演《賽德克‧巴萊》電影。2012 年，湯湘竹導演《餘生：賽德克‧巴萊》紀錄片。

（四）霧社事件舞蹈與音樂作品

2005 年，閃靈樂團，《賽德克巴萊》音樂。2009 台中縣青年高中舞蹈科、台灣青年舞團以《風中緋櫻》為藍本，編寫文學腳本，以大型舞劇，演繹《賽德克之歌——風中緋櫻》。

閃靈樂團也以賽德克族為故事背景，結合古老傳說，把當年的霧社事件改編成重金屬交響詩；台灣青年舞團更推出了歷史舞劇《賽德克之歌——風中緋櫻》。皆能從以上這些作品中，一窺賽德克族獨特且悠遠的傳統及其文化價值。 註68

十六、詠懷霧社抗暴義士

〈賽德克之歌〉
詞：鄧相揚／大可 曲：洪秀錦

祖先走過 黝黑的山谷 故事在風中發光
氤氳的高山迷霧 掩蓋不了歷史真相 雲消霧將散
賽德克 巴萊 賽德克 巴萊 超越真正自我
越過了彩虹聖橋 堅定 跟隨祖靈的呼喚

生命艱澀 逆風而行 賽德克依然挺立
滾滾的濁水溪流 沖刷不掉永遠記憶 山青水自流
賽德克 巴萊 賽德克 巴萊 瞬間化為永恆
印證了生命真諦 不悔 榮歸祖靈的天國

Sisi 振翅向藍天行 繡眼畫眉占天意
祖訓傳承皆律法 Gaya 信念子孫遵循 永誌不忘記
賽德克 巴萊 賽德克 巴萊 風一般的自由
越過了彩虹聖橋 擁抱 祖靈編織的命運

合歡颯雪　傲骨冰天立　艱難中生勇氣
冬去春來季節移　花開花落萬物有律　山中好安居
賽德克巴萊　賽德克巴萊　山一般的堅定
紋烙著生命印記　堅定　宣告我們的驕傲

風雨過後的彩虹　有著賽德克的榮耀
啊　迎向陽光　挺在風中
賽德克巴萊　賽德克巴萊　以祖靈之名
在風中傳唱　風中傳唱
賽德克巴萊　賽德克巴萊　祖先的歌　賽德克之歌

啊　迎向陽光　挺在風中
賽德克巴萊　賽德克巴萊　以祖靈之名
在風中傳唱　風中傳唱
賽德克巴萊　賽德克巴萊　祖先的歌　賽德克之歌

啊　迎向陽光　挺在風中
賽德克巴萊　賽德克巴萊　以祖靈之名
在風中傳唱　風中傳唱
賽德克巴萊　賽德克巴萊　祖先的歌　賽德克之歌

〈最閃亮的名字——莫那‧魯道〉：永不落日的清流部落，位於南投縣仁愛鄉西方互助村，東鄰中原、眉原部落，是一個風光宜人、嫻靜獨特的村落。東南有北港溪環繞，西有眉原溪，北方有眉原山為屏。

谷路邦（清流部落），日人稱「川中島」（Kawa NaKahara Jima），即「台中州川中島社」，而族人自稱 Gluban 谷路邦（意即中途休息的地方），這裡居住著著名的抗日霧社事件的子遺子民。

清流部落居民，均屬賽德克族人，都是霧社事件劫後餘生的子弟。他們原世居霧社地區，1930 年 10 月 27 日，族人因為不堪日本人的苛政統治，爆發了驚天地、泣鬼神的霧社抗日事件，震驚國際社會。1931 年 5 月 6 日，

抗暴六社的餘生，被強制遷徙現居地，設「川中島社」。清流部落被三條河，北港溪、眉原溪及阿比斯溪流包圍住，因此日治時期被稱為「台中州川中島社」；國民政府遷台後，以其遺民「民族正氣，一股清流」，配以北港溪清澈之溪流，改稱「清流」部落。

清流部落的居民是從霧社事件起義六社餘民，被集中到這裡管制的集中營。當時總人口數約有 1,400 人，事件後六社的餘生人口僅餘 298 人，幾近滅族，可見事件之悲壯與慘烈。這 298 人被遷於川中島集中管理。期間有 4 人潛回原居地（一人年幼飭回，三人處死）。1931 年 10 月 15 日以清流部落歸順式名義，於埔里又逮捕 23 人，並凌虐處死，這 23 人是經日人長期布線調查偵知，霧社事件中他們也參與襲殺過日本人。

迫遷之初，每個家庭幾乎都有失去親人、丈夫、孩子的悲苦，不乏因憂憤自殺者，當時居民的生活被迫與外界隔離，族民可以說是痛不欲生，「叫天天不應，叫地地不靈。」「祖靈啊！你的子民被強暴侵權的日本人壓迫殘害呢！祖靈啊！祈求你拯救我們吧！」更可悲的是，皇民化教育，日本人強迫原住民青年投入參加高砂義勇軍，強顏事仇，到南洋作戰，大多戰死沙場，有去無回。

古代賽德克族男女都要刺青文面，最主要的意義是族群的識別作用，也具有審美的意義，傳說一個女子沒有文面，男子就不願意娶她為妻；同樣的男子若沒有文面，女子也不願意嫁給他。日治時期，日本人以刺青文面是落後與殘忍的行為，嚴禁繼續施行，如今傳統的文面習俗，已成絕響。

賽德克族擁有精湛的苧麻（krig rungay / keguy runge）編織技藝，惟在日治時期，為徹底實施皇民化，原住民的一切習俗，包括原始宗教、祭典儀式、編器與編織工藝等，被認為是「陋習」，阻礙皇民化政策的推展，所以一律禁止。日警收繳傳統織布機及全部編織器具，一律焚毀，因此造成傳統技藝一度中斷。

清流部落在九二一大地震及桃芝颱風，都受到重創，但賽德克堅韌的民族精神，並沒有因此而受挫，族民開始重新審視及重視部落的整體發展與永續經營的觀念。

南投縣仁愛鄉清流社區發展協會，為堆展賽德克族的傳統編織技藝，打造了「清流部落原住民藝術村」，希望大家了解這個發生霧社事件後的賽德克遺族，經歷慘澹、地獄般的日子，告訴我們：他們是怎麼重新站起

來、如何從日治時期被日本人封閉，與外界隔絕的陰影；到今天，他們更要營造吸引人們走近其部落，讓清流部落可以呈現在世人面前。

於是整合當地的原住民傳統編織、皮雕、串珠、木材雕塑為起點，期能讓清流部落婦女織布與男子雕塑，持續而完整的傳承下去，保留傳統、走向現代，成為生活化、藝術化，結合傳統及現代，且每一位創作者的產品，都是對傳統的熱愛與堅持。目前導覽人員都是當地賽德克族人，歡迎各界人士有機會聽聽部落故事，將會帶來部落的生計與希望。

此外，藝術村還佐以賽德克族的傳統服飾、風味餐、民宿、神話傳說、母語教學、舞蹈，及溯溪、田園農耕、生活體驗、烤肉、露營、BBQ等活動，以活絡清流部落的生命力。

風味美食是旅遊者很關注的，賽德克風味餐的主要食材，是野外採集的野菜、自己菜園種植的有機蔬菜，及自己蓄養的雞鴨魚類、原住民烤肉等。另有部落婦女創意研發的山地式雞尾酒等。

部落設有一座「餘生紀念館」，為國內外人士研究霧社事件餘生後裔的重要場域，亦係北港溪旅遊帶重要的據點之一。餘生紀念碑，讓人想念霧社事件起義族人的英靈，他們不畏懼日本人的船堅砲利，以卵擊石、視死如歸的精神，蜂起殺敵，寫下了反暴政、反侵略，可歌可泣的民族聖戰。

清流部落的旅遊活動，以部落體驗活動為主軸，尤其歡迎機關團體、學校課外教學活動來參訪。本部落的旅遊月曆如下：苧麻採收，一年分三期，一月中到三月底、五月到七月底、九月中到十一月底，可以體驗古代賽德克族人種植苧麻、採收苧麻、苧麻加工成絲、編織成布、製成服飾的樂趣。一月下旬到五月下旬為賞梅期。本部落有一處賞蝶區，五月至十一月下旬為賞蝶期。三月下旬到六月底為螢火蟲季，可以觀賞螢火蟲在寧靜的月空下飛舞閃爍。三月至六月底、八月下旬到十二月底，在水稻專作區，也可以看到農民在農田「汗滴禾下土」的耕耘，體會農民的辛勞。

清流部落的「餘民」，流著霧社事件英靈的熱血，看到部落中沉默的老人，和唧唧迴響的織布機穿梭聲，好像吟唱著哀淒的的哭調，聞之令人鼻酸，由衷感嘆起他們背後的深沉歷史。

筆者（田哲益）參觀「餘生紀念館」後，感觸良深，茲作一詩，以聊表對霧社民族抗日戰爭殉難族人的無限緬懷與崇敬：

〈最閃亮的名字：莫那・魯道〉
田哲益

又是梅花盛開的季節
二月滿山的櫻花
圍繞在莫那・魯道的墓旁
正如碧血櫻花般
令人沈思

迷樣的霧社
是一個令人陶醉的地方
青山翠谷碧流蜿蜒
夢幻般美麗與寧靜
住著最純潔矜持的山之子民

日本人來了
昔日歡樂的歌聲
漸漸失去
時代的巨輪輾碎了原住民的夢
輾碎了

一個下著西北雨的午後
勞役們遭到日本巡察咆哮
摑嘴 拳打腳踢
勞役慘叫不停
一場永遠喚不醒的惡夢

終年勞役的煎熬
該是收割小米的時候
小米穗在風中搖擺如同一片金黃色的波浪
該是要舉行豐年祭了卻沒有人收割

原來青年人都被日本人招去勞役

族人永無間歇地
接受不是人類可以接受的待遇
人性尊嚴朝不保夕
除了復仇抗暴
再無從抉擇了

憤懣之情　熱血沸騰
新仇舊恨　湧向心頭
十月廿七日一個響徹雲霄的日子
霧社響起了氣壯山河的抗日怒吼
震驚全世界與日本

霧社公學校運動會
升旗的剎那間
一名族人一言不發拔出快刀
衝到管野政衛取下首級
四面埋伏的義士紛紛衝進場內

扯倒了日本太陽旗
刀光閃閃竹箭飛舞
義士的殺喊聲震盪在霧社的山谷之間
殺呀！殺呀！同胞們啊！
深仇！血債！償還！

浴血激戰
日本飛機投擲致命的瓦斯毒彈
巨砲沒命的發彈轟擊
賽德克退守馬赫坡彈盡援絕
終於敗在大和民族的槍砲與毒氣之下

全體義士壯烈自戕
血膏崖壁
婦孺投身絕間懸頸梓林
風雲變色
草木皆悲

勇敢的賽德克山林子民
憑恃天險掀起抗暴
世外桃源一時成了殺戮戰場
壯麗的山河
燃燒的木屋

戰火平息了
弓箭和羽毛折斷屍體旁
青山蒙羞

阿！千百年來永不枯竭的濁水溪啊！
請盡情傾訴賽德克的悠久歷史吧！
請高歌讚美賽德克的樸拙勇悍吧！

沈默的青山請為歷史作見證
您說這是誰的錯？
請不要忘記詛咒戰爭的罪惡撫慰殉難的族人啊！

在氣象萬千的馬赫坡峽谷深處
那戰到最後一絲氣息
流出最後一滴血的勇士們
啊！安息吧！
青山永在綠水長流
請！安眠吧！

勇士們！
您們死得其所
請！瞑目吧！
日本帝國主義屠殺賽德克暴行
鐵證如山證物今猶在
舊恨豈容忘懷

賽德克的黑暗過去了
深深祝福
當黎明的曙光升起
照耀賽德克的家園

註釋

註1　郭明正〈由日治文獻及當今部落耆老的口述歷史初構賽德克族的口傳歷史〉，《2008年水沙連區域研究學術研討會：劉枝萬先生與水沙連區域研究》，2008年10月18-19日，頁12。

註2　同註1。

註3　吉娃思巴萬（Ciwas Pawan）〈賽德克族廬山部落歷史〉，2019年10月31日。

註4　仁愛鄉公所網站。

註5　https：//zh.wikipedia.org/wiki/%E9%9C%A7%E7%A4%BE%E4%BA%8B%E4%BB%B6。

註6　https：//zh.wikipedia.org/wiki/%E7%93%A6%E6%AD%B7%E6%96%AF%C2%B7%E5%B8%83%E5%B0%BC。

註7　同註6。

註8　同註4。

註9　郭明正（Dakis Pawan）〈重返古戰場——馬赫坡踏查〉，國立仁愛高農《中投區輔導中心學校辦理105年度教師認識原住民文化研習手冊》，105年11月29-30日。

註10　鄧相揚〈霧社事件的文學演繹——從田野、文學、到舞台〉，國立仁愛高農《中投區輔導中心學校辦理105年度教師認識原住民文化研習手冊》，105年11月29-30日。

註 11　同註 4。

註 12　同註 5。

註 13　同註 5。

註 14　同註 4。

註 15　同註 5。

註 16　同註 5。

註 17　原住民族委員會網站。

註 18　國立自然科學博物館網站，賽德克巴萊文化教育特展。

註 19　同註 4。

註 20　同註 5。

註 21　同註 5。

註 22　同註 5。

註 23　同註 18。

註 24　同註 18。

註 25　同註 5。

註 26　同註 18。

註 27　同註 5。

註 28　同註 4。

註 29　同註 5。

註 30　同註 18。

註 31　同註 18。

註 32　同註 5。

註 33　同註 5。

註 34　同註 9。

註 35　同註 4。

註 36　同註 5。

註 37　同註 5。

註 38　同註 10。

註 39　同註 3。

註 40　同註 5。

註 41　同註 5。

註 42　同註 5。

註 43　同註 5。

註 44　同註 5。

註 45　同註 18。

註 46　沈明仁〈豐美的賽德克族文化〉，2006 年 1 月 11 日。

註 47　同註 18。

註 48　同註 18。

註 49　同註 5。

註 50　同註 5。

註 51　同註 10。

註 52　同註 10。

註 53　同註 18。

註 54　同註 18。

註 55　同註 9。

註 56　姑目‧荅芭絲（Kumu Tapas）〈賽德克與基督教碰撞的信仰景觀——以 Tkdaya 部落為例〉，《玉神學報》12 期。

註 57　同註 5。

註 58　同註 5。

註 59　同註 5。

註 60　〈賽德克族仁俠瓦歷斯‧布尼——族人歌舞動工擴建紀念基園〉，《台灣殯葬資訊網》，2013 年 8 月 17 日。

註 61　同註 5。

註 62　同註 5。

註 63　同註 10。

註 64　同註 10。

註 65　同註 10。

註 66　同註 10。

註 67　同註 10。

註 68　余安琪〈賽德克族的文面與織布〉，2011 年 11 月 9 日。

原鄉 / 余秀娥提供

國家圖書館出版品預行編目資料

賽德克族文化誌/田哲益(達西烏拉彎.畢馬),
Watan Diro, 余秀娥(Maruta Buyung)著. -- 初
版. -- 臺中市：晨星出版有限公司, 2021.09
面；　公分. -- (台灣原住民；69)
ISBN 978-626-7009-42-0(平裝)

1.賽德克族 2.民族傳統 3.民族文化

536.3311　　　　　　　　110011158

線上讀者回函，
加入馬上有好康。

台灣民住民069
賽德克族文化誌

作者	田哲益（達西烏拉彎·畢馬）、Watan Diro、余秀娥（Maruta Buyung）
主編	徐惠雅
執行主編	胡文青
校對	田哲益、Watan Diro、余秀娥、胡文青、王詠萱
美術設計	陳正桓
封面設計	陳正桓

創辦人	陳銘民
發行所	晨星出版有限公司 台中市407工業區30路1號 TEL：04-23595820　FAX：04-23550581 E-mail：service@morningstar.com.tw http：//www.morningstar.com.tw 行政院新聞局局版台業字第2500號
法律顧問	陳思成律師
初版	西元 2021 年 9 月 5 日

讀者服務專線	TEL：02-23672044／04-23595819#230 FAX：02-23635741／04-23595493 E-mail：service@morningstar.com.tw
網路書店	http://www.morningstar.com.tw
郵政劃撥	15060393（知己圖書股份有限公司）

印刷	上好印刷股份有限公司

定價 450 元
ISBN：978-626-7009-42-0

Published by Morning Star Publishing Inc.
Printed in Taiwan